特定非営利活動法人の
設立・運営・会計・税務

NPO法人のすべて

増補11版

齋藤 力夫　田中 義幸 編著

税務経理協会

増補11版刊行にあたって

我が国のNPO法人制度を支えてきたのは良くも悪くも団塊の世代だったといえるかもしれません。1947年から1949年生まれの団塊の世代は，NPO法人制度が1998年にスタートしたとき，分別盛りの49歳から51歳を迎えていました。この層には全共闘世代と呼ばれる，もともと社会参加意欲の旺盛な人々が含まれていました。長い間，企業社会で生きることを余儀なくされてきた彼らは，それとは異なる生き方を求めて，NPO法人を立ち上げたり，NPO法人の活動に積極的に参加してきました。

それから20年以上にわたってNPO法人の事業や活動を支えてきた団塊の世代は，いま70歳から73歳を迎えています。体力的にも精神的にも，また社会的にも衰えを認めざるを得ない年代です。

NPO法人の世代交代について，内閣府が調査をしたところ，やはり高齢化が進んでいることがわかりました。

『特定非営利活動法人における世代交代とサービスの継続性への影響に関する調査』（内閣府　共助社会づくり推進担当　2019年３月）によれば，NPO法人の代表者の年齢は，65歳～69歳が20.3%，70歳～74歳が19.6%，75歳～79歳が13.3%で，代表者が65歳以上のNPO法人が約６割と高齢化が進展していることがわかります。また，今後の代表者交代については，代表者が高齢になるほど，代表者交代に対する意識が強いという調査結果が出ています。

我が国のNPO法人の数は，1998年（平成10年）のスタートから一貫して増加し続けてきました。ところが，2017年度（平成29年度）の51,868法人をピークとして，減少に転じ，以後毎年少しずつ減少しています。

これにはまず，2008年（平成20年）に一般社団法人・一般財団法人の制度ができて，必ずしもNPO法人によらなくても非営利法人を作ることができるようになったことが大きいと思われます。それから，よくいわれることですが，我が国のコンビニの店舗数も５万を超えたところで飽和状態ではないかとされているように，NPO法人も５万を超えたところで飽和状態になったのかもしれません。そして，この高齢化問題です。NPO法人の事業や活動を主体的に担ってきた人たちの退場によって，存続が困難になるNPO法人も出てくるのではないでしょうか。

加えて，新型コロナウイルス感染症の影響も深刻です。これからは事業や活動を存続すべきかどうか，選択を迫られるNPO法人も多いと思います。その選択にあたっては，いたずらに形ばかりの存続をはかるのではなく，思い切って解散という選択をすることも必要になってくるかもしれません。場合によっては，他のNPO法人と合併することによって人材や資金の集中をはかる選択もあるでしょう。

そうした場合に，これまで力を入れてやってきた設立や運営のときばかりではなく，解散や合併のときにもしっかり取り組み，決められた手続きをきちんと行って，これまでの事業や活動の足跡をきちんと残していただきたいと思います。

増補11版の改訂にあたって，「第８章　NPO法人の解散と合併」の項目を別建てして充実を図ったのは，そのような趣旨からです。また，認定NPO法人に対する現物財産の寄附が１か月で非課税承認される特例など，令和２年度税制改正の内容も盛り込みました。

本書がかくも長い間皆様のお役に立てていることは望外の喜びというほかはありません。最後になりましたが，本書の発行にご尽力いただいている税務経理協会の大坪克行社長と，いつも粘り強く編集の労をとっていただいている小林規明氏，そして何よりも本書をご愛用いただいている読者の皆様に感謝申し上げます。

令和２年10月

公認会計士　齋藤　力夫

公認会計士　田中　義幸

目　次

第1章　NPO法人とは

第2章　NPO法人の設立要件

第3章　NPO法人設立の実務

第4章　NPO法人の運営

第5章　NPO法人の会計

第6章　NPO法人の会計実務

第7章　NPO法人の税務

第8章　NPO法人の解散と合併

資　料

凡　　例

本書で使用した法令の略称は以下のとおりです。

＜法＞＜NPO法＞……………特定非営利活動促進法
（平成10年３月25日法律第７号）

＜令＞…………………………特定非営利活動促進法施行令
（平成23年10月14日政令第319号）

＜規則－内閣府令・条例＞……特定非営利活動促進法施行規則
（平成23年内閣府令第55号）
特定非営利活動促進法施行条例施行規則など
（各都道府県条例・規則）

＜民＞…………………………民法（明治29年法律第89号）

＜組令＞………………………組合等登記令（昭和39年政令第29条）

＜商登＞………………………商業登記法（昭和38年法律第125号）

＜商登規＞……………………商業登記規則（昭和39年法務省令第23号）

＜行手＞………………………行政手続法（平成５年法律第88号）

＜法法＞………………………法人税法

＜法令＞………………………法人税法施行令

＜消法＞………………………消費税法

＜措法＞………………………租税特別措置法

＜措令＞………………………租税特別措置法施行令

＜措規＞………………………租税特別措置法施行規則

＜地税＞………………………地方税法

＜基通＞………………………各税法の基本通達

第1章

NPO法人とは

1　NPO法人とは何か

Ⅰ　「特定非営利活動促進法」

本書が取り扱う「特定非営利活動法人」は「NPO法人」と略称され，本書でもそのように呼ぶことにしましたが，正確には，「特定非営利活動促進法」によって設立された「特定非営利活動法人」といいます。

「特定非営利活動促進法」は，平成10年３月25日に公布され，同年12月１日より施行されました。

NPOとは，Non Profit Organization（非営利組織）の略です。今回の「特定非営利活動促進法」は，公益法人等を含めた広義の非営利法人すべてに関する法令ではありませんが，本書では単に狭義の「NPO」と省略して記述しています。

「非営利」とは，「剰余金を配当しないこと」，つまり，役員や社員などの構成員に，金銭的利益をもたらすことを目的としないことを意味します。「特定非営利活動促進法」では，さらに「公益性」の要件が課されています。

「特定非営利活動促進法」は，大きな社会変動の時期にあたって，非営利活動団体の法人格取得を容易にという各界からの要望や機運によって，議員立法で生まれました。この法律は，わが国の民法の体系に準じて位置付けられたため，不特定多数の者の利益の増進に資するために貢献する「公益性」の要件が加えられたのです。

Ⅱ　NPO法制定のいきさつ

平成７年１月，阪神・淡路大震災が発生し，このことが従前の市民ボランティア活動を促進する契機となりました。この災害を機に，政府は市民活動の重要性を認識し，平成７年２月，経済企画庁（現・内閣府）を取りまとめ役とし，18関係省庁による「ボランティア問題に関する関係省庁連絡会議」を設置し，同時に政府与党（自民，社会，さきがけ）において，NPOプロジェクトチームを結成し検討に入りました。その後，与党３党案，新進党案，民主党の修正案，共産党案などが出され，議論が一致せず，平成８年に法案審議が中止となりました。その後平成９年に至り，与党３党と民主党の「市民活動促進法案」が提出されましたが，同年12月12日の国会閉会で継続審議とされました。

平成10年２月26日，「市民活動促進法案」を「特定非営利活動促進法案」と修正し，平成10年３月19日，衆議院で全会一致，同案が成立，同年12月１日より施行することとし，ようやく日の目を見るに至りました。当初の「市民」とは，民法の主旨「The Civil Law」という語に由来しますが，市民という語は誤解を招くおそれがあり，町村民を含むかどうかという議論が交わされ，法の正確性を期するために，このような名称になりました。

Ⅲ　NPO法人の内容

1　「特定非営利活動法人」の特徴と認証

(1)　特定非営利活動法人は，公益法人のひとつという位置付けではありますが，主務官庁の許可というハードルを廃止しました。したがって，NPOの法人化を容易にする，という立法主旨から，「許可」ではなく，「認証」という表現を用いています。そして，設立要件をすべて法律に明文化して，その要件に適合していれば，必ず認証しなければならない，としています。主務官庁の自由裁量をできるだけ小さくし，その意が用いられているわけです。

また，設立認証・不認証までの期間が，申請から３カ月以内（受理日から所轄庁は１カ月間の縦覧期間と２カ月の認証審査を経る）と法文に明記され，不認証の場合は，所轄庁は，理由を文書にして申請者に交付しなければならないとされるなど迅速性，透明性が増したといえるでしょう。

⑵　収入・基本財産についての条件は，一切ありません。

他方，休眠法人対策として，毎年提出すべき書類を３年間全く提出しなかった法人には，認証の取消しをすることができることとされました。

認証数の推移

年　　　度	認証法人数
平成10年度	23
平成11年度	1,724
平成12年度	3,800
平成13年度	6,596
平成14年度	10,664
平成15年度	16,160
平成16年度	21,280
平成17年度	26,394
平成18年度	31,115
平成19年度	34,369
平成20年度	37,192
平成21年度	39,732
平成22年度	42,385
平成23年度	45,138
平成24年度	47,540
平成25年度	48,980
平成26年度	50,087
平成27年度	50,866
平成28年度	51,515
平成29年度	51,868
平成30年度	51,604
令和元年度	51,261
令和２年度６月末現在	51,117

※　特定非営利活動促進法は平成10年12月施行。

2　NPOとボランティア

NPO法人とボランティアの活動とはどう違うかという点ですが，社会貢献の面ではあまり違いはありません。不特定多数の人や地域のために貢献する役割は類似しています。政府では，NPO法人（公益法人，社会福祉法人も含め，以下「法人」という）と法人格のない団体又はグループを「非申請団体」とも呼んでいます。法人格を得れば，法律上の権利義務が付与され，補助金や寄附金が受け入れやすく，また，課税上の軽減措置が講ぜられています。

NPO法人の設立は，以下に述べるように比較的簡単ですが，まず，法人の性格上事業の継続性が前提です。その点で一時的なボランティア活動は法人に適さないといえましょう。

NPOに対してNGOという組織もありますが，NGOは国際的なボランティア又はフィランソロピー活動といわれ，たとえば，「国境なき医師団」（NPO）がその事例です。しかし，わが国ではNGOの法人化の法律がないので，NPO法人又は公益法人化が最も適しています。

経営の継続は，活動財源の確保が重要です。一般的では，会費，寄附金，支援寄附のほか事業の収入（たとえば，研修会費，弁護料，イベント参加費など）が必要です。以下に主たる活動の類型を示してみます。

〔具体的な活動の事例〕

NPO法人の社会での活動事例を示してみると，次のようなものがあります。ただし，社会福祉法人，学校法人，更生保護法人などの特別法人や医療機関のみが実施できる事業は除かれます。また，所轄庁の許認可が必要な事業がありますので留意してください。

１．社会福祉系

介護，保健，医療，福祉，健康づくりなどの活動又は支援

２．教育・文化・スポーツ系

学術，社会教育，職業教育，文化，芸術，スポーツなどの活動又は支援

３．災害支援・環境保全系

災害救助，自然環境保護，公害防止，リサイクルなどの活動又は支援

4．子育て・青少年系

子ども・青少年の健全育成，事故防止，犯罪防止，児童虐待防止，家庭や地域環境の安全などの活動又は支援

5．地域社会系

市区町村の街づくり，農山漁村又は中山間地域の振興，村おこし，交通安全，犯罪防止，観光の振興，災害防止，ごみ処理などの活動又は支援

6．国際協力系

国際交流，国際災害支援，相互留学支援などの活動又は支援

7．科学技術系

科学技術の振興，ＩＴ化社会における情報化技術の支援と振興などの活動又は支援

8．人権・男女共同・消費者系その他

人権擁護，男女共同参画，消費者保護，雇用の確保などの活動又は支援など

以上の実現のためのセミナー，カウンセリング，相談業務も可能です。

3　NPO法人の設立要件は簡易だが経営継続に留意

NPO法人設立の要件は，次頁の①20分野の活動に限り，②不特定多数のために貢献できること，③最低10人以上の会員（社員という。役員になれる）で入会資格の条件のないことなどを満たせば申請できます。その活動が全国にわたる場合は内閣府に，都道府県の地域の区域内であれば都道府県に提出することとなります。ただし，宗教活動や政治的活動（政党や選挙候補者の支援も含む），暴力団やその関係団体でないことが要件です。

NPO法人は，会員の集団がメインなので，社会的活動の目的が明確で，時代の流れに即応しており，広報活動を積極的に進め，寄附金募集に努力すれば，多数の会員が得られ，その維持と存続は可能です。

特に被災地支援や福祉などの分野では，地方公共団体と連携する活動も進んでおり，NPO法人の存在感が増しています。

（NPO法人の活動範囲：別表第二条関係）

一　保健，医療又は福祉の増進を図る活動
二　社会教育の推進を図る活動
三　まちづくりの推進を図る活動
四　観光の振興を図る活動
五　農山漁村又は中山間地域の振興を図る活動
六　学術，文化，芸術又はスポーツの振興を図る活動
七　環境の保全を図る活動
八　災害救援活動
九　地域安全活動
十　人権の擁護又は平和の推進を図る活動
十一　国際協力の活動
十二　男女共同参画社会の形成の促進を図る活動
十三　子どもの健全育成を図る活動
十四　情報化社会の発展を図る活動
十五　科学技術の振興を図る活動
十六　経済活動の活性化を図る活動
十七　職業能力の開発又は雇用機会の拡充を支援する活動
十八　消費者の保護を図る活動
十九　前各号に掲げる活動を行う団体の運営又は活動に関する連絡，助言又は援助の活動
二十　前各号に掲げる活動に準ずる活動として都道府県又は指定都市の条例で定める活動

(1)　設立認証の申請のしかた

申請書の提出先は，それぞれの所轄庁となり（各都道府県又は指定都市），申請を受けた所轄庁は，正当な理由がない限り，縦覧期間経過後内部審理期間を経て3カ月以内に認証又は不認証の決定をしなければなりません。

認証の申請から登記までの流れ

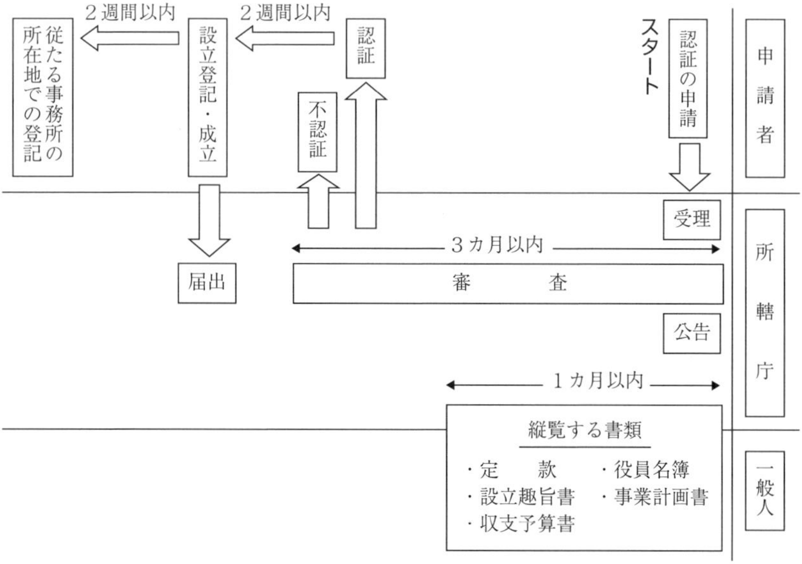

⑵　申請するための手続のしかた

申請するため，まず事務所，事業内容，10人以上の社員の決定，代表者や役員の決定，事業計画，収支予算を検討することが前提です。

Ⅳ　NPO法人の税制優遇措置

これまで，公益法人（財団，社団）については，「設立」と，「課税の軽減」がセットになってきました。NPO法人では，法人格取得を容易にし，かつ，非営利団体のため，本来の事業のうち公益収入や寄附金収入から得た所得は，公益法人等と同様に原則非課税とし，法人税法の収益事業に該当する所得に対し，法人税，法人事業税，法人住民税が課税されます。ただ，法制定時には寄附金に関する寄附者の課税の軽減は見送られ，税制に関する付帯決議から設けられました。

NPO法人は，ボランティア活動等をはじめとした市民の自由な社会貢献活動を行うもので，制定時に付帯決議として2年以内に税制上の寄附金等優遇措置を講ずることと決められていました。その間，国会議員によって検討が続けられていました。平成13年4月法人税法，所得税法等の改正によって，ようやく国税庁長官が認定した認定NPO法人に対し寄附金をした個人，法人の優遇措置が成立し，同年10月1日から施行することとなりました。

しかし，この制度の要件は厳しく，容易に条件をクリアできるケースはごく限られており，寄附金の税制優遇措置を緩和し，拡大すべきとの要望が強く，毎年のように改正が行われ，認定の要件が緩和されてきました。平成24年度から法改正により所轄庁が認定を行う新たな認定制度とし，認定特定非営利活動法人に対する寄附について税額控除措置が講じられています。

V　収益事業等や寄附金募集による資金の確保

特定非営利活動法人は，本来の事業活動を行う資金の確保をするために，NPO活動に支障のない限り，その収益を目的とするその他の事業等を行うことができます（法5条1項）。NPO法人の収入を求める財源は，主として会費収入か寄附金で，その他，事業活動によっては，国，地方公共団体，その他公益法人等からの補助金又は助成金によって賄われている場合もあります。

しかし，軽率に事業を行うことは禁物です。NPO活動に関係ある事業や会員を対象とした事業から始めるのが得策です。収益事業などの会計は，「その他の事業」として本来のNPO事業会計と区分し経理しなければなりません（法5条1項）。なお，NPO法人の会計は一般会計と収益事業会計に区分することが原則です。

平成15年5月1日より施行されている改正法では，従前の「収益事業」を「その他の事業」とし，収益事業のほか，その他の共益事業や公益事業なども行えることとしました。その他の共益事業や公益事業として，たとえば，会員に対する共済事業，政府の打ち出した経済特区の教育事業などが考えられます。ただ，NPO法人の本来の事業であっても，その他の共益事業や公共事業であっても法人税法第７条の収益事業に該当すれば申告納税義務が生じます。

ちなみに，法人税法上の収益事業は，下記のようになっております。

〔法人税が課税される政令で定める事業〕

政令で定める事業とは，公益法人等の事業のうち，法人税法施行令第５条に列挙されている次の34業種をいいます。

1	物品販売業	2	不動産販売業	3	金銭貸付業
4	物品貸付業	5	不動産貸付業	6	製造業
7	通信業	8	運送業	9	倉庫業
10	請負業	11	印刷業	12	出版業
13	写真業	14	席貸業	15	旅館業
16	料理店業その他の飲食店業	17	周旋業	18	代理業
19	仲立業	20	問屋業	21	鉱業
22	土石採取業	23	浴場業	24	理容業
25	美容業	26	興行業	27	遊技所業
28	遊覧所業	29	医療保健業	30	技芸教授業
31	駐車場業	32	信用保証業	33	無体財産権提供
34	労働者派遣業				

ここに列記した34業種は，限定列挙ですので，これ以外の事業，たとえば，農業，水産業などは，法人税法上では収益事業に該当しません。

Ⅵ　日本の法人制度とNPO

1　公益法人改革とNPO法人制度

特定非営利活動促進法は，旧民法第34条の規定を一般法とする特別法として制定されました。旧民法第34条は公益法人の根拠を定めたもので，社団法人や財団法人はこの条文を根拠として設立されていたので，民法34条法人と呼ばれていました。

しかし，平成18年の公益法人改革関連三法の成立に伴い，民法も大きな改正が行われました。旧民法は，第33条から第84条の３までを法人に関する規定として定めていましたが，「一般社団法人及び一般財団法人に関する法律及び公益社団法人及び公益財団法人の認定等に関する法律の施行に伴う関係法律の整備等に関する法律」（「整備法」）の制定に伴い，そのうち第33条から第37条までの５か条を残して，第38条から第84条の３までが削除されました。

民法の規定が縮小された代わりに，「一般社団法人及び一般財団法人に関する法律」（「一般社団・財団法人法」）が制定され，一般社団法人，一般財団法人が登記によって簡単に設立できるようになりました。この一般社団法人，一般財団法人は，「公益社団法人及び公益財団法人の認定等に関する法律」（「公益認定法」）の規定に基づいて認定を受ければ，公益社団法人，公益財団法人になることができる制度となっています。

平成18年の法改正後は，民法第33条第１項，第２項の規定を一般法として，学校法人，宗教法人，社会福祉法人などそれぞれの法人については特別法が定められているという位置付けとなりました。一般社団法人や一般財団法人，公益社団法人，公益財団法人も例外ではなく，特別法の定めによるところの法人という位置付けになりました。

NPO法人についての法律である特定非営利活動促進法も，民法第33条第１項，第２項を根拠法及び一般法とする特別法であるという位置付けとなります。

（注）　一般社団法人，一般財団法人で税制上の非営利型法人に該当する法人は，誰でも簡単に登記によって設立できるという点ではNPO法人よりも容易に設立可能な上に，NPO法人と同様の収益事業課税が受けられるという利点があるために，NPO法人の最大のライバルとなるであろうことは容易に推察できるところです。

《日本の法人制度》

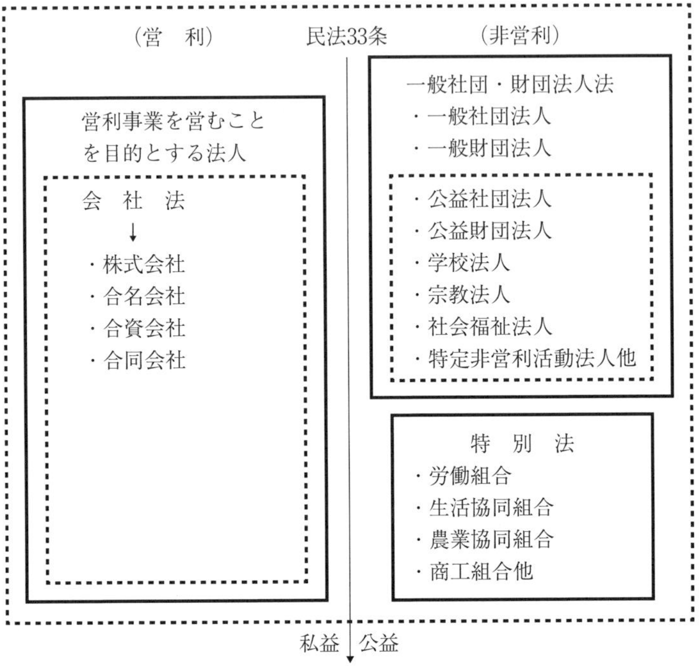

2　NPOとNGO

Ⅰ　NPOの由来と目的

NPOのもととなるボランティア活動は，歴史的にヨーロッパで古くからチャリティ，ソサエティなどによって活動してきました。1601年，イギリスで社会的に定着していた公益活動をもとにしたチャリティを「公益ユース法」として制定したのが始まりといえます。

わが国では，明治政府が西欧を見習って明治29年民法制定にあたり第34条で公益法人制度（財団法人，社団法人）を設けたのが法制度の起源です。同法の施行によって教育，福祉，宗教，慈善などの団体が相次いで設立されました。

イギリスでは1993年にチャリティ法（Charities Act）として法整備を行い，フランスでは，以前からの社会経済センター（Economic Social）が1901年に公益社団法，1987年に公益財団法を制定して，その後若干改正し今日に至っています。ドイツでは，以前から社団（Verein），財団（Stiftung）制度がありましたが1900年の民法典を制定し統一した法整備を確立しました。アメリカでは，連邦制度をもとにする国家という形態であるため，各州の法制度によって法人形態がそれぞれ異なった公益団体となっています。

NPOとは，チャリティ，フィランソロピーなどといった表現が用いられていましたが，アメリカ内国歳入法（Internal Revenue service. IRS）がNon Profit Organizationとして統一したことから一般的な定義として用いられたものです。その目的は「非営利」で「不特定多数の者の利益に貢献する」「正式に組織された民間団体」「剰余金配当の禁止（わが国の広義の非営利法人関係法律)」といった特徴を有します。

Ⅱ　NGOとその活動

NGO（Non governmental Organization）は，NPOに類似していますが，わが国では，NGOという法的定義はなく，NPOとの違いについて一般によく理解されていません。平成７年３月，与党NPOプロジェクトで名称はNPOがよいか，NGOがよいか論議されましたが，NGOは，国連等国際機関との係わりや公益法人との関係でNPOが最も適切との結論に達しました。NGOは，国際連合憲章第71条において「経済社会理事会は，その権限内にある事項に関係のある民間団体と協議するために，適当な取りきめを行うことができる。この取りきめは，国際団体との間に，また，適当な場合には，関係のある国際連合加盟国と協議した後に国内団体との間に行うことができる」といっており，その活動は，飢餓救済，環境汚染，地域の国際的な平和活動や人道活動などの分野で，国連又は政府と連携して主として国際地域に貢献する団体です。その意味でNPO活動とあまり変わらず，NGOは広義のNPOに含まれますが，主として国際協力活動を行う団体といえます。

国連の重要な理事会としての経済社会理事会（経社理）は，その権限内に関係あるNGO（民間非政府組織）と協議して，実際的には，保健，医療，人権，教育，飢餓救済など国際的な社会問題に取り組んでいる団体に係る資格を審議しています。「経社理」が定める協議資格としての資格登録は，①総合諮問資格，②特殊諮問資格，国連広報局登録の③ロスター資格に区分されています。国際連合憲章71条の協議場上の地位を得るためのNGO資格要件は９項目の審理を得て，以上の３種類の資格を得て，国連活動を行っていますが，ロスター資格は，「経社理」やその下部機関にオブザーバーとして出席できます。日本では創価学会インターナショナル，大気汚染と地球環境を考える市民連合（CASA）などが登録されています。

NGOは，以上の国連登録資格のものだけでなく，民間で広く人道的，国際協力的な非政府活動を行っていますが，その設立形態は，社団法人，NPO法人などさまざまです。たとえば，ジャパン・プラットフォーム（NPO法人），歯科保健医療国際協力協議会，アジア眼科医療協力会（NPO法人），国境なき医師団日本（NPO法人），公益社団法人日本ユネスコ協会連盟，特殊法人日本赤十字社など設立形態が異なっています。

Ⅲ　欧米におけるNPOの現況と税制

アメリカのNPOとして，内国歳入庁（Internal Revenue Service：IRS）に登録されている数は約123万団体，このうち，内国歳入法（Internal Revenue Code, Act 1995年）501条（c）３号で寄附金の優遇措置，収益事業の非課税などの承認を受けている広義のNPOは96万団体（2003年）といわれています（1997年，経済企画庁）。内国歳入庁の統計は，各州ごとに法人格付与の法律が異なっているため，全米レベルではIRSのNPO数が最も信頼できるものと考えます。

アメリカでは，慈善活動に対する寄附制度は，1917年に個人を対象に制度化されたのが始まりです。

米国においては，公益団体又は非営利団体（Exempt Organization）に対する収益事業課税について，1950年から全国的に統一しました。同年，連邦議会に提出された租税教書（Taxmessage）に端を発したものです。「内国歳入法（Revenue Act 1995)」によれば，同法501条（c）に該当する場合は，内国歳入庁（IRS：Internal Revenue Service）に非課税団体認可申請を提出し，その承認を受けなければならないこととされています。前記501条（c）においては，第1号から第23号にわたってその範囲を規定していますが，わが国の公益法人のような制度は統一されておらず，各州での法制によっているため，全米統一し，その内容ごとに非課税団体承認条件に該当するかどうかをチェックされます。わが国でいういわゆる公益活動を行う団体は，主として同法501条（c）３号などが該当します。３号該当団体は，宗教，教育，慈善，科学，文学，公共安全性向上，児童又は動物虐待防止，全国又は国際アマチュアスポーツの促進などを主たる目的とするものです。

（注） Religious, Educational, Charitable, Scientific Literary, Testing for Public Safety, Prevention of Cruelty to Children or Animals Organization, Foster National or International Amateur Sports Competition.

その他５号では，労働組合，商工会議所，共済組合，教会などを定めています。

公益団体の本来の活動は，わが国と同様に非課税ですが，収益事業に係る所得課税については，その事業を列挙する方式ではなく，非関連事業所得（Unrelated Business Income）であるかどうかによって免税資格を与える仕組みになっているのが特徴です。本来の公益目的に実質的な関連性（Relatedness）を有する場合の事業所得は非課税となります。要はその事業が本来の公益活動と直接関連があり，かつ，501条の所定の要件を満たすことが条件です。反面，非関連所得として課税対象となるものは，①本来の事業目的と実質的関連がなく，②事業又は取引を営んでおり，③継続して営まれていることに該当すれば，非関連所得の適用はないとされています。ちなみに，ボランティア活動の一環として団体のために営まれる事業に関して，原則として無報酬で労務を提供している場合は，関連事業として免税扱いとされている事例があります（アメリカ財務省規則等で詳細に定められている）。なお，優遇税制の適用団体数は964,418件（2005年1月）に及んでおります。要は，わが国のように収益事業の範囲を列挙するというより，本来の公益活動のために関連する事業であるかどうかによって判断するものであり，今後の収益事業活動のあり方について考えるべき点もあります。

わが国のNPO法人に対する税制上の措置は，下表のとおりで，わが国の公益活動の寄附金支援税制と欧米の税制とは格段の差があります。

（注）政府税制調査会資料及び　Jody Blazak「アメリカの非課税法人の設立手続と税務」（財）朝倉育英会編訳（ダイヤモンド社）より一部参照。

ヨーロッパでは，NPOに対する税制上の優遇措置は古く，前に述べたようにイギリスでは登録チャリティ（Charitable Corporation）に対する税制上の特典があり，イングランド・ウェールズの政府直轄で登録チャリティ制度で非課税制度を認定しており，188,452件（2005年1月）となっており，寄附をした法人は税務上全額が損金となり，また，個人は所得控除が行われ，税務当局からその税がチャリティに還付されます。同様にフランス，ドイツなどのNPOでも各種の措置が取られています。しかし，アメリカのNPO活動の事業規模に及びません。

寄附金日米比較

	(2014年) 日　本	(2014年) 米　国
個　　人	7,409億円	27兆3,504億円
法　　人	6,986億円	10兆5,662億円
合　　計	１兆4,395億円	37兆9,166億円

（注１）　日本の出典は，NPO法人日本ファンドレイジング協会「寄附白書2015」

（注２）　米国の出典は，ギビングUSA財団「ギビングUSA 2015」

（注３）　齋藤事務所編　2016．5

Ⅳ　NPOの将来

NPO（Non Profit Organization）は，英米，特にアメリカに由来する呼称です。1970年代からアメリカでは，第１セクターである行政，第２セクターである企業のほかに，社会を構成する第３のセクターがあるという考え方が生まれてきました。税金を使って，営利に結び付かない公共的な活動を行う行政と，営利を目的として行われる民間の活動，政府と市場という社会構造の間で民間公益活動の活力という近代の国家像，社会像の変更が始まっていたのです。

日本は1950年以降，政界，官界，財界，教育界などの要請から公益法人の必要性が求められ，もっぱら官の認可主導性を中心として制度がつくられてきました。しかし，90年代に入ってからは，官界主導型の認可基準が厳しく，むしろ社会の閉塞感を生んでいることが意識され始め，NPOの必要性がいわれるようになりました。

企業サイドでは，80年代後半から急激な経済グローバル化に伴って，公益的文化との共存が問題となりました。行政については，国家財政の悪化とともに，その肥大化，硬直化が時代にそぐわないものと考えられるようになりました。市民サイドでは，社会構造の変革に伴い，地縁，血縁，職業等による共同体の希薄化は，一方においてボランティアなど社会参加の意欲が顕著となりました。

もともと政府と民間が助けあった人達がつくった国，といわれるアメリカに由来するNPO活動が，日本の風土に着実に根付いています。いま日本は，そして世界も，社会経済構造が大きく変動しつつあり，100年に一度の歴史の転換期だという人もいます。３年や５年でなく，数十年かけて，次の新しい時代のために準備をしなければならないときだということです。

議員立法である「特定非営利活動促進法」の国会提出代表者である熊代昭彦衆議院議員は「この法律は，今はまだその重要性が十分認識されていないが，近い将来に日本の社会と社会意識の極めて大きな変革をもたらすもの」であり，「10年もすれば，その大きな社会変革的意義が誰の目にも明らかになるだろう。」と述べていました。

3　東日本大震災とボランティア活動

2011年（平成23年）３月11日　PM ２：46　東日本大震災（主として岩手県，宮城県，福島県の沿岸全部と青森県，千葉県，茨城県の一部）はマグニチュード9.0の前代未聞の巨大な大地震に遭遇，負傷者数千人，死者と行方不明者は約２万４千人，建物被害22万軒超うち全壊12万棟，避難者約10万入超に達し，未曾有の被害をもたらしました。

特に大地震に伴う津波の被害が大きく平均高さ約10メートル超（宮城県女川町では18.3メートル，岩手県宮古市では30メートル超，福島原発付近では20メートル超）という信じがたい被災をもたらしました。

さらに福島県沿岸の東京電力原子力発電所が被災し，自衛隊，消防庁，警察などのほかアメリカ政府の支援を得て全力で被害の防止に努めました。ただ，放射能の影響は今後数年間残るといわれています。そこで原発地から20キロメートル以内（一部30キロメートル以内）の居住者の退去を定め，これらの被害者の避難は約７万７千人前後と想定されます。政府では今後原発災害予防のため，防波堤は約５～10メートルを基準とすると予定しています。

これらの被害者救援のため，当初，多くのボランティアが救援に駆けつけましたが，流通手段が充分でなく，地元のボランティア，NPO法人，地方公共団体，自衛隊，警察などにより被災地の救援，人命救助の支援が行われました。

被災者の受入先は東京，埼玉，長野などの全国都道府県や多くのボランティアが積極的に支援活動を行ってきました（同年５月警察庁調べ）。

日本経済に及ぼす影響ははかりしれず，復旧のための費用は20兆円をはるかに超えると想定されます。

このニュースは，全世界に報道され，アメリカ，ヨーロッパ，東アジアなど204国から救助物資や支援金が拠出されました。さらに，海外の国・地域から派遣された救援隊は，アメリカ，イギリス，ロシア，ドイツ，中国，スイス，フランス，インドネシア，韓国，台湾，ニュージーランド，オーストラリア，インド，トルコ，モンゴル，メキシコ，シンガポール，イスラエル，南アフリカなど千人を超え，被害地での救援活動が行われました。特にアメリカでは，艦船部隊が行方不明者の捜索を行いました。このことは，従前から日本の国際支援の活動もあり，各国の暖かい友情に感謝しなければなりません。

日本では，日本赤十字社，中央共同募金会に寄せられた義援金は平成23年７月末時点で3,000億円超で，そのうち，原発保証金分500億円を除き，2,600億円を15都道県へ送金しました。

（ボランティア活動の貢献とNPO）

東日本大震災は，日本全土を揺るがす千年ぶりの大災害をもたらし，原発事故を含め国際社会に大きな影響を及ぼしました。

この大事件で，NPO，ボランティアがあらためて全国的に注目されています。これを契機として，災害救援はもとより，社会的弱者を助けることや高齢者支援などの社会貢献の重要性を認識すべきです。

NPO法人を設立すれば，法人格を取得することによって寄附金を募集しやすくなり，しかも認定NPO法人の資格を得れば，税務上有利な募金ができます。欧米では，寄附文化が社会に広く定着しており，政府活動に次ぐ第三セクターとして広く社会福祉を支援しています。このことは，税制上の多大な特典が貢献しており，わが国の税制が30年以上遅れたことが明らかです。

（参考）過去の地震災害

1896年６月	明治三陸地震，被害額不明
1959年８月	伊勢湾台風，被害額不明
1995年１月17日	阪神淡路大震災　被害額10.2兆円
2000年３月	有珠山噴火災害　被害額233億円
2004年10月	新潟中越地震　被害額３兆円
2007年７月	新潟中越沖　被害額1.5兆円

そのほか，1960年のチリ地震（マグニチュード9.5），1999年９月の台湾中部大地震，2001年９月のアメリカ同時テロ事件，2008年５月の中国四川大地震（マグニチュード８）などのほか，2004年のスマトラ沖インドネシア地震（マグニチュード9.1），2010年１月のバハマ諸島，ハイチの首都ポルトープランス地震（マグニチュード7.0，死者11万1,500人），2011年１月のニュージーランド地震など，国際社会を震憾する事件が多発しています。

古くは，869年の三陸沖で発生した貞観地震（マグニチュード8.3程度），1707年の南海，東海で発生した宝永地震（マグニチュード8.6），1854年の南海沖で発生した安政地震（マグニチュード8.4）は大火災を伴う被害をもたらしました。

特に日本列島は，火山地帯に位置し，しかも海底地盤層の活動が影響しているので，今回の大地震を契機として原発を含め抜本的な災害対策が望まれます。

（参　考）

NPO法人とアメリカの税制

（著者編）2016年・アメリカは2000年

		日　　本（NPO）		ア　メ　リ　カ		
設立の許可		都道府県又は指定都市		州		
免税等の法人の承認		原則としてなし		IRS（全米統一の内国歳入庁）		
公益団体の種類又は所轄庁の認定		認定NPO法人	左記以外の法人	PC	POF	PNF
主な税	利子・配当課税	原則課税		非課税	２％（又は１％）	
	本来の公益目的に関連する所得	原則非課税（一部課税）		NPO活動と関連する所得は，非課税		
	本来の公益目的と関連しない所得と税率	収益事業は原則課税（普通法人並み，年所得800万円以下15％，年所得800万円超23.2％）		課税（州により異なる）（税率は普通法人と同率）		
みなし寄附		収益事業の所得の20％まで損金算入	無	無		
寄附控除	個人の寄附	２千円を超え総所得金額等の40％まで	控除なし	50％まで	50％まで	30％まで
	法人の寄附	特定公益増進法人等に対する寄附金の損金算入限度枠内	一般寄附金の損金算入限度枠内	税引き前所得の10％まで		
	寄附の繰越し	無		５年間可		

（注）IRS：内国歳入庁，PC：パブリック・チャリティ，POF：プライベート・オペレーティング・ファウンデーション，PNF：プライベート・ノン・オペレーティング・ファウンデーション

第2章

NPO法人の設立要件

1　設立までのステップ

一般的にいえば，法人を設立するには，まず，設立しようとする人（設立者）が設立趣旨書及び定款案をつくって，趣旨に賛同する人（社員になる意志のある人）を募り，設立総会を開催します。総会で法人設立の意志決定を行い，その会議の議事録を作成します。そして，申請書類を整えて設立認証を申請します。設立者の呼びかけから法人の成立までの流れは，図1のようになります。

「特定非営利活動促進法」（以下「NPO法」と略します）では，所轄庁の自由裁量の余地を小さくする趣旨で「認証」という表現が用いられています。「認証」の特徴は，所轄庁は，申請内容が法定要件に適合すると認めたならば必ず認証しなければならない，という点にあります。そして審査は，基本的に書面審査で行われます。そこで，法人格を得ようとする団体は，必要な要件を満たし，求められている手続を踏み，それを完備した書類にして申請することが，重要になってきます。法律の求める要件を満たし，不備がなく，また，文言も明瞭で疑問のない書類を作成することが，成立をスムーズにするわけです。

次節から，設立発起人，社員・役員予定者の，意思を一致させておくべき要点や，従わなければならない法律上の規定を，順を追って説明します。

（NPO法人設立のための準備）

NPO法人を作ろうとする場合，準備する手続は，下記の順序で進めてください。

①　社員の募集

まず，設立の趣旨に賛同する社員10名以上を募集してください。資本金は不要です。ただし，途中で脱退すると法人の存続要件を欠くことになるので10名を超える社員の募集が望ましいと考えます。

図１　NPO法人の設立の流れ

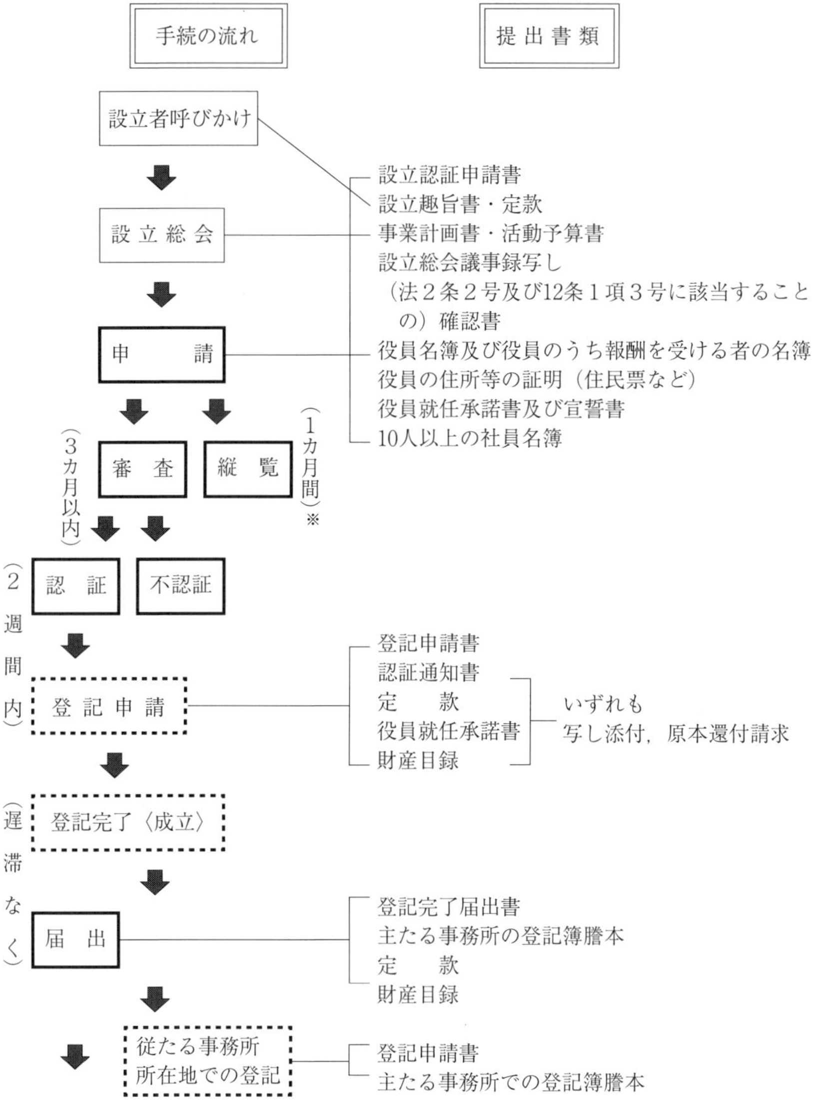

② 設立総会の開催

設立総会において審議する議案は，次の事項です。

- 設立趣意書について
- 定款の承認について
- 事業計画について
- 活動予算について
- 法第２条第２項及び法第12条第１項第３号に該当することの確認（暴力団の排除）
- 役員の選任

2 目的と活動内容

NPO法は，その第２条で，NPO法人とその活動を定義しています。まず第一に，「この法律において『特定非営利活動法人』とは，特定非営利活動を行うことを主たる目的とし，（中略）この法律の定めるところにより設立された法人をいう」とあります（法２条２項）。

Ⅰ 「主たる目的」と「従たる目的」

上の条文で，NPO法人は，「特定非営利活動を行うことを主たる目的とし」た法人である，といわれています。

「主たる目的性」とは，市民が行う自由な社会貢献活動としての特定非営利活動（法別表に掲げる20分野のいずれかに該当する活動であって，不特定かつ多数のものの利益（公益）の増進に寄与することを目的とする活動）が，NPO法人の活動全体の過半を占めていることを意味します。

「特定非営利活動」を「主目的」とする，とは，逆からいえば，「従たる目的」としては，「特定非営利活動以外の活動」をしてもよい，ということを意味します。「特定非営利活動以外の活動」とは，具体的には，収益事業や，相互扶助事業，特定非営利活動以外の公益活動等のことです。何が「主たる目的」であり，何が「従たる目的」であるかは，団体側の認識の如何を問わず，提出書類中の，定款や事業計画書，収支予算書などによって，質量両面から判断する，とされています。

「主たる目的」である「特定非営利活動」と「従たる目的」である「その他の事業」が，収支の規模や頻度などにより主従のバランスに疑問が生じてくると，所轄庁の改善命令や，さらには認証の取消しの対象となる場合もある，と考えておく必要があります。

具体的には，NPO法人の総支出額（事業費及び管理費の総計）に占める特定非営利活動に係る事業の支出額（事業費及び管理費の合計）の割合が，原則として過半となっているかなどが，これを判断する基準となります。

Ⅱ　「特定非営利活動」とは

「特定非営利活動」は，第２条第１項で定義されています。要件は下の二つです。

1　別表の20の活動のどれか（複数でもよい）に該当する活動であること。
2　不特定多数のものの利益の増進に寄与することを目的とする活動であること。

Ⅲ　「不特定多数のものの利益の増進に寄与する」とは

何が，不特定多数のものの利益の増進に寄与することであるか，については確立した定義はありませんが，概ね，以下のように解されています。

1　その活動の対象となる「受益者」が「潜在的に」不特定多数であること。
2　地域的には，対象地域がひとつのまとまりをもった「社会」といえること。
3　会員間の相互扶助はこの要件を満たさないおそれもあるが，会員制というだけで「不特定多数」でないともいえない。閉鎖的でないことが重要である。

Ⅳ　非営利とは

NPO法第２条第２項第１号は，NPO法人は，「営利を目的としないものであること」を規定しています。

「営利を目的としない」とは，団体構成員（社員）に対し剰余金（利益）を分配しないことを意味します。「収益を目的とする事業」を行ったり，「対価を得てする事業」を行ってはならない，という意味ではありません。

「収益を目的とする事業」は従たる目的として行うことができますし，「主たる目的」として行う特定非営利活動が「対価を得てするもの」である場合も，ありえます。

いずれの場合も，そこで上がった利益を，構成員の間で分配しないことが求められているのです。法令は，この要件が形式的にも実質的にも守られるよういくつかの制限を設けています。また，法人が解散した場合の残余財産も，社員に分配することはできません。

Ⅴ　目的についての制限

NPO法第２条第２項第２号に，いくつかの，活動目的についての制限が規定されています。これについては節を改めて述べることにします（第２章⑥参照)。

3　その他の事業

NPO法人が活動を行っていけば，当然，さまざまの支出，費用が生じます。その支出に対応する収入の確保は，団体の存続にとって重要な問題です。資金のほとんどを寄附金や補助金で賄う法人もあるでしょうし，期間ごとの会費の形で収入を得る法人もあり，また，個々の事業の対価として受け取る法人もあるでしょう。本来事業の対価や寄附金，会費などでは不足で，その他の事業の収益でそれを補充しようと考える場合もあると思われます。

Ⅰ 「NPO法上のその他の事業」と「税務上の収益事業」

「NPO法上のその他の事業」のなかに収益を得ることを目的とする事業が含まれますが，これと，「税務上の収益事業」とは異なります。NPO法上では本来事業である「特定非営利活動」であっても，税務上は「収益事業」として，課税の対象となる場合があります（詳しくは第7章参照)。

NPO法上でいう「特定非営利活動」と「その他の事業」との区別は，「税金がかかる」「かからない」という区別ではありません。現在の税務上の取扱いは，小規模の場合には優遇もありますが，原則的には，「税務上の収益事業」については営利法人と変わりません。「NPO法人は公益法人だから，課税されないか，されても税率が低いのではないか」と考えてNPO法人になることを検討するとしたら，それは邪道でしょう。設立者が考えるべきことは，「この事業は，自分たちが行うとしている「特定非営利活動」に含まれる事業なのか，それとも，それには含まれないが，本来事業の資金を補充するなど，本来事業を助けるために行う事業や，付随的に行う事業なのか，をはっきりさせること」であり，所轄庁が判断できるよう，書類上も，それを明確に区別して記載することです。

Ⅱ　その他の事業の許容範囲と規制

NPO法は，「その行う特定非営利活動に係る事業に支障がない限り，当該特定非営利活動に係る事業以外の事業（以下「その他の事業」という）を行うことができる。」と規定しています（法５条１項)。

その他の事業については，上の法第５条第１項で，「その特定非営利活動に係る事業に支障がないこと」を要件としているほか，利益を生じたときは，これを当該特定非営利活動に係る事業のために使用することを義務付けています。法第５条第２項で，その他の事業に関する会計を，特定非営利活動に係る事業に関する会計から区分し，特別の会計として経理しなければならない，としています。報酬を受ける役員の数についての制限とあわせて，その他の事業の透明性が確保されることを求めたものです。

NPO法第11条第１項第11号は，その他の事業を行う場合は，その種類その他当該その他の事業に関する事項を定款に定めるよう求めています。

4　法人格取得の利点と責任

法律上，権利義務の帰属主体となり得るのは自然人と法人の二つだけです。自然人とは，私たち人間のことであり，法人とは，自然人以外のもので，法律によって権利能力を認められたものです。

NPO法人も，法人格を得ることによって法律上の権利義務の主体となります。そのことによる利点もありますが，一方責任も生じてきます。

Ⅰ　法人格取得の利点

1　権利の主体となることができる

⑴　建物の賃貸借契約，電話，電気・水道など公共サービスの契約を法人名義で行うことができる。
⑵　物品の購入や，銀行口座の開設を法人名義で行うことができる。
⑶　不動産の登記を法人名義で行うことができる。

法人格を取得することの最大の利点は，個人と法人の法的責任を明確に分離できることにあります。

法人格がない任意団体では，すべての契約を，代表者個人で行わなければならず，個人の資産と団体の資産の混同が生じるおそれもあり，代表者が死亡した場合のトラブルの原因ともなります。

また，団体の債務の責任を，代表者が無限に負うような事態も考えられます。

法人格を取得することで，このような責任と権利の範囲を明確にすることができます。

2　社会的信用性への期待

活動中のさまざまな場面で，法人格を有していることで信用を得られることが期待できます。特に補助金の交付や寄附金の依頼，公共団体からの委託事業の受託に際して有利であるといわれています。もちろん，これらの成功には他の要因の作用も大きいことは，いうまでもありません。

Ⅱ　法人格取得に伴う責任

1　NPO法，一般社団・財団法人法など法令の規定に従わなければならない

NPO法はもちろん，それに伴う政令や，内閣府令又は都道府県条例も，法人を拘束します。NPO法には，固有の規定以外に，一般社団・財団法人法が準用されているところもあり，その規定にも従わなければなりません。

NPO法の規定には罰則を伴うものもあり，また改善命令や認証取消しの対象となるものもあります（詳しくは第4章2を参照）。

2　定款の規定に従わなければならない

定款は，法令に次ぐ法人の根本規則であって，法令に基づいて法人が定めます。法人の任意に任されている事柄もあり，また，法令に，どのように定めるべきかの規定があっても，法人側の考えで，別の定めのできる事柄もあります。しかし，ひとたび定めた定款は，所定の手続を踏んで変更を行うまでは，法人を拘束します。

3　情報公開の義務

NPO法人に特有の義務として，一定書類の公開があります。公開は法人事務所及び所轄庁で行われ，所轄庁で公開される書類も法人側が提出します。

5　活動分野の選択

Ⅰ　20項目の活動分野

NPO法は，NPO法人が主たる目的として行う「特定非営利活動」の活動分

野として，20項目の活動を挙げています（NPO法別表）。平成23年改正前は17の項目が挙げられていましたが，改正によって拡充されました。

①　保健，医療又は福祉の増進を図る活動
②　社会教育の推進を図る活動
③　まちづくりの推進を図る活動
④　観光の振興を図る活動
⑤　農山漁村又は中山間地域の振興を図る活動
⑥　学術，文化，芸術又はスポーツの振興を図る活動
⑦　環境の保全を図る活動
⑧　災害救援活動
⑨　地域安全活動
⑩　人権の擁護又は平和の推進を図る活動
⑪　国際協力の活動
⑫　男女共同参画社会の形成の促進を図る活動
⑬　子どもの健全育成を図る活動
⑭　情報化社会の発展を図る活動
⑮　科学技術の振興を図る活動
⑯　経済活動の活性化を図る活動
⑰　職業能力の開発又は雇用機会の拡充を支援する活動
⑱　消費者の保護を図る活動
⑲　前各号に掲げる活動を行う団体の運営又は活動に関する連絡，助言又は援助の活動
⑳　前各号に掲げる活動に準ずる活動として都道府県又は指定都市の条例で定める活動

Ⅱ　活動分野の選択と，具体的事業，個々のイベントとの対応

前記の20項目の活動分野は「例示列挙」ではなく，「限定列挙」なので，法人格を得ようとする団体は，この20項目のいずれかをその目的としなければなりません。ひとつではなく，複数の項目を選ぶこともちろん可能です。

各項目の理解にあたっては，できる限り柔軟に解釈して，広範な活動を取り込むことが立法趣旨であり，国会でも，この点に関して多くの質疑応答が行われました。疑問がある場合は，これらの議事録を参考にするとよいでしょう。

所轄庁は，具体的な事業がここで選択された活動分野に該当するかどうか，また，個々のイベントが各事業に対応するかどうかを，提出された書類によって判断します。活動分野の選択にあたっては，団体の事業の全体を網羅するような形で選択を行い，また個々のイベントの企画の際には，どの事業の具体化であるのかを明確に意識しながら行うならば，書類化したときも疑問の生じるおそれはないでしょう。

6　活動の制限

Ⅰ　活動目的の制限

NPO法はその第２条で，法人格を得るための活動目的についての要件として，「前述の『20項目の活動分野に該当』し，『不特定多数のものの利益の増進に寄与することを目的と』する『特定非営利活動』を『主たる目的』とすること」を挙げるとともに，次の活動目的についての制限を規定しています。

1　宗教活動を「主目的」としないこと 2　政治活動を「主目的」としないこと 3　選挙活動を「目的」としないこと

Ⅱ　活動目的の原則

さらに，第３条であらためてNPO法人の活動原則として，下のように規定しています。

1　特定の個人又は法人その他の団体の利益を目的として，その事業を行ってはならない（法３条１項）。 2　これ（NPO法人）を特定の政党のために利用してはならない（法３条２項）。

Ⅲ　活動目的制限の内容

1　宗教活動の制限（法2条2項2号イ）

条文には，「宗教の教義を広め，儀式行事を行い，及び信者を教化育成することを主たる目的とするものでないこと」と，規定されています。イベント等の前後に礼拝などが行われるとしても，活動全体の主目的がNPO法の求める要件に合致しているなら，問題はありません。また定款上の目的の記載に，宗教的な表現がある場合でも，それだけをもって，この規定に違反することにはならない，とされています。

2　政治活動の制限（法2条2項2号ロ）

「政治上の主義を推進し，支持し，又はこれに反対することを主たる目的とするものでないこと」と規定されています。「政治上の『施策』の推進」を主目的とすることは妨げない趣旨であり，政策提言型NPOの活動が制限されることはありません。また，宗教活動の制限の場合と同様に，反対解釈すれば，「政治上の主義を推進し，支持し，又はこれに反対する」活動も，従たる目的としては行ってかまわない，という趣旨です。

3　選挙活動等の禁止（法2条2項2号ハ）

「特定の公職（衆議院議員，参議院議員，地方公共団体の首長及び議員を指します）の候補者（及び候補予定者）若しくは公職にある者又は政党を推薦し，支持し，又はこれらに反対することを目的とするものでないこと」とされています。

要するに選挙の応援又は妨害活動を，「法人の活動目的とすることを禁止する」という規定です。これは上の二つの場合とは異なり，「従たる目的」としても認められていません。

7　社員と機関（総会・役員）

Ⅰ　社　　員

NPO法人は社団法人の一種であり，法令上は，その構成員のことを「社員」と呼びます。この名称は，営利会社の従業員を「社員」と呼ぶのと紛らわしいこともあって，法人自体ではこれを「会員」の名称で呼ぶことが多いようです。

会員が，正会員，準会員，賛助会員など数種類あるときは，どの会員がNPO法上の社員なのかを，定款で明確にしておく必要があります。

社員についてのNPO法の規定は，以下のとおりです。

1　定　　数

10人以上と規定されています（法12条1項4号）。

これは，設立時だけでなく，常時必要とされています。10人を欠けたからといって，ただちに認証取消しなどになるというわけではありませんが，長期間改善されない場合には，改善命令，さらには認証取消しの対象となることがあります。

２　資　　格

NPO法には，「社員の資格の得喪に関して，不当な条件を付さないこと」と規定されています（法２条２項１号イ）。

NPO法人は市民が主体となり市民により支えられて活動する組織であることから，NPO法で定めるNPO法人の構成員である社員については，閉鎖的でなく，民主的な法人自治のもと運営に参加できる機会が与えられていなければなりません。NPO法人の社員の資格の得喪については，法人の目的に賛同して入会を希望する市民や団体が誰でもいつでも入会でき，社員本人の意思によりいつでも退会が可能な状態にしておく必要があります。

定款に定める資格得喪の条件が，「不当な条件」であるかどうかは，活動目的に照らし合わせて判断しなければなりません。目的に照らして，合理的かつ客観的な条件であれば，「不当な条件」ではありません。

会費が異常に高いことで，実質的に入会を制限するような場合も「不当な条件」に含まれるとされています。

社員の資格の取得及び喪失については，問題となることが少なくありません。定款や規則の解釈の仕方によって問題になる場合もありますから，社員の資格の得喪に関しては，詳細に規定し，誤解の生ずる余地のないようにしなければなりません。しかし，定款は，変更に法的手続を必要としますから，そこに詳細にわたって規定するよりも，定款は基本的な規定にとどめ，細部は細則などにゆずる方がよいでしょう。

なお，NPO法では，未成年者，外国人，法人，任意団体が社員となることは，禁止されていません。

3 権　　限

⑴ 総会における議決権

議決権を有する者が，この法でいう「社員」です。ですから，複数種類の「会員」のなかで，どの種類の会員がNPO法上の「社員」かを定款に明示するということは，言い換えれば，どの種類の会員が議決権を持つのかを明示するという意味です。

⑵ 総会の開催請求権

総社員の5分の1以上で「会議の目的たる事項を示して請求」した時は招集権者である理事は，臨時総会を招集しなければなりません（法14条の3第2項，割合については定款で別段の定め可）。

Ⅱ 機　　関

法人は権利義務の主体ですが，自然人のように身体を持った具体的な存在ではなく，観念的存在ですから，外部の第三者とさまざまな交渉や契約にあたって判断や行動を為す具体的な主体が必要です。また法人内部を見ても，運営を行っていく具体的な主体が必要です。NPO法はこのような主体として，一定の機関を設けています。NPO法人の機関を法定の必要機関と任意機関とに区別して下表に掲げます。

法定必要機関	最高意志決定機関	社員総会
	代表機関，業務執行機関	理　　事
	監査機関（他法人では任意機関ですがNPO法では必要機関です）	監　　事
任　意　機　関	諮問機関，監督機関，議決機関など	理事会 代議員会 顧　　問

1 総　　会

社員総会は法人の最高意志決定機関であり，定款で役員に委任した事項以外のすべての事項を決定する権限を有します（法14条の５）。

役員へ委任する事項や，委任の方法は，疑問が生じないよう定款で定めておくことが必要です。総会と役員の分担を明確にするため，定款に，総会で決議すべき事項と役員が行う事項をはっきり区別して記載する必要があります。

⑴　開催時期

①　通常総会　少なくとも毎年１回（法14条の２）

②　臨時総会

a　理事が必要と認める時（法14条の３第１項）

b　総社員の５分の１以上から開催請求があった時（前記３－⑵参照）
（法14条の３第２項）

c　不正行為などの報告のため，監事が招集する時（法18条１項４号）

⑵　招集権者

①　通常の場合　理事（定款で代表権を制限し，理事長などが招集する，としている法人では，その代表権者）（法14条の２）

②　法18条１項４号（上記ｃ）の場合　監事

⑶　定 足 数

社員総会の定足数については，法令上の規定がありません。定款に定足数についての規定がない場合には，法的には，社員２名以上の出席があれば，社員総会は成立する，と解されていますが，NPO法人の運営については，法人自治が民主的かつ有効に機能することによって，その健全化が図られるものであり，法人の最高の意思決定機関である社員総会への多数の社員の出席による法人運営に係る重要事項の審議及び決定は，特に重要な意味を持つと考えます。仮に出席できない場合であっても，議決事項に係る社員の意思の表明は，書面又は他の社員への委任によって行う方法が用意されています。NPO法人の社員総会では，その定足数を社員総数の２分の１又は過半数以上とするなど，民主的で合理的な運営を行う必要があります。

また，定款で定足数を決めるとともに，その定足数が，総会が成立し議事を行うための要件であるのか，それとも有効な決議をするための要件か，について明確にして，不要な問題を生じさせない方がよいでしょう。

⑷ 招集時期

社員総会の招集通知は，その社員総会の日より少なくとも５日前にしなければなりません（法14条の４）。

通知を発した日と会日との間に少なくとも５日の期間が存することが必要です。

⑸ 招集方法

会議の目的事項（議題）を示して，定款に定めた方法で招集します（法14条の４）。

⑹ 決議事項

あらかじめ通知された事項についてのみ決議することができます（法14条の６）。

NPO法人の社員総会では，定款の変更，解散及び合併のほか，事業計画及び予算，事業報告及び決算，社員の除名，役員の選任及び解任，役員の職務及び報酬，入会金及び会費の額，借入金その他新たな義務の負担及び権利の放棄，解散における残余財産の帰属先，事務局の組織及び運営その他運営に関する重要事項などを決議します（法14条の５）。

⑺ 表決権

決議事項について賛成か反対か，各社員平等に表決権を持っています。

社員総会で行使できる表決権は，１人（社員が団体である時は，１団体）１票です（法14条の７第１項）。

代理人による表決や書面による表決も認められています（法14条の７第２項）。

⑻ 決議の要件

定款変更，合併・解散の場合を除いて，法律上多数決の要件は規定されていませんので，定款で「出席社員の過半数をもって社員総会の決議をする」等と定めます。定款変更等の場合についても，定款に，法律の規定とは別の要件を定めることもできます。

２ 役　　員

(1) 職務及び定数

① 理　事　定数３名以上（法15条）

理事は，NPO法人を代表する業務執行責任者です。

法令上の必要機関は「理事」であり，個々の理事がそれぞれ法人を代表し，業務を執行することとなっています（法16条前段）。

しかし，一般には，合議性をとって任意機関としての「理事会」を設けて，定款に「理事長は，この法人を代表し，その業務を総理する」と規定し，理事のなかから「理事長」「代表理事」などの代表者を設ける法人が多いものと思われます。この場合には，理事長のみがその法人を代表し，それ以外の理事の代表権は制限されていることになります（法16条後段）。

法人の登記においても，理事長のみの住所，氏名，理事としての資格が登記され，代表権のない他の理事は登記されません。

② 監　事　定数１名以上（法15条）

監事は，理事の業務執行に対する監督機関です。NPO法人については，監事の設置，及び職務権限が法定されています。

監事の職務権限は下記のとおりです（法18条）。

a　理事の業務執行の状況を監査すること
b　法人の財産の状況を監査すること
c　業務又は財産に関して，不正の行為又は法令，定款違反の重大事実があることを発見した場合には，これを社員総会又は所轄庁に報告すること
d　上の報告をするため必要がある場合には，社員総会を招集すること
e　理事の業務執行の状況又は法人の財産の状況について，理事に意見を述べること

なお，監事は，その職務柄，理事又は法人の職員との兼務を，禁じられ

ています（法19条）。

⑵ 資　　格

① 役員欠格事由（法20条）

a　成年被後見人又は被保佐人

b　破産者で復権を得ない者

c　禁錮以上の刑を受け，その執行の終了又は執行猶予期間満了から２年未満の者

d　NPO法，刑法204条（傷害），206条（傷害及び傷害致死の現場助勢），208条（暴行），208条の３（凶器準備集合及び結集），222条（脅迫），247条（背任），暴力行為等処罰に関する法律，暴力団員による不当な行為の防止等に関する法律（第31条第７項を除く），のいずれかにより，罰金刑を受け，その執行の終了又は執行猶予期間満了から２年未満の者

e　暴力団の構成員等

f　所轄庁から認証を取り消されたNPO法人の，当時の役員で，認証取消しから２年未満の者

② 役員の親族の制限

各役員につき三親等内の親族関係にあるものは，１人しか役員になることができません。またその合計が，役員総数の３分の１を超えることになってはなりません（法21条）。

a　役員総数が５人以下の場合は，次頁表の範囲に含まれる人は，本人以外は誰も役員になることができません。

b　役員総数が，６人以上の場合は，本人以外にもう１人役員になることができます。

図2　三親等内の親族

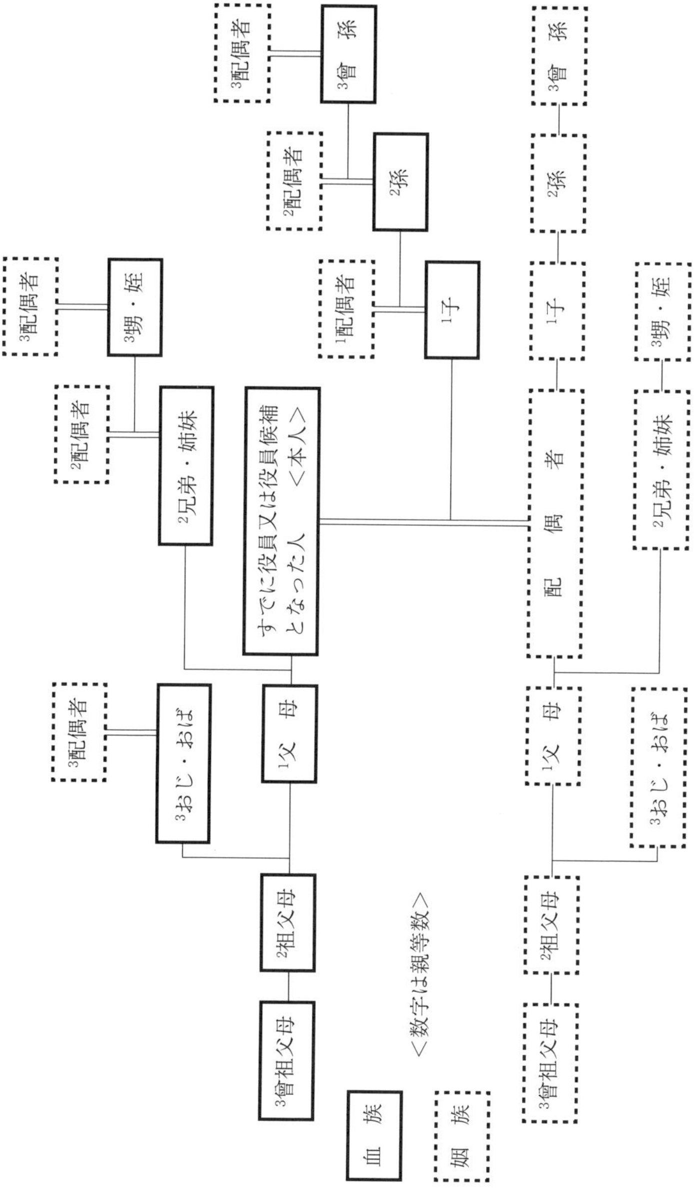
3配偶者
3曾孫
3曾孫
2配偶者
2孫
2孫
3配偶者
3甥・姪
1配偶者
1子
1子
3甥・姪
2配偶者
2兄弟・姉妹
すでに役員又は役員候補となった人　＜本人＞
配偶者
2兄弟・姉妹
3配偶者
3おじ・おば
1父母
1父母
3おじ・おば
2祖父母
2祖父母
3曾祖父母
3曾祖父母
＜数字は親等数＞
血族
姻族

③ その他役員の資格について

a 社員以外のものでも，役員になることができます。 b 役員はその機能から当然，自然人と解されます。 c 未成年者，外国人の就任も妨げられていません。

⑶ 選任の方法

① 法令は役員の選任の方法については規定していませんので，定款で，選任方法を定めます。

② 設立時の役員は，定款に記載することを要します（法11条2項）。

⑷ 任　　期

理事，監事いずれも，2年以内で定款で定める期間です。ただし，再任は可能です（法24条）。

⑸ 報　　酬

① 報酬を受ける役員の数は，役員総数の3分の1以下でなければなりません（法2条2項1号ロ）。

② 監事は法人の職員を兼務することができませんが，それ以外の役員は兼務可能であり，その場合の職員としての給料手当は，上の役員報酬の制限には，無関係です。しかし，脱法的運用がなされないように注意しなければなりません。

⑹ 欠員補充

理事又は監事の，それぞれの3分の1を超える者が欠けた時は，速やかに補充することを要します（法22条）（第4章①参照）。

8 所在地と事務所

法人は権利義務の帰属主体ですから，さまざまな法律関係を取り扱うため，一定の場所を，その取扱いの場となる住所として定めておく必要があります。

NPO法人の住所は，「その主たる事務所の所在地にあるもの」とされています（法６条）。

Ⅰ　所　轄　庁

> 1　NPO法人の所轄庁は，「その主たる事務所が所在する都道府県の知事」となります。
> 2　ただし，その事務所が一つの指定都市の区域内のみに所在する法人の所轄庁は，その指定都市の長（市長）となります（法９条）。

各都道府県では，「県民生活課」などに「NPO室」を設けて，申請受付けや相談などに応じています。

活動が複数県にまたがる場合でも，主たる事務所は１カ所ですので，所轄庁はその主たる事務所所在地の都道府県です。

指定都市は次の20の都市となっています。

札幌市	仙台市	さいたま市	千葉市
横浜市	川崎市	相模原市	新潟市
静岡市	浜松市	名古屋市	京都市
大阪市	堺市	神戸市	岡山市
広島市	北九州市	福岡市	熊本市

所轄庁の決定にあたっては，外国にある事務所は度外視され，国内の状況だけが基準になります。

また，役員の居住地域によって，所轄庁がどこになるかが左右されるようなこともありません。

Ⅱ　事務所とは

「事務所」とは，一般に，法人の代表権，少なくともある範囲の独立の決定権を有する責任者のいる場所であって，同時に，その場所で継続的に業務が行われる場所をいいます。この条件を満たせば，個人の自宅を「事務所」とすることも全く問題はありません。しかし，NPO法人には，事務所での情報公開の義務があります（第4章①参照）から，それへの対応に，不便や障害が生じないような配慮が必要です。また，事務所の所在地の変更には，定款変更や，所轄庁への届出が伴います。場合によっては定款変更の認証を受けなければなりません（第4章①参照）。さらに登記事項でもあり，1カ所の事務所の所在地の変更について，すべての法人事務所所在地で変更登記が必要になってきます。このように，事務所の変更には，煩瑣《はんさ》な事務手続が生じますので，頻繁に移転することになる可能性のある場所は避けるのが賢明といえます。

Ⅲ　主たる事務所・従たる事務所

主たる事務所の他に，従たる事務所がある場合には，他府県はもちろん，同府県内のものであっても，定款に記載することが必要です（法11条1項4号）。

従たる事務所を設けると，登記事項の変更の際，すべての事務所での登記が必要になってきますので，注意が必要です。

従たる事務所であるかどうかの基準は，その場所で，業務上の決定や法律行為が行われているかどうかであり，業務の執行のみを行う単なる「支部」は，これに当たらないと考えられます。

Ⅳ　所　在　地

NPO法は，定款の記載の必要事項として，「主たる事務所及びその他の事務所の所在地」と定めています（法11条1項4号）。この「所在地」は，一般には，市区町村など「最小行政区画区」で足りると解されていますが，NPO法人が事務所の所在地を明確に記載することは，NPO法人の基本的情報の市民への周知であり，その事業活動拠点を明らかにすることは，市民からの信頼を得るための必要不可欠な情報提供に他なりません。NPO法人の主たる事務所及びその他の事務所の所在地には，最小行政区画のほか，町名地番又は住居表示番号，ビル名，ビルの階層，部屋番号等までを記載するのが適当とされています。

[9]　事業計画

NPO法は，設立認証申請時の提出書類として，「事業計画書」を挙げています（法10条１項７号）。「事業計画書」は重要な審査資料であるわけですが，そのことを措いても，NPO法人は，具体的にどのような事業を行おうとしているのか明らかにするための事前計画を要するといえるでしょう。

定款に定められた法人の目的及び事業を実現可能な形に具体化したものが「事業計画」です。逆にいえば，事業計画には定款に定められた目的，事業の範囲内という制約があるわけです。

法人の目的，行う事業等は，特定非営利活動を行うことを主たる目的とした法人であること等を判断する上で，重要な事項であり，定款に具体的かつ明確に規定されていることが必要です。

これらについては，前述（第２章[2]，[3]，[5]，[6]）しましたので，ここでは，それらと個々のイベントとの対応関係を，定款と事業計画書の記載例で比較対照します。

[10]　事業の継続性

NPO法人は，認証制度で簡易に設立できるため，事業収入の減少や会員の減少などで事業の維持が困難となり，休眠や廃業という事態もみられます。設立にあたっては，充分に事業の継続性を検討し，法人の設立意思決定を明らかにして実行することが肝要です。

＜例１＞

【定　款】

《目　的》

本会は○○問題に悩むものが相互に協力し，的確な情報を交換するとともに，専門的知識を習得し，総合的解決能力を獲得することにより，○○の向上並びに○○の防止を図り，もって市民生活の向上に寄与することを目的とする。

《活動分野》

1　まちづくりの推進を図る活動

2　前号に掲げる活動を行う団体の運営又は活動に関する連絡，助言又は援助の活動

《事　業》

1　特定非営利活動に係る事業

⑴　○○問題の適切かつ合理的解決を図るための指導，相談及び支援

⑵　○○問題に関する経験交流，情報交換及び資料の提供

⑶　法律相談会の実施

⑷　○○問題についての講演会，展示会などの開催

【事業計画書】

《事業の実施に関する事項》

1　特定非営利活動に係る事業

事業名	事業内容	実施予定日時	実施予定場所	従事者の予定人数	受益対象者の範囲及び予定人数	事業費の予定額
⑵　情報交換	○○勉強会	年10回	事務所	2人	会員　20人	＊＊
⑴　指導・相談	法律・及び修繕相談会	年3回	○○会館	10人	一般市民 100人	＊＊
⑴　指導・支援	○○点検	○月○日	該当場所	5人	申し込み会員 10人	＊＊

↑

(注)　定款の【事業】の各項目との対応を明確にすること

＜例２＞

【定　款】

《目　的》

この法人は○○を通じてのボランティア活動及び○○に関する社会教育活動，並びに地域社会の環境保全に必要な事業を行うことにより公益の増進に寄与することを目的とする。

《活動分野》

1　保健，医療又は福祉の増進を図る活動

2　社会教育の推進を図る活動

3　環境の保全を図る活動

《事　業》

1　特定非営利活動に係る活動

(1)　公衆衛生の向上及び公衆衛生についての啓蒙並びに○○業者の資質向上に関する事業

(2)　不登校児及び高校中退者のための職業訓練，受け入れに関する事業

(3)　育児及び介護休業者に対する再教育訓練並びに再就職に関する事業

(4)　高齢者及び障害者に対する職業訓練並びにその雇用対策に関する事業

2　その他の事業

(1)　当会の会員である学校の学生，生徒が使用する訓練用教材等の共同購入事業

(2)　広報事業

【事業計画書】

《事業の実施に関する事項》

1　特定非営利活動に係る事業

事業名	事業内容	実施予定日時	実施予定場所	従事者の予定人数	受益対象者の範囲及び予定人数	事業費の予定額
⑵　中退者職業訓練	高校中退者を対象に体験入学実施	随時	会員学校	各回 1～2名	延べ200人	＊＊
⑷　高齢者・障害者訓練	○○業簡易作業実地体験及び訓練	随時	会員施設	各回 2～3名	延べ 50人	＊＊

2　その他の事業

事業名	事業内容	実施予定日時	実施予定場所	従事者の予定人数	事業費の予定額
⑴　共同購入事業	訓練用教材などの共同購入	明細別紙			
⑵　広報事業	広報紙発行	年12回		会員2・職員3名	＊＊

11 活　動　予　算

NPO法は，設立認証の申請に際して，事業計画の計数的裏付けを確認するため，審査書類として「活動予算書」の提出を求めています（法10条1項8号）。

活動予算書は事業計画を計数的に具体化したものであり，費用について，その執行権を執行機関（理事）に付与したものといえます。法人の活動指針，又は規範であり，業務執行責任の範囲を明らかにしたもの，ということもできます。

本節では，活動予算の立案にあたっての，NPO法に特有の注意点を，活動予算書の記載例にそって見ておきます。

《記載例》－（前節＜例２＞の場合）

令和○年度　活動予算書

令和○年４月１日から令和○年３月31日まで

特定非営利活動法人　○○○会

（単位：円）

科　　　目	特定非営利活動に係る事業	その他の事業	合　　計
Ⅰ　経常収益			
１　受取会費			
受取入会金	1,500,000		1,500,000
受取会費	5,500,000		5,500,000
２　事業収益			
⑴　講習会・相談会事業収益	7,000,000		7,000,000
⑵　海外技術支援事業収益	2,000,000		2,000,000
⑶　世代間技術交流事業収益	5,000,000		5,000,000
⑷　調査研究事業収益	7,000,000		7,000,000
⑸　○○用品販売事業収益		5,500,000	5,500,000
⑹　貸席事業収益		2,500,000	2,500,000
⑺　共済事業収益		4,000,000	4,000,000
経常収益計	28,000,000	12,000,000	40,000,000
Ⅱ　経常費用			
１　事業費			
⑴　人件費			
給料手当	7,000,000	4,000,000	11,000,000
退職給付費用	700,000	300,000	1,000,000
福利厚生費	800,000	500,000	1,300,000
人件費計	8,500,000	4,800,000	13,300,000
⑵　その他経費			
会議費	600,000	200,000	800,000
旅費交通費	1,600,000	800,000	2,400,000
印刷製本費	2,500,000	700,000	3,200,000
通信運搬費	1,400,000	1,100,000	2,500,000
修繕費	500,000	400,000	900,000
消耗品費	2,000,000	900,000	2,900,000
水道光熱費	1,100,000	500,000	1,600,000
賃借料	2,800,000	1,600,000	4,400,000
その他経費計	12,500,000	6,200,000	18,700,000
事業費計	21,000,000	11,000,000	32,000,000

2　管　理　費			
⑴　人　件　費			
給料手当	3,500,000		3,500,000
人件費計	3,500,000	0	3,500,000
⑵　その他経費			
旅費交通費	300,000		300,000
通信運搬費	200,000		200,000
消耗品費	3,430,000		3,430,000
インターネット関連費	500,000		500,000
その他経費計	4,430,000	0	4,430,000
管理費計	7,930,000	0	7,930,000
経常費用計	28,930,000	11,000,000	39,930,000
当期経常増減額	△930,000	1,000,000	70,000
Ⅲ　経常外収益			
経常外収益計	0	0	0
Ⅳ　経常外費用			
経常外費用計	0	0	0
経理区分振替額	1,000,000	△1,000,000	0
税引前当期正味財産増減額	70,000	0	70,000
法人税，住民税及び事業税			70,000
前期繰越正味財産額			0
次期繰越正味財産額			0

I　事業計画書と活動予算書の金額の対応

活動予算は，事業計画の計数化であり，事業計画の計数的裏付けを明らかにするものですから，事業計画書と活動予算書の間には，数字上の対応がなければなりません。事業計画書の特定非営利活動に係る事業の事業費の合計額と活動予算書の特定非営利活動に係る事業費の合計額は一致しなければなりませんし，その他事業に係る事業費の合計額についても同様です。しかし，たとえば事業計画書の金額欄には人件費とその他経費を分けずに記載し，活動予算書では人件費とその他経費に分けて計上しておくような場合もありますから，厳密に，細かいところまで数字上対応しなければならない，ということではありません。

Ⅱ 「特定非営利活動に係る事業」と「その他の事業」の 区分表示

NPO法は「その他の事業に関する会計は」「特定非営利活動に係る事業に関する会計から区分し」なければならない，としています（法5条2項）。

認証申請時の活動予算書も，各事業ごとに別欄に記載することとされています。

Ⅲ 「その他の事業」会計から「特定非営利活動」事業会計への繰入れ

NPO法人は，「その他の事業」を行うことが認められていますが，その他の事業で生じた利益は，特定非営利活動に係る事業のために使用しなければなりません（法5条1項）。

その他の事業会計で生じた利益は，「特定非営利活動事業会計」に全額繰り入れることが求められていますから，活動予算書において，「経理区分振替額」の科目を用いてその繰入れを明示することが必要です。

Ⅳ 「特定非営利活動」事業会計から「その他の事業」会計への繰入れの禁止

NPO法人は，特定非営利活動を行うことを「主たる目的」とした法人であり，その他の事業は，あくまでも特定非営利活動に係る事業に「支障がない限り」行うことが認められたものです。

したがって，「その他の事業」の実施にあたっては，特定非営利活動に係る事業の実施に必要な財産，資金，要員，施設等を圧迫してはならず，その他の事業を行うための資金を特定非営利活動に係る事業会計から繰り入れることはできません。

Ⅴ　「特定非営利活動」事業会計と「その他の事業」会計の予算規模

NPO法人は，「その他の事業」の規模が過大となり，特定非営利活動に係る事業の実施に必要な財産，資金，要員，施設等を圧迫してはならず，少なくともその他の事業の費用規模（事業費及び管理費の合計）は，継続して総費用額（事業費及び管理費の総計）の２分の１以下であることが必要です。

すなわち，NPO法人が「その他の事業」を行う場合には「事業計画書」や「活動予算書」において，その条件が満たされているかどうかが判断されます。

Ⅵ　管理費と事業費の割合

NPO法人は，「営利を目的としない」法人であり，構成員の経済的利益を追求し，終局的に収益を構成員個人に分配することを目的としないことも求められています。

管理費はNPO法人の運営に必要な基礎的な経費ですが，役員の報酬，職員の人件費などNPO法人内部に還元される傾向が強いものでもあることから，管理費の規模が過大となり，「主たる目的」の特定非営利活動に係る事業の実施に必要な財産，資金，要員，施設等を圧迫してはなりません。なお，ここでいう管理費とは，特定非営利活動に係る事業の管理費及びその他の事業の管理費の合計額を指します。

したがって，少なくとも管理費の費用規模（管理費の合計）は，総費用額（事業費及び管理費の総計）の２分の１以下であることが必要です。

12　定款とは何か

定款とは，法人の目的や内部組織，活動などの根本規則を定めた文書です。一般に，定款には，法人の構成員と機関を拘束する，という対内的側面と，中心部分が登記により公開される，という対外的側面があります。さらに，NPO法人では，設立認証の際の最も重要な審査資料であり，また設立後も継続的に情報公開の対象になっています。

法人の根本規則としては，まず，法律の規定があり，次に，法人が定める定款があります。定款に記載する規定を分類すると下のようになります。

1　定款に，必ず定めを置かなければならず，その内容が法律の規定に反してはならない事項（必要的記載事項）

2　定款に，必ず定めを置かなければならない事項であって，また，その内容について法律上の規定がある。しかし，法律の規定とは別の内容の定めをすることもできる事項（相対的記載事項）

3　法律に規定がなく，定款に定めをおくかどうか，またその内容をどのようなものにするか，法人の自主判断に委ねられている事項（任意的記載事項）

定款に必ず記載しなければならない事項を「必要的記載事項」といい，その記載がない場合には定款自体が無効になります。

相対的記載事項は，定款に記載しなくても定款自体の効力がなくなるわけではないが，定款に記載しないとその事項の効力は認められないものです。任意的記載事項は，定款に記載しなくても効力が認められないということはないが，定款に記載してある事項です。

法律の条文には，「役員に関する事項」，「会議に関する事項」のように，抽象的にしか規定されていませんが，定款は，団体内部でのルールの明確化とともに，設立認証審査の最も重要な判断材料として，書類上で団体の内容が明らかになるよう，具体的に記載しておく必要があります。

定款は，法律の強行規定に反した定めは設けられません。もし設けた場合も無効になります。その他の法令上の規定については，その法的性格がはっきりしないものもありますが，NPO法は，設立認証の基準として，「法令に適合していること」を挙げていますから，法令に反した定款の規定では，認証を得られないことになります。

Ⅰ　NPO法人定款の必要的記載事項

NPO法人の定款には，次の事項を必ず記載しなければなりません（法11条１項及び２項）。これらの事項を「必要的記載事項」といい，記載がない場合には，定款自体が無効となります。

①　目　　的
②　名　　称
③　その行う特定非営利活動の種類及び当該特定非営利活動に係る事業の種類
④　主たる事務所及びその他の事務所の所在地
⑤　社員の資格の得喪に関する事項
⑥　役員に関する事項
⑦　会議に関する事項
⑧　資産に関する事項
⑨　会計に関する事項
⑩　事業年度
⑪　その他の事業を行う場合は，その種類その他当該その他の事業に関する事項
⑫　解散に関する事項

⑬　定款の変更に関する事項
⑭　公告の方法
⑮　設立当初の役員

特定非営利活動に係る事業の種類に「その他目的を達成するための事業」を掲げるNPO法人が，当該事業として２事業年度以上継続して同一内容の事業活動を実施する場合は，新たな事業の実施であるとみなし，定款変更をすることにより，その行う事業の種類を具体的かつ明確に定款に記載することが必要です。

また，一般には「必要的記載事項」とは呼びませんが，次の事項も，定款に必ず記載しなければなりません。

①　役員の任期（法24条）
②　定款変更のための議決方法（法25条１項）
③　総会の招集方法（法14条の４）

Ⅱ　相対的記載事項の例

NPO法人の定款には，次の事項を記載しないと，その事項の効力はありません。相対的記載事項といわれ，記載しなくても定款自体の効力はなくなりませんが，極めて重要な項目です。

⑴　役員についての相対的記載事項
　①　理事の代表権の制限（法16条）
　②　法人の業務の理事による決定方法（法17条）
　③　理事その他の役員に委任される法人の事務（法14条の５）
　④　理事の代理行為の委任（法17条の２）
⑵　会議に関する相対的記載事項

①　法人の業務の理事による決定方法（法17条）
②　定款の変更に関する特別多数要件の変更（法25条２項）
③　社員による臨時社員総会開催の請求に必要な社員数（法14条の３第２項）
④　社員総会の決議事項の事前通知の例外（法14条の６）
⑤　社員の表決権の平等を変更する規定（法14条の７第１項，４項）
⑥　総会における社員による書面表決及び代理人出席の権限に関する規定の変更（法14条の７第２項，４項）
⑦　総会における社員による電磁的方法による表決の規定（法14条の７第３項）
⑧　合併に関する社員総会の決議における特別多数要件の変更（法34条２項）
⑨　解散決議における特別多数要件の変更（法31条の２）

⑶　解散に関する相対的記載事項

①　残余財産の帰属先（法32条１項）
②　解散の事由を定めたときはその事由（法31条１項２号）
③　解散決議における特別多数要件の変更（法31条の２）
④　合併に関する社員総会の決議における特別多数要件の変更（法34条２項）
⑤　清算人の選任に関する別段の定め（法31条の５）

第3章

NPO法人設立の実務

本章では，前章で検討し，決定した事項を，定款や申請書類の形にまとめあげる時の注意点と，申請から設立登記－成立までの手続の流れを見ていきます。

1　定款を作成する

最初に定款の作成例を示します。地の文が定款の文言であり，四角く囲こまれた部分がその解説及び具体的な記載例です。

解説部分に付記した根拠条項のうち，「任意規定」には＜別段の定め可＞と注記してあります。

特定非営利活動法人○○○会定款

第1章　総　　則

（名　称）

第1条　この法人は，特定非営利活動法人○○○会という。

a　名称の中に，「特定非営利活動法人」の語を入れることは必須とはされていませんが，この法人以外のものがこの名称を使うことは禁じられています（法4条）から，これを表示することが望ましい，とされています。

b　次のような名称は避けるべきである，とされています。

(1)　事業の内容とかけ離れたもの

(2)　既存の法人と誤認されるようなもの

(3)　国の機関と誤認されるようなもの

NPO法人の名称には，個人の功績等の賛美や現に活動している法人その他の団体への利益誘導につながるおそれのない名称や特定の個人又は団体の利益を目的として活動する法人であるとの誤解を生じるおそれのない名称を使用する必要があります。

c　名称に外国語やローマ字を使うことはできます。登記についてもローマ字，算用数字，「・」「－」などの記号が使用できます。また，「特定非営利活動法人」に対応する外国語表記はまだ慣例が確立されていません。これまでに申請されたなかから，英文表記の例を挙げます。

＜例1＞　この法人は特定非営利活動法人NPOインフォメーションという。また，英文名を□□□といい，略称を○○○とする。

＜例2＞　この法人は特定非営利活動法人○○○会という。ただし，英文表記は Specified Nonprofit Corporation ○○○とする。

＜例3＞　この法人は特定非営利活動法人○○○「英文名○○○ Non

Profit Organization」という。

（注） ワク内は留意事項で充分に検討してください（以下，同様）。

（事務所）

第2条 この法人は，主たる事務所を○○県○○市○○町○○丁目○○番○○号に置く。

a　その他の事務所がある場合の記載様式

第２条　この法人は主たる事務所を……………に置く。

2　前項のほか，その他の事務所を○○県○○市○○町○○番○○号，○○県○○市○○町○○丁目○○番○○号に置く。

b　住居表示どおりに町名地番（ビル名，部屋番号等）までの記載をすることが適当とされています。

（目　的）

第3条 この法人は，（　A　）に対して，（　B　）に関する事業を行い，○○○に寄与することを目的とする。

（A）の部分には，「受益対象者の範囲」を記載します。（B）の部分には，主要な事業を記載します。

この目的の記載は，認証審査において，その主たる目的が法第２条第２項の規定に合致するかどうかを判断する重要な部分ですから，十分に検討して記載する必要があります。

＜例1＞　この法人は，広く一般市民を対象として，各都市やその近隣で災害が発生した場合の，被災地の拡大防止，及び軽減化，被災者の救助活動並びに防犯活動に関する事業を行い，もって公益の増進に寄与することを目的とする。

＜例２＞　本会は，日本及び○○○に在住する○○○の人々に対して，医療器具の援助及び医療の知識の普及に関する事業を実施することによって○○○の人々の疾病予防及び医療の充実を図り，もって日本と○○○の友好関係の発展に寄与することを目的とする。

＜例３＞　この法人は，広く一般の人々に対して以下の事業を行う。

⑴　在宅看護の知識と技術の普及及び教育

⑵　各種相談業務及び予防の知識の普及

⑶　⑴，⑵を行う指導者の育成

（特定非営利活動の種類）

第４条　この法人は，前条の目的を達成するため，次の種類の特定非営利活動を行う。

⑴　…………………………

⑵　…………………………

NPO法別表に掲げられた20項目の活動のうち，該当する活動を具体的に記載します。法人の活動が複数の項目に該当するときは，該当するすべての活動を記載します（第２章5参照）。

（事　業）

第５条　この法人は，第３条の目的を達成するため，特定非営利活動に係る事業として次の事業を行う。

⑴　…………………………

⑵　…………………………

２　この法人は，次のその他の事業を行う。

⑴　…………………………

⑵　…………………………

３　前項に掲げる事業は，第１項に掲げる事業に支障がない限り行うものとし，その利益は，第１項に掲げる事業に充てるものとする。

a　「その他の事業」の項目はそれに該当する事業を行う場合にのみ，記載します。

b　３の規定について

「特定非営利活動法人は，その行う特定非営利活動に係る事業に支障がない限り，当該特定非営利活動に係る事業以外の事業（以下「その他の事業」という）を行うことができる。この場合において，利益を生じたときは，これを当該特定非営利活動に係る事業のために使用しなければならない。」とされています（法５条１項）。

<例１>

第５条　この法人は，第３条の目的を達成するため，特定非営利活動に係る事業として次の事業を行う。

⑴　家具，家電品，衣料のリサイクル啓蒙及び指導に関する事業

⑵　家具，家電品，衣料の交換会，ガレージセール，フリーマーケット開催事業

２　この法人は，次のその他の事業を行う。

⑴　家具，家電品，衣料の販売

⑵　地方公共団体の行う清掃事業，リサイクル事業への参加

⑶　生ゴミの堆肥化の研究と事業化

⑷　会員間の共済事業

３　前項に掲げる事業は，第１項に掲げる事業に支障がない限り行うものとし，その利益は，第１項に掲げる事業に充てるものとする。

<例２>

第５条　この法人は，第３条の目的を達成するため，特定非営利活動に係る事業として次の事業を行う。

⑴　主に小学生，中学生が，和楽器や邦楽に親しむ活動を行う場合の支

援事業

⑵　和楽器や邦楽の指導上必要とする事項の支援事業

２　この法人は次のその他の事業を行う。

⑴　和楽器及び関連機材，器具等の斡旋

⑵　邦楽教材，指導用資料等の斡旋掲げる事業に充てるものとする。

３　前項に掲げる事業は，第１項に掲げる事業に支障がない限り行うものとし，その利益は，第１項に掲げる事業に充てるものとする。

第２章　会　　員

（種　別）

第６条　この法人の会員は，次の○種とし，正会員をもって特定非営利活動促進法（以下「法」という）上の社員とする。

⑴　正会員　…………………………

⑵　○○会員　…………………………

⑶　○○会員　…………………………

ａ　NPO法上の社員について，及び，会員の種類を複数とする場合については第２章７を参照。

＜例１＞

第６条　この法人の会員は，次の３種とし，正会員をもって特定非営利活動促進法（以下「法」という）上の社員とする。

⑴　正 会 員　この法人の日的に賛同して入会した個人及び団体

⑵　賛助会員　この法人の事業を援助するため入会した個人及び団体

⑶　名誉会員　この法人に功労のあった者，又は学識経験者で，総会によって推薦された者

＜例２＞

第６条　この法人の会員は，次の４種とし，正会員をもって特定非営利活動促進法（以下「法」という）上の社員とする。

⑴　正 会 員　本法人の目的に賛同して入会した国内の個人及び団体

⑵　一般会員　本法人の目的に賛同して入会した個人で，正会員，準会員以外の者

⑶　準 会 員　本法人の目的に賛同して入会した国外の個人及び団体

⑷　名誉会員　本法人の発展に特に功労のあった個人で，理事会の推薦により総会で決定した者

b　会員の種類を複数設ける場合は，下の第７条から第10条までの規定を，社員（正会員）と他の会員とに区別して記載すること，とされています。

（入　会）

第7条　会員の入会について，特に条件は定めない。

社員資格得喪の条件

「社員の資格の得喪に関して，不当な条件を付さないこと」（法２条２項１号イ）とされています。

2　会員として入会しようとする者は，理事長が別に定める入会申込書により，理事長に申し込むものとする。

3　理事長は，前項の申し込みがあったときは，正当な理由がない限り，入会を認めなければならない。

4　理事長は第２項の者の入会を認めないときは，速やかに，理由を付した書面をもって本人にその旨を通知しなければならない。

入会手続については，法令上は特に規定はありませんので，各団体の実情に即した方法を規定します。

（入会金及び会費）

第８条　会員は，総会において別に定める入会金及び会費を納入しなければならない。

（会員の資格の喪失）

第９条　会員が次の各号のひとつに該当するときは，その資格を喪失する。

⑴　退会届を提出したとき

⑵　本人が死亡し，若しくは失踪宣告を受け，又は会員である団体が消滅したとき

⑶　継続して○年以上会費を滞納したとき

⑷　除名されたとき

（退　会）

第10条　会員は，理事長が別に定める退会届を理事長に提出して，任意に退会することができる。

（除　名）

第11条　会員が次の各号のひとつに該当する場合には，総会の議決により，これを除名することができる。

⑴　この定款のほか，当法人の規則に違反したとき

⑵　この法人の名誉を傷つけ，又は目的に反する行為をしたとき

２　前項の規定により会員を除名しようとする場合は，議決の前に当該会員に弁明の機会を与えなければならない。

（拠出金品の不返還）

第12条　既に納入した入会金，会費及びその他の拠出金品は，返還しない。

社員（会員）の資格の喪失について，不当な条件を付してはならないの

は，取得の場合と同様です（法２条２項１号イ）。

退会は任意にできる旨を記載すること，除名を資格喪失の条件とする場合は，除名に関する規定を置くこと，とされています。

第３章　役　　員

（種別および定数）

第13条　この法人に，次の役員を置く。

⑴　理事　３人以上７人以内

⑵　監事　１人以上２人以内

「役員として，理事３人以上及び監事１人以上を置かなければならない。」（法15条）とされていますので，これを満たせば定数の設定は自由にできます。

2　理事のうち１人を理事長，１人以上２人以内を副理事長とする。

「理事は，すべて特定非営利活動法人の業務について，特定非営利活動法人を代表する。ただし，定款をもって，その代表権を制限することができる。」（法16条）とされていますので，理事長だけに代表権を持たせることができます。

（選任等）

第14条　理事及び監事は，総会において選任する。

2　理事長及び副理事長は，理事の互選とする。

役員の選任方法について，法令上の規定はありませんので，必ずしも総会で選任する必要はないのですが，総会で選任するのが一般的です。これは，法人の内部規則の重要な事項として，定款に記載します。

3　役員のうちには，それぞれの役員について，その配偶者若しくは三親等以内の親族が1人を超えて含まれ，又は当該役員並びにその配偶者及び三親等以内の親族が役員の総数の3分の1を超えて含まれることになってはならない。

4　法第20条各号のいずれかに該当する者は，この法人の役員になることができない。

5　監事は，理事又はこの法人の職員を兼ねてはならない。

3－役員の親族等の排除（法21条），4－役員欠格事由（法20条），5－監事の兼職禁止（法19条）　いずれも，これに反する規定を設けることはできません（第2章7参照）。

（職　務）

第15条　理事長は，この法人を代表し，その業務を総理する。

2　副理事長は，理事長を補佐し，理事長に事故あるときまたは理事長が欠けたときは，理事長があらかじめ指名した順序によって，その職務を代行する。

3　理事は理事会を構成し，この定款の定め及び理事会の議決に基づいて，この法人の業務を執行する。

理事の代表権は，「定款をもって」，「制限することができる」（法16条）ので，理事長のみに代表権を持たせるなど，理事の代表権を制限するときは，定款に明示しなければなりません（第2章7参照）。

4　監事は，次に掲げる職務を行う。

(1)　理事の業務執行の状況を監査すること

(2)　この法人の財産の状況を監査すること

(3)　前2号の規定による監査の結果，この法人の業務又は財産に関し不正の

行為又は法令若しくは定款に違反する重大な事実があることを発見した場合には，これを総会又は所轄庁に報告すること

⑷　前号の報告をするために必要がある場合には，総会を招集すること

⑸　理事の業務執行の状況又はこの法人の財産の状況について，理事に意見を述べること。

> 監事について，これに反する規定を設けることはできません（法18条)。

（任期等）

第16条　役員の任期は○年とする。ただし，再任を妨げない。

> a　役員の任期は２年以内の範囲において，定款で定めることになっています。
>
> b「定款で役員を社員総会で選任することとしている特定非営利活動法人にあっては，定款により，後任の役員が選任されていない場合に限り，同項の規定により定款で定められた任期の末日後最初の社員総会が終結するまでその任期を伸長することができる。」(法24条２項)
>
> ＜例１＞
>
> ２　前項の規定にかかわらず，後任の来日後最初の総会が終結するときまでその任期を伸長する。

2　補欠のため，又は増員により就任した役員の任期は，それぞれの前任者又は現任者の任期の残存期間とする。

3　役員は辞任又は任期満了後においても，後任者が就任するまでは，その職務を行わなければならない。

> 法24条による任期の制限は，同一人が長期間法人の運営に携わることによって運営が恣意的になることを防ぐ趣旨です。それが，実質的にも確保されるよう，第３項の規定を置く場合には，速やかに後任者を選任する

必要がある，とされています。

（欠員補充）

第17条　理事又は監事のうち，その定数の３分の１を超える者が欠けたときは，遅滞なくこれを補充しなければならない。

（法22条）

（解　任）

第18条　役員が次の各号のひとつに該当する場合には，総会の議決により，これを解任することができる。

⑴　心身の故障のため，職務の遂行に堪えないと認められるとき

⑵　職務上の義務違反その他役員としてふさわしくない行為があったとき

２　前項の規定により役員を解任しようとする場合は，議決の前に当該役員に弁明の機会を与えなければならない。

選任についてと同様に，明確なルールが望まれます。

（報酬等）

第19条　役員は，その総数の３分の１以下の範囲内で報酬を受けることができる。

２　役員には，その職務を執行するために要した費用を弁償することができる。

３　前２項に関し必要な事項は，総会の議決を経て，理事長が別に定める。

「役員のうち報酬を受ける者の数が，役員総数の３分の１以下であること。」(法２条２項１号ロ)

第４章　会　　議

（種　別）

第20条　この法人の会議は，総会及び理事会の２種とする。

> 定款の「必要的記載事項」は，「会議に関する事項」です（法11条１項７号）。理事会は任意機関であり，これを置くか置かないかは，法人の任意です。しかし，理事会を置く場合には，理事会についての規定を定款に記載することが望ましい，とされています。

２　総会は，通常総会及び臨時総会とする。

（総会の構成）

第21条　総会は正会員をもって構成する。

> 第６条に「正会員をもって特定非営利活動促進法上の社員とする」と規定しています（第２章⑦参照）。

（総会の権能）

第22条　総会は，以下の事項について議決する。

⑴　定款の変更

⑵　解散及び合併

⑶　会員の除名

⑷　事業計画及び予算並びにその変更

⑸　事業報告及び決算

⑹　役員の選任及び解任

⑺　役員の職務及び報酬

⑻　入会金及び会費の額

⑼　資産の管理の方法

⑽　借入金（その事業年度内の収入をもって償還する短期借入金を除く。第49条において同じ）その他新たな義務の負担及び権利の放棄

⑾　解散における残余財産の帰属

⑿　事務局の組織及び運営

⒀　その他運営に関する重要事項

総会は法人の最高意志決定機関であり，定款をもって，理事その他の役員に委任した事項以外は，すべて総会の決議によらなければなりません（法14条の５）。

（総会の開催）

第23条　通常総会は，毎年○回○月に開催する。

通常総会は毎年１回以上開催しなければなりません（法14条の２）。

2　臨時総会は，次に掲げる場合に開催する。

⑴　理事会が必要と認め，招集の請求をしたとき

（法14条の３第１項）

⑵　正会員総数の５分の１以上から会議の目的を記載した書面により招集の請求があったとき

（法14条の３第２項）＜定数については別段の定め可＞

⑶　監事が第18条第４号の規定に基づいて招集するとき

（総会の招集）

第24条　総会は，前条第２項第３号の場合を除いて，理事長が招集する。

a　理事の招集権（法14条の２，14条の３） b　代表権の制限（法16条）

2　理事長は，前条第２項第１号及び第２号の規定による請求があったときは，その日から30日以内に臨時総会を招集しなければならない。

法令には，開催の期限を定めることは規定されていませんが，法人内の規則として，明確化しておくことが望ましいでしょう。

3　総会を招集する場合には，会議の日時，場所，目的及び審議事項を記載した書面により，開催の日の少なくとも５日前までに通知しなければならない。

「社員総会の招集の通知は，その社員総会の日より少なくとも５日前に，その社員総会の目的である事項を示し，定款で定めた方法に従ってしなければならない。」（法14条の４）

（総会の議長）

第25条　総会の議長は，その総会に出席した正会員のなかから選出する。

（総会の定足数）

第26条　総会は，正会員総数の２分の１以上の出席がなければ開会することはできない。

定足数について，法令上の規定はありませんが，定款で，総社員の過半数の出席を要すると定めるのが望ましいでしょう。しかし，社員数が極めて多く，あるいは全国に散在しているなどで，過半数では成立が危ぶまれる場合は定足数を引き下げることもあり得ます。ですが，極端に少なくすることは好ましくないとされています。

（総会の議決）

第27条　総会における議決事項は，第24条第３項の規定によってあらかじめ通知した事項とする。

> 通知した事項以外の事項について決議することになると，通知事項を見て，欠席した社員は評決に参加する機会を与えられないことになるからです（法14条の６）。＜別段の定め可＞
>
> あらかじめ通知していない事項についても議決できるようにする場合の定款の記載例
>
> ＜例１＞
>
> ただし，緊急の場合については，総会出席者の２分の１以上の同意により議題とすることができる。

２　総会の議事は，この定款に規定するもののほか，出席した正会員の過半数をもって決し，可否同数のときは，議長の決するところによる。

> 決議の方法に関して，法令には規定はありません。一般的な会議体における表決の場合と同様，過半数の賛成をもって表決される，と解されていますが，定款で明確に規定しておく方がよいでしょう。可否同数の場合の扱いも規定しておかないと否決と解されます。

（総会での表決権等）

第28条　各正会員の表決権は平等なものとする。

２　やむを得ない理由により総会に出席できない正会員は，あらかじめ通知された事項について，書面若しくは電磁的方法をもって表決し，又は他の正会員を代理人として表決を委任することができる。

> a　第１項－　（法14条の７第１項）＜別段の定め可＞
>
> b　第２項－　（法14条の７第２項，３項）＜別段の定め可＞

3　前項の規定により表決した正会員は，前２条及び次条第１項の規定の適用については，総会に出席したものとみなす。

4　総会の議決について，特別の利害関係を有する正会員は，その議事の議決に加わることができない。

（法14条の８）

（決議の省略）

第29条　理事又は社員が社員総会の目的である事項につき提案した場合において，当該提案につき社員の全員が書面又は電磁的記録により同意の意思表示をしたときは，当該提案を可決する旨の社員総会の決議があったものとみなす。

（法14条の９）

（総会の議事録）

第30条　総会の議事については，次の事項を記載した議事録を作成しなければならない。

⑴　日時及び場所

⑵　正会員総数及び出席者数（書面若しくは電磁的方法による表決者又は表決委任者がある場合にあっては，その数を付記すること）

⑶　審議事項

⑷　議事の経過の概要及び議決の結果

⑸　議事録署名人の選任に関する事項

2　議事録には，議長及び総会において選任された議事録署名人２名が，記名押印又は署名しなければならない。

a　総会議事録の作成は，法令では義務付けられていませんが，議事の経過と決議の証拠を示すものとして重要です。

b　設立認証をはじめ，定款変更，合併などの認証を申請する時には総会議事録の謄本を添付しなければなりません。

c　記名押印と署名

・記名押印　氏名を記載して，印章を押捺することです。記名は，ゴム印，活字等による印字でかまいません。

・署　　名　本人が手書きで氏名を記載することです。

d　決議を省略した社員総会に係る議事録の記載方法について，あらかじめ定款で規定する場合の記載例

＜例１＞

3　前２項の規定にかかわらず，正会員全員が書面又は電磁的方法による意思表示をしたことにより，総会の決議があったものとみなされた場合においては，次の事項を記載した議事録を作成しなければならない。

(1)　総会の決議があったものとみなされた事項の内容

(2)　前号の事項の提案をした者の氏名又は名称

(3)　総会の決議があったものとみなされた日

(4)　議事録の作成に係る職務を行った者の氏名

（理事会の構成）

第31条　理事会は，理事をもって構成する。

理事会は「任意機関」であり，必ずしも置く必要はありません。理事会を置く場合は，理事会について定款に規定することが望ましい，とされています。以下の理事会についての規定は一例であり，既に活動実績のある団体ならばこれまでの慣習に添い，また，新たに活動を開始する団体であるならばその実情に添って規定を設けます。

（理事会の権能）

第32条　理事会はこの定款に別に定める事項のほか，次の事項を議決する。

⑴　総会に付議すべき事項

⑵　総会の議決した事項の執行に関する事項

⑶　その他総会の議決を要しない業務の執行に関する事項

（理事会の開催）

第33条　理事会は，次に掲げる場合に開催する。

⑴　理事長が必要と認めたとき

⑵　理事総数の２分の１以上から理事会の目的である事項を記載した書面により招集の請求があったとき

（理事会の招集）

第34条　理事会は理事長が招集する。

２　理事長は，前条第２号の場合にはその日から14日以内に理事会を招集しなければならない。

３　理事会を招集するときは，会議の日時，場所，目的及び審議事項を記載した書面により，開催の日の少なくとも５日前までに通知しなければならない。

（理事会の議長）

第35条　理事会の議長は，理事長がこれにあたる。

（理事会の議決）

第36条　理事会における議決事項は，第34条第３項の規定によってあらかじめ通知した事項とする。

２　理事会の議事は，理事総数の過半数をもって決し，可否同数のときは，議長の決するところによる。

（理事会の表決権等）

第37条　各理事の表決権は，平等なるものとする。

２　やむを得ない理由のため理事会に出席できない理事は，あらかじめ通知された事項について書面をもって表決することができる。

３　前項の規定により表決した理事は，前条及び次条第１項の適用については，理事会に出席したものとみなす。

４　理事会の議決について，特別の利害関係を有する理事は，その議事の議決に加わることができない。

（理事会の議事録）

第38条　理事会の議事については，次の事項を記載した議事録を作成しなければならない。

⑴　日時及び場所

⑵　理事総数，出席者数及び出席者氏名（書面表決者にあっては，その旨を付記すること）

⑶　審議事項

⑷　議事の経過の概要及び議決の結果

⑸　議事録署名人の選任に関する事項

２　議事録には，議長及びその会議において選任された議事録署名人２人以上が記名押印又は署名しなければならない。

第５章　資　　産

（構　成）

第39条　この法人の資産は，次の各号に掲げるものをもって構成する。

⑴　設立当初の財産目録に記載された資産

⑵　入会金及び会費

⑶　寄附金品

⑷　財産から生じる収入

⑸　事業に伴う収入

⑹　その他の収入

（区　分）

第40条　この法人の資産は，これを分けて特定非営利活動に係る事業に関する資産，その他の事業に関する資産の２種とする。

（管　理）

第41条　この法人の資産は，理事長が管理し，その方法は，総会の議決を経て理事長が別に定める。

a　「資産に関する事項」は定款の「必要的記載事項」です（法11条１項８号）から，設立当初の資産がない場合にも記載が必要です。

b　資産の区分は，法令には規定されていませんが，会計を区分するのと同様に区分することとされています。上記の例は，「特定非営利活動に係る事業に関する資産」のほかに，「その他の事業に関する資産」がある場合の記載例です。

特定非営利活動に係る事業のみの場合の記載例

＜例１＞

この法人の資産は，特定非営利活動に係る事業に関する資産とする。

第６章　会　　計

（会計の原則）

第42条　この法人の会計は，法第27条各号に掲げる原則に従って行わなければならない。

「特定非営利活動法人の会計は，この法律に定めるもののほか，次に掲げる原則に従って，行わなければならない。
　1　削除
　2　会計簿は，正規の簿記の原則に従って正しく記帳すること。
　3　計算書類（活動計算書及び貸借対照表をいう。次条第１項において同じ）及び財産目録は，会計簿に基づいて活動に係る事業の実績及び財政状態に関する真実な内容を明りょうに表示したものとすること。
　4　採用する会計処理の基準及び手続については，毎事業年度継続して適用し，みだりにこれを変更しないこと。」（第５章参照）（法27条）

（会計区分）

第43条　この法人の会計は，特定非営利活動に係る事業会計，その他の事業会計の２種とする。

「その他の事業に関する会計は，当該特定非営利活動法人の行う特定非営利活動に係る事業に関する会計から区分し，特別の会計として経理しなければならない。」（法５条２項）
　特定非営利活動に係る事業のみの場合の記載例
＜例１＞
　　この法人の会計は，特定非営利活動に係る事業会計とする。

（事業年度）

第44条　この法人の事業年度は，毎年４月１日に始まり，翌年３月31日に終わる。

　事業年度の長さには特に制限はありません。１年未満又は１年以上の期間とすることもできます。しかしその場合には，税法上の取扱いとの違いから影響が生じてきます。

（事業計画及び予算）

第45条　この法人の事業計画書及びこれに伴う活動予算書は，毎事業年度ごとに理事長が作成し，総会の議決を経なければならない。

予算制度を設けるかどうかは法人の任意となっています。

（暫定予算）

第46条　前条の規定にかかわらず，やむを得ない理由により予算が成立しないときは，理事長は，理事会の議決を経て，予算成立の日まで前事業年度の予算に準じて収入支出することができる。

2　前項の収入支出は，新たに成立した予算の収入支出とみなす。

（予備費）

第47条　予算超過又は予算外の支出に充てるため，予算中に予備費を設けることができる。

2　予備費を使用するときは，理事会の議決を経なければならない。

（予算の追加及び更正）

第48条　予算成立後にやむを得ない事由が生じたときは，総会の議決を経て，既定予算の追加又は更正をすることができる。

（事業報告及び決算）

第49条　この法人の事業報告書，活動計算書，貸借対照表及び財産目録等決算に関する書類は，毎事業年度終了後速やかに理事長が作成し，監事の監査を受け，総会の議決を経なければならない。

a　NPO法人は，毎事業年度初めの３月以内に前事業年度の上記書類を作成し，すべての事務所に備え置き，請求があったときは閲覧させなければなりません（法28条１項）。

b　また，NPO法人は，毎事業年度初めの３月以内に前事業年度の上記書類を所轄庁に提出しなければなりません（法29条）。

２　決算上剰余金を生じたときは，次事業年度に繰り越すものとする。

非営利法人のため，剰余金を構成員に分配することはできません（第２章②参照のこと）。

（臨機の措置）

第50条　予算をもって定めるもののほか，借入金の借入れその他新たな義務の負担をし，又は権利の放棄をしようとするときは，総会の議決を経なければならない。

第７章　定款の変更，解散及び合併

（定款の変更）

第51条　この法人が定款を変更しようとするときは，総会に出席した正会員の４分の３以上の多数による議決を経，かつ，法第25条第３項に規定する事項については，所轄庁の認証を得なければならない。

a　定款の変更に関しては，定款に定めを置かなければなりません（法11条，法25条１項）。

b　定款変更の議決は，社員総数の２分の１以上が出席し，その出席者の４分の３以上の賛成が必要です（法25条２項）。＜別段の定め可＞

c　定款の変更事項のうち，所轄庁に認証を受ける必要がある法第25条第３項に規定する事項は次のとおりです。
⑴　目　　的
⑵　名　　称
⑶　その行う特定非営利活動の種類及び当該特定非営利活動に係る事業の種類
⑷　主たる事務所及びその他の事務所の所在地（所轄庁の変更を伴うものに限る）
⑸　社員の資格の得喪に関する事項
⑹　役員に関する事項（役員の定数に係るものを除く）
⑺　会議に関する事項
⑻　その他の事業を行う場合には，その種類その他当該その他の事業に関する事項
⑼　解散に関する事項（残余財産の帰属すべき者に係るものに限る）
⑽　定款の変更に関する事項

（解　散）

第52条　この法人は次に掲げる事由により解散する。

⑴　総会の決議
⑵　目的とする特定非営利活動に係る事業の成功の不能
⑶　正会員の欠亡
⑷　合　　併
⑸　破産手続開始の決定
⑹　所轄庁による設立の認証の取消し

法人は，定款で定めた事由によっても解散します（法31条１項２号）。

2　前項第１号の事由によりこの法人が解散するときは，正会員総数の４分の３以上の議決を経なければならない。

（法31条の２）。＜別段の定め可＞

３　第１項第２号の事由により解散するときは，所轄庁の認定を得なければならない。

（法31条２項）

（残余財産の帰属）

第53条　この法人が解散（合併又は破産手続開始の決定による解散を除く）したときに残存する財産は，法第11条第３項に掲げる者のうち，総会において議決したものに譲渡するものとする。

a　残余財産は，定款に定めた帰属者に帰属します（法32条１項）。

b　帰属者は下記の者の中から選定します（法11条３項）。

イ）　他の特定非営利活動法人

ロ）　国又は地方公共団体

ハ）　公益社団法人，公益財団法人

ニ）　学校法人

ホ）　社会福祉法人

ヘ）　更生保護法人

c　帰属者の定め方は，「○○法人」のように既存の法人を個別に特定することが原則ですが，これらの者の内から選ばれるようにする限りは，抽象的な規定でも認められるとされています。

＜例＞

第53条　この法人が解散（合併又は破産による解散を除く）したときに残余する財産は，他の特定非営利活動法人又は財団法人で当法人と目的を同じくするものに譲渡するものとする。

d　定款に残余財産の帰属先の規定がないときは，清算人は所轄庁の認証を得て，その財産を国又は地方公共団体に譲渡することができます。帰属する者の規定があっても，その法人がすでに解散などでなくなっている場合も同じです（法32条２項）。

e　dによっても処分されない財産は，国庫に帰属することになります（法32条３項）。

（合　併）

第54条　この法人が合併しようとするときは，総会において正会員総数の４分の３以上の議決を経て，かつ，所轄庁の認証を得なければならない。

合併をするには，社員総会の議決を経なければなりません（法34条１項）。

総会における議決要件について特段の定めをするには，定款で規定しなければなりません。法令上は４分の３以上の賛成となっています（法34条２項）（合併については第４章3を参照）。

第８章　公告の方法

（公告の方法）

第55条　この法人の公告は，法人の掲示場に掲示するとともに，官報に掲載して行う。

「公告」とは，第三者の権利を保護するため，第三者の権利を侵害するおそれのある事項について広く一般の人に知らせることです。以下の場合については，官報に掲載することが必須です（法11条１項14号）。

① 解散した場合に清算人が債権者に対して行う公告（法31条の10第４項）

② 清算人が清算法人について破産手続開始の申立てを行った旨の公告

（法31条の12第４項）

第９章　事　務　局

（事務局の設置）

第56条　この法人に，この法人の事務を処理するため，事務局を設置することができる。

2　事務局には，事務局長及び必要な職員を置くことができる。

（職員の任免）

第57条　事務局長及び職員の任免は，理事長が行う。

（組織及び運営）

第58条　事務局の組織及び運営に関し必要な事項は，総会の議決を経て，理事長が別に定める。

第10章　雑　　則

（細　則）

第59条　この定款の施行について必要な細則は，理事会の議決を経て，理事長がこれを定める。

附　　則

附則は，法人として成立する時点（設立当初）で決まっていなければならない事項を定めたものです。原則として，一度規定した附則の削除・変更はできません。また，設立当初の附則は，設立総会の議決内容と整合するようにする必要があります。

1　この定款は，この法人の成立の日から施行する。

2　この法人の設立当初の役員は，次のとおりとする。

理 事 長	○○○○
副理事長	○○○○
理　　事	○○○○
同	○○○○
………………………………	
監　　事	○○○○

設立当初の役員は定款に記載しなければなりません（法11条2項）。

3　この法人の設立当初の役員の任期は，第16条第1項の規定にかかわらずこの法人の成立の日から○年○月○日までとする。

設立当初の役員の任期は2年以内とすることが必要です。

総会で役員を定める法人で，第16条で役員任期満了日後の最初の総会まで前任役員の任期を伸ばす規定を定めた場合は，役員任期は，原則として事業年度終了日と同じになります。

4　この法人の設立当初の事業年度は，第44条の規定にかかわらず，この法人の成立の日から○年○月○日までとする。

5　この法人の設立当初の事業計画及び予算は，第45条の規定にかかわらず，設立総会の定めるところによる。

6　この法人の設立当初の入会金及び会費は，第8条の規定にかかわらず，次に掲げる額とする。

(1)　入会金　正会員（個人・団体）10,000円　賛助会員（個人・団体）20,000円

⑵　年会費　正会員(個人・団体) 12,000円　賛助会員(個人・団体)

1口24,000円（１口以上）

設立当初の入会金及び会費については，設立総会で決定し，附則に会員種別ごとに記載します。

社員資格の得喪に，不当な条件を付していないことを明示するため，入会金，会費を，定款に規定すること，とされています。

2　申請書類を作成する

Ⅰ　設立認証の申請

設立認証を申請する際の，提出書類は下記の表のとおりです。

No.	提　出　書　類	所轄庁提出部数
1	設立認証申請書	1
2	定　款	2
3	役員名簿及び役員のうち報酬を受ける者の名簿	2
4	各役員の就任承諾書及び宣誓書の写し≪謄本≫	各人分　1
5	役員の住所又は居所を証する書面	各人分　1
6	社員のうち10人以上の者の名簿	1
7	確認書 (法２条２項２号及び法12条１項３号に該当することを確認した書面)	1
8	設立趣旨書	2
9	設立についての意思決定を証する議事録の写し（謄本)	1
10	設立当初の事業年度及び翌事業年度の事業計画書（２年度分)	各2
11	設立当初の事業年度及び翌事業年度の活動予算書（２年度分)	各2

認証後にも同様のものがさらに必要になる書類もあります。最終的に必要な部数については巻末のチェックリストを参照してください。ただ，各所轄庁では，書類の形式上の問題点を中心に，申請書類提出までに１団体平均数回の事前相談を行っています。また申請後の審査の過程でも書類の差替え，取下げ・再申請，などの事態も考えられます。早まって先の書類まで作成してしまうことは，かえって事務の無駄になります。認証後にどのような書類が必要になるか，確認するに止めておいた方が無難といえるでしょう。各都道府県条例及び規則によって様式が定められている書類（申請書）以外は，Ａ４サイズで申請者が作成することとされています。なお，各都道府県条例及び規則に定められている申請書，届出書の様式は所轄庁ごとに，若干，形式が異なるところがありますので，確認してください。NPO法は，その第76条で，「この法律に定めるもののほか，この法律の規定の実施のための手続その他その執行に関し必要な細則は，内閣府令又は都道府県若しくは指定都市の条例で定める。」と規定し，税務，罰則等を除くほとんどすべての規定の実施のための手続など，細部をそれらに委任しています。そして，法第10条第１項で，特定非営利活動法人を設立しようとする者は，都道府県又は指定都市の条例で定めるところにより，所定の添付書類を作成し，申請書を所轄庁に提出する旨を規定しています。ですから，所轄庁が違えば，手続や執行の細部は，それぞれの規定により異なるわけです。

Ⅱ　各書類の作成例及び解説

1　申　請　書

令和○年○月○日

○○県知事　殿(1)

申請者(2)　住所　○○県○○市○○町○丁目○番○号
氏名　○　山　△　夫　㊞
電話番号　○○○－○○○○
ファクシミリ番号　○○○－○○○○

特定非営利活動法人設立認証申請書

特定非営利活動促進法第10条第１項の規定により，下記のとおり特定非営利活動法人を設立することについて認証を受けたいので，申請します。

記

1　特定非営利活動法人の名称	特定非営利活動法人○○○○《フリガナ》会
2　特定非営利活動法人の代表者の氏名	○《フ》　山《リ》　△《ガ》　夫《ナ》
3　主たる事務所の所在地	郵便番号　○○○－○○○○ ○○県○○市○○町○丁目○番○号 電話番号　○○○－○○○○　ファクシミリ番号　○○○－○○○○
4　その他の事務所の所在地	郵便番号　○○○－○○○○ ○○県○○市○○町○丁目○番○号 電話番号　○○○－○○○○　ファクシミリ番号　○○○－○○○○
5　定款に記載された目的	本会は，高度な技術と豊富な経験を有する会員相互の協力により，○○○に関する幅広い分野で，調査研究及び教育普及活動を行うと伴に不特定多数の市民・団体等を対象に助言又は支援・協力を行い，○○界の技術水準の高揚，○○○の品質向上，次世代人材の育成を推進し，もって社会教育，健全なまちづくり，環境の保全，地域安全，国際協力等の公益に寄与することを目的とする。

(1) 指定都市の場合は，市長あてです。

(2) 申請者は，設立代表者個人です。

2 定　　款

定款については，前節を参照してください。

定款の提出部数は，審査用１部，縦覧用１部の計２部です。

3 役員名簿及び役員のうち報酬を受ける者の名簿

役員名簿及び役員のうち報酬を受ける者の名簿

特定非営利活動法人○○○会

	役　名	氏　　名	住所又は居所	報酬の有無	備　　考
1	理　事	フ リ ガ ナ ○ 山 △ 夫	○○県○○市○○町５番地	有・無	理事長
2	理　事	フ リ ガ ナ ▲ 川 ● 郎	○○県△郡△町大字△1234番地	有・無	副理事長
3	理　事	フ リ ガ ナ △ 田 ○ 子	▲▲県▲市▲▲区▲▲567番地	有・無	常務理事
7	監　事	フ リ ガ ナ ○ 山 ○ 枝	○○県○○市○○町５番地	有・無	

(1) 「役名」欄には，「理事」，「監事」の別を記載します

(2) 「住所又は居所」欄には，５の「役員の住民票の写し等」によって証された住所又は居所を記載します。

「○○町７番地」を「○○町７」，「○○区霞が丘２丁目３番４号」を「○○区霞が丘２－３－４」のように略すことなく，証明書類の記載どおりに記載することとされています。

(3) 「報酬の有無」欄は「有・無」を丸で囲みます。

(4) 「備考」欄には，理事長，副理事長などの別を記載します。

(5) 提出は２部です。

４　役員の就任承諾書及び宣誓書

就任承諾書及び宣誓書

私は，特定非営利活動法人○○○会の理事[1]に就任することを承諾します。承諾にあたって，特定非営利活動促進法第20条各号[2]に該当しないこと及び同法第21条の規定[3]に違反しないことを誓います。

令和○年○月○日

特定非営利活動法人○○○会　御中

住　所[4]　○○県○○市○○町５番地[5]

氏　名　　○　山　△　夫　㊞

(1)　監事の場合は，「監事」と記載します。

(2)　NPO法第20条（役員の欠格事由）

①　成年被後見人又は被保佐人

②　破産者で復権を得ないもの

③　禁錮以上の刑に処せられ，その執行を終わった日又はその執行を受けることがなくなった日から２年を経過しない者

④　この法律もしくは暴力団員による不当な行為の防止等に関する法律の規定（同法31条７項の規定を除く）に違反したことにより，又は刑法（明治40年法律第45号）第204条，第206条，第208条，第208条の２，第222条若しくは第247条の罪若しくは暴力行為等処罰に関する法律（大正15年法律第60号）の罪を犯したことにより，罰金の刑に処せられ，その執行を終わった日又はその執行を受けることがなくなった日から２年を経過しない者

⑤　暴力団の構成員等

⑥　第43条の規定により設立の認証を取り消された特定非営利活動法人の解散当時の役員で，設立の認証を取り消された日から２年を経過しない者

⑶　NPO法第21条（役員の親族等の排除）

「役員のうちには，それぞれの役員について，その配偶者若しくは三親等以内の親族が１人を超えて含まれ，又は当該役員並びにその配偶者及び三親等以内の親族が役員の総数の３分の１を超えて含まれることになってはならない。」

⑷　住所又は居所

⑸　住所又は居所の記載は，役員名簿の場合と同じく，「番地」「丁目」などを略さずに記載します。

５　役員の住民票等

NPO法には，「各役員の（中略）それぞれの住所又は居所を証する書面として内閣府令で定めるもの」とされています（法10条１項２号ハ）。

内閣府令で定める書面，とは，

⑴　住民基本台帳法の適用を受ける者（通常，日本在住の日本人）の場合は「住民票の写し」です。

⑵　外国人登録法の適用を受ける者（通常，日本在住の外国人）の場合は，「外国人登録原票記載内容の証明」です。

⑶　⑴及び⑵に該当しない者（外国在住の日本人や外国在住の外国人）の場合は，その役員の住所又は居所を証する権限のある官公署が発給する文書となります（施行規則－内閣府令・条例，規則）。

６　10人以上の社員の名簿

社員のうち10人以上の者の名簿

特定非営利活動法人○○○会

	氏　名	住所又は居所
1	○　山　△　夫	○○県○○市○○町５番地
2	▲　川　●　郎	○○県△郡△町大字△1234番地
3	△△△株式会社 代表取締役○山○枝[1]	東京都○○区○町８丁目９番10号[1]
10	△　田　○　子	▲▲県▲市▲▲区▲▲567番地

(1)　社員が法人の場合は，氏名欄にはその法人の名称と代表者の氏名を，住所又は居所欄には，その所在地を記載します。

７　確　認　書

確　認　書

特定非営利活動法人○○○会は，平成○年○月○日開催の設立総会[1]において，特定非営利活動促進法第２条第２項第２号[2]及び同法第12条第１項第３号[3]の規定に該当することを確認しました。

令和○年△月△日

特定非営利活動法人　○○○会

代表者住所　　○○県○○市○○町５番地

氏　名　　○　山　△　夫　㊞

(1)　確認を行った会議の名称及び開催日（「設立発起人会」など）

(2)　NPO法第２条第２項第２号には，下記のように明記されています。

その行う活動が次のいずれにも該当する団体であること。

イ　宗教の教義を広め，儀式行事を行い，及び信者を教化育成することを主たる目的とするものでないこと。

ロ　政治上の主義を推進し，支持し，又はこれに反対することを主たる目的とするものでないこと。

ハ　特定の公職（公職選挙法（昭和25年法律第100号）第３条に規定する公職をいう。以下同じ）の候補者（当該候補者になろうとする者を含む）若しくは公職にある者又は政党を推薦し，支持し，又はこれらに反対することを目的とするものでないこと。

⑶　NPO法第12条第１項第３号には，下記のように明記されています。

当該申請に係る特定非営利活動法人が暴力団（暴力団員による不当な行為の防止等に関する法律（平成３年法律第77号）第２条第２号に規定する暴力団をいう。以下この号において同じ）又は暴力団若しくはその構成員（暴力団の構成団体の構成員を含む）若しくは暴力団の構成員でなくなった日から５年を経過しない者の統制の下にある団体でないこと。

8　設立趣旨書

法人設立までの経緯，その行う活動，事業の必要性や使命などを記載します。申請後，縦覧に供される書類であり，2部提出します。

特定非営利活動法人○○○会設立趣旨書

○○○に関する日本の技術は，戦後の復興以後，各分野で飛躍的に発展を遂げてきました。さらに，近年は社会の成熟に伴って，○○が重視されるようになり，○○○は非常に多様化，高度化してきています。

しかしながら，今，○○○○の状況によって，高度な○○○技術を次代へ継承していくことが困難になりつつあります。○○○○の中，○○○に携わる企業は，多彩な熟練技術者を常時社内に確保しておくことが難しいだけでなく，若年層への技術継承の機会となるプロジェクトさえ減少しています。

このような背景に鑑みて，高度な技術を有する○○が互いに協力して，○○○に関する幅広い分野で，各種の支援活動を行い，各専門分野でこれまで培われた高度な技術や経験を次代へ継承していくことは，健全な社会資産の形成にとっても極めて有意義なことです。

そのために，私達は「○○○会」を設立し，意欲ある専門技術者を募り，非営利団体として，○○○関連の支援活動を通じて社会に貢献しようとするものです。これらの活動の目標は，次代の人材を育てる教育推進，地球環境をも視野に入れた環境保全，○○による地域安全，その他○○○に係る幅広い助言，援助を通じた健全なまちづくり，海外技術支援等の国際協力等々，広く公益に寄与するものとします。

令和○年○月○日

設立代表者　住所　○○県○○市○○町5番地

氏名　○　山　△　夫　㊞

9　設立についての意思決定を証する議事録

⑴　設立総会など，設立についての意思決定を行った会議の議事録です。

設立総会議事録の作成例は，次節（第３章[3]）を参照してください。

⑵　議事録は謄本を提出します。

10　設立当初の事業年度及び翌事業年度[(1)]の事業計画書

令和○年度[(1)]事業計画書

自令和○年４月１日　至令和○年３月31日

特定非営利活動法人○○○会

1　事業実施の方針

当初年度の事業は，調査研究，教育活動を中心に実施し，あわせて各専門分野別の各種委員会を設置して，次年度以降の事業の企画検討を行う。

2　事業の実施に関する事項

⑴　特定非営利活動に係る事業

事業名	事業内容	実施予定日時	実施予定場所	従事者の予定人数	受益対象者の範囲及び予定人数	事業費の予定額（千円）
講習会・相談会	環境と○○技術に係る市民・学生向け講習及び相談会	毎月２回各３時間	全国の集会施設	各回５名	地域住民・学生各回50人	7,000
海外技術支援	○○による技術協力案件への会員の参加	年間５回	相手国又は国内	５名	相手国技術者	2,000
世代間技術交流	若手○○技術者への講習及び意見交換	年間８回	○○会館	各回４名	技術者各30人	5,000
調査研究	○○史編纂，政策提言などに関する研究	通年継続		50名	広く公表	7,000

⑵　その他の事業[(2)]

事業名	事業内容	実施予定日時	実施予定場所	従事者の予定人数	事業費の予定額（千円）
○○用品販売事業	○○用品を低価格で，会員及び一般に販売	通年	○○会館売店	職員３名	5,000

貸席事業	○○会館の一部を各種団体に時間貸しする。	通年	○○会館	職員２名	1,000
共済事業	会員の為の，休業，廃業，事故に関する共済	通年		職員３名	5,000

⑴　各事業年度分を，別葉として作成します。記載例は，事業年度を４月１日から３月31日としている場合の例です。初年度の開始時期は「成立の日」からと記載します。

⑵　「その他の事業」を行わない場合は，記載をする必要はありません。

⑶　縦覧に供される書類であるため，提出は，各事業年度分それぞれ２部です。

11　設立当初の事業年度及び翌事業年度の活動予算書

その他の事業がない場合

令和○年度　　活動予算書

令和○年４月１日から令和○年３月31日まで

特定非営利活動法人　○○○会

（単位：円）

科　　目	金　　額		
Ⅰ　経 常 収 益			
1　受 取 会 費			
受取入会金	1,500,000		
受 取 会 費	5,500,000	7,000,000	
2　事 業 収 益			
(1)　講習会・相談会事業収益	7,000,000		
(2)　海外技術支援事業収益	2,000,000		
(3)　世代間技術交流事業収益	5,000,000		
(4)　調査研究事業収益	7,000,000	21,000,000	
経常収益計			28,000,000
Ⅱ　経 常 費 用			
1　事　業　費			
(1)　人　件　費			
給 料 手 当	7,000,000		
退職給付費用	700,000		
福利厚生費	800,000		
人 件 費 計	8,500,000		
(2)　その他経費			
会　議　費	600,000		
旅費交通費	1,600,000		
印刷製本費	2,500,000		
通信運搬費	1,400,000		
修　繕　費	500,000		
消 耗 品 費	2,000,000		
水道光熱費	1,100,000		
賃　借　料	2,800,000		
その他経費計	12,500,000		
事 業 費 計		21,000,000	
2　管　理　費			
(1)　人　件　費			
給 料 手 当	3,500,000		
人 件 費 計	3,500,000		
(2)　その他経費			

旅費交通費	300,000		
通信運搬費	200,000		
消 耗 品 費	2,430,000		
インターネット関連費	500,000		
その他経費計	3,430,000		
管 理 費 計		6,930,000	
経常費用計			27,930,000
当期経常増減額			70,000
Ⅲ　経常外収益			
経常外収益計			0
Ⅳ　経常外費用			
経常外費用計			0
税引前当期正味財産増減額			70,000
法人税，住民税及び事業税			70,000
前期繰越正味財産額			0
次期繰越正味財産額			0

⑴　各事業年度分を別葉として作成します。

⑵　特定非営利活動に係る事業のほかに，「その他の事業」を行う場合は，それぞれの事業ごとに別欄に記載します。

⑶　その他の事業を行う場合は，その他の事業から特定非営利活動に係る事業への繰入れ，繰出しが明らかになるような科目（「経理区分振替額」）で表示します。

その他の事業がある場合

令和○年度　活動予算書

令和○年４月１日から令和○年３月31日まで

特定非営利活動法人　○○○会

（単位：円）

科　　　目	特定非営利活動に係る事業	その他の事業	合　　計
Ⅰ　経常収益			
１　受取会費			
受取入会金	1,500,000		1,500,000
受取会費	5,500,000		5,500,000
２　事業収益			
⑴　講習会・相談会事業収益	7,000,000		7,000,000
⑵　海外技術支援事業収益	2,000,000		2,000,000
⑶　世代間技術交流事業収益	5,000,000		5,000,000
⑷　調査研究事業収益	7,000,000		7,000,000
⑸　○○用品販売事業収益		5,500,000	5,500,000
⑹　貸席事業収益		2,500,000	2,500,000
⑺　共済事業収益		4,000,000	4,000,000
経常収益計	28,000,000	12,000,000	40,000,000
Ⅱ　経常費用			
１　事業費			
⑴　人件費			
給料手当	7,000,000	4,000,000	11,000,000
退職給付費用	700,000	300,000	1,000,000
福利厚生費	800,000	500,000	1,300,000
人件費計	8,500,000	4,800,000	13,300,000
⑵　その他経費			
会議費	600,000	200,000	800,000
旅費交通費	1,600,000	800,000	2,400,000
印刷製本費	2,500,000	700,000	3,200,000
通信運搬費	1,400,000	1,100,000	2,500,000
修繕費	500,000	400,000	900,000
消耗品費	2,000,000	900,000	2,900,000
水道光熱費	1,100,000	500,000	1,600,000
賃借料	2,800,000	1,600,000	4,400,000
その他経費計	12,500,000	6,200,000	18,700,000
事業費計	21,000,000	11,000,000	32,000,000
２　管理費			
⑴　人件費			
給料手当	3,500,000		3,500,000
人件費計	3,500,000	0	3,500,000
⑵　その他経費			
旅費交通費	300,000		300,000

通信運搬費	200,000		200,000
消 耗 品 費	3,430,000		3,430,000
インターネット関連費	500,000		500,000
その他経費計	4,430,000	0	4,430,000
管 理 費 計	7,930,000	0	7,930,000
経常費用計	28,930,000	11,000,000	39,930,000
当期経常増減額	△930,000	1,000,000	70,000
Ⅲ　経常外収益			
経常外収益計	0	0	0
Ⅳ　経常外費用			
経常外費用計	0	0	0
経理区分振替額	1,000,000	△1,000,000	0
税引前当期正味財産増減額	70,000	0	70,000
法人税，住民税及び事業税			70,000
前期繰越正味財産額			0
次期繰越正味財産額			0

3　設立総会を開催する

Ⅰ　設立総会を行うにあたって

前節の申請書類の多くは，一般的には，設立総会での合意を経た後に作成されるべきものですが，実務上は，以上の準備が整ったところで，設立総会に臨みます。

NPO法上，特に設立総会の議決を求められている事柄はありません。前節で述べたように，設立認証申請書の添付書類のひとつとして，「設立についての意思の決定を証する議事録の謄本」がありますが，意思決定を行うのは，必ずしも設立総会でなければならないわけではなく，「発起人会」などであっても差し支えはありません。

また，同じく，添付書類のひとつである「法第２条第２項第２号及び法第12条第１項第３号に該当することを確認したことを示す書面」の確認をする場としても，設立総会が考えられますが，これも，必ずしも設立総会に限ったものではありません。

しかし，いずれも一般的には，設立総会でなされるものと思われますので，ここでは，以上二つを設立総会で行うものとして，設立総会議事録の作成例をあげます。

Ⅱ　設立総会議事録

設立総会議事録に記載する内容としては，以下の事項が考えられます。

1　開会の日時及び場所

2　出席した設立者の数

3　審議内容

⑴　設立についての意思を決定した旨

⑵　法第２条第２項第２号及び法第12条第１項第３号に該当することを確認した旨

⑶　そ　の　他

4　議事の経過の概要及び議決の結果

Ⅲ　議事録作成例

特定非営利活動法人○○○会　設立総会議事録

1　日　　時　　令和○年５月17日　16：00〜17：00

2　場　　所　　○○県○○市○○町３丁目５番１号
　　　　　　　　○○会館第１集会室

3　出席者数　　20名（設立者20名全員出席）

4　出席者氏名

5　審議事項

⑴　第１号議案　　特定非営利活動法人○○○会設立の件

⑵　第２号議案　　特定非営利活動法人○○○会定款の件
⑶　第３号議案　　当初の資産の件
⑷　第４号議案　　事業計画及び活動予算の件
⑸　第５号議案　　役員の件
⑹　第６号議案　　設立認証申請の件

５　議事の経過の概要及び議決の結果

互選により，○○氏を議長に選任し，続いて，上記６議案の審議を行った。

第１号議案　特定非営利活動法人○○○会設立の件

議長より別紙の設立趣旨書を配布し，この趣旨をもとに特定非営利活動法人○○○会を設立したい旨を諮ったところ，全員異議なくこれを可決した。

第２号議案　特定非営利活動法人○○○会定款の件

議長より別紙の定款案を配布して，これを逐条審議し，原案どおり満場一致で可決した。

第３号議案　当初の資産の件

議長より，この法人の設立のため○○氏及び△△氏より現金各500,000円の寄附があった旨を報告し，これを基にこの法人の設立当初の資産を別紙財産目録のとおり構成することについて諮り，全員異議なくこれを可決した。

第４号議案　平成○年度及び平成○年度事業計画及び活動予算の件

議長より，別紙の平成○年度及び平成○年度の具体的な事業計画案ならびに，これに伴う活動予算案を配布して，詳細に検討したところ，異議なく原案どおり可決した。

第５号議案　役員の件

議長より，法人設立当初の役員の人選について諮り，審議の結果，別紙のとおり理事・監事及び理事の内より理事長及び副理事長を決定した。

第６号議案　設立認証申請の件

議長より，法人設立の認証を申請するため，下記事項について諮ったところ，協議の結果，満場一致でこれを可決した。

⑴　設立者及び設立代表者

設立者は，別紙の設立者名簿のとおりとし，設立代表者は○○氏とする。

⑵　役員の就任承諾書及び宣誓書

役員に決定した者は，来る○月○日にこれを提出する。

⑶　役員のうち報酬を受ける者

理事長○○氏及び副理事長△△氏の２名とする。

⑷　社員のうち10名以上の者の名簿

設立者名簿記載の20名を記載する。

⑸　法第２条及び第12条の規定に関する確認

本会は，特定非営利活動促進法第２条第２項第２号，及び第12条第１項第３号に該当する。

６　議事録署名人の選任に関する事項

議長より本日の議事録をまとめるにあたり，議事録署名人２名を選任することを諮り，互選により○○○氏，△△△氏の２名を選任した。

以上により本日の議事を終了し，議長は今後の協力を要請して閉会を宣した。

以上，この議事録が正確であることを証します。

令和○年○月○日

議　　　長　○　山　△　夫　㊞

議事録署名人　▲　川　●　郎　㊞

議事録署名人　△　田　○　子　㊞

4　認証申請と認証後の手続

Ⅰ　認証申請と補正

1　認 証 申 請

設立の認証申請は，本章2の一覧表に掲げた書類を，所轄庁に提出することによって行います。

所轄庁は，その申請を受けた後，遅滞なく，その旨及び次に掲げる事項を各県公報などで公告します（法10条２項前段)。

1　申請のあった年月日
2　その特定非営利活動法人の名称，代表者の氏名及び主たる事務所の所在地並びにその定款に記載された目的

同時に，下記の書類を，受理した日から１カ月間，公衆の縦覧に供します（法10条２項後段)。

1　定　　款
2　役員名簿
3　設立趣旨書
4　設立当初の事業年度及び翌事業年度の事業計画書
5　設立当初の事業年度及び翌事業年度の活動予算書

2　補　　正

提出した書類に不備があるときは，所轄庁が受理してから１カ月以内（平成28年改正法が施行されると２週間に短縮されます）であれば，補正することができることになっています（法10条３項)。ただし，都道府県や指定都市の条例で定める軽微な不備に限るとされており，内容の同一性に影響を与えない範囲の不備で，かつ，客観的に明白な誤記，誤字又は脱字に係るものに限られます。

補正は，条例で定められた「補正書」を提出して行うことになります。

年　月　日

○○県知事　殿

申請者　郵便番号
住所若しくは居所又は特定非営利活動の
所在地及び名称

申請者氏名又は
特定非営利活動法人の代表者氏名
印

電話番号
ファクシミリ番号

補　正　書

年　月　日に申請した　　　　　　　について不備がありましたので，特定非営利活動促進法第10条第３項（同法25条第５項及び第34条第５項において準用する場合を含む。）の規定により，下記のとおり補正を申し立てます。

記

1　補正の内容	
2　補正の理由	

備考　１には変更しようとする箇所について，補正後と申請段階での記載の違いを明らかにした対照表を記載してください。

Ⅱ　認証の基準

所轄庁は，認証の申請が次の各号に該当すると認めるときは，その設立を認証しなければならない，と規定されています（法12条１項）。

１　設立の手続並びに申請書及び定款の内容が法令の規定に適合していること

２　当該法人が，第２条第２項の要件に該当するものであること

３　当該法人が，暴力団，又は，暴力団やその構成員（暴力団の構成団体の構成員を含みます）若しくは暴力団の構成員でなくなった日から５年を経過しない者の統制下にある団体でないこと（ここにいう「暴力団」とは，暴力団員による不当な行為の防止等に関する法律第２条第２号に規定する暴力団をいいます）

４　当該法人が10人以上の社員を有するものであること

この認証，不認証の決定は，正当な理由がない限り，公衆の縦覧期間（受理後１カ月）を経過した日から２カ月以内に行わなければならないとされています（法12条２項）。

不認証の決定をした時は，所轄庁は，速やかに，理由を付した書面をもって申請者に通知しなければなりません（法12条３項）。

認証行為の法的性格については，「規則や手続が法令に適合していることを確認して証明する」確認行為であるとする説が有力で，認可や許可に比べ行政の自由裁量の幅は極めて狭くなっています。

ただし，株式会社等のように，書類上一定の要件を満たせば役所の判断は不要で，登記だけすればよい準則主義とは異なり，所轄庁の裁量の余地は残ります。

Ⅲ　不認証の場合の対応

NPO法は，要件や手続を，できる限り条文に明記し，行政の裁量を制限しようとしています。しかし，条文の解釈の余地は残っており，行政の一定の幅を持った判断は不可避です。ですから，行政の判断の結果，不認証の決定が下される場合もありえます。

1　再　申　請

各所轄庁は申請書類受理までに，各団体平均数回の事前相談を実施して，形式的に不備のある書類が提出されないような措置をとっています。また，申請後も，さまざまな対応が考えられますから，審査期間満了の時になって，形式的不備を理由として不認証になる，というケースはそれほど多くはないかもしれません。

もし不認証となったときも，この場合は，必要な訂正，修正を行って再申請すれば足ります。時間的にも，原則４カ月以内に結論が出ます。

2　行政訴訟

活動目的や公益性の判断など実質的な点で，所轄庁が，団体側とは異なる判断をして不認証となった場合，争う方法としては，行政訴訟があります。

行政処分取消の行政訴訟は，処分があることを知った日から３カ月以内に提起します。

Ⅳ　認証後の手続

所轄庁から設立の認証書が届いても，法人の設立登記をするまでは，まだ法人が設立されたことにはなりません。認証後の手続としては，登記を中心として次のことが必要になります。

⑴　「設立当初の財産目録」の作成と事務所への備置き

⑵　法務局での設立の登記

⑶　所轄庁への「設立登記完了届出書」の提出

⑷　税務署等への届け出

⑸　労働保険，社会保険関係の手続

1　財産目録の作成・備置き

NPO法人は，設立時に「設立当初の財産目録」を作成し，すべての事務所に備え置く必要があります（法14条）。

設立当初の財産目録

令和○年○月○日現在

特定非営利活動法人○○○会

（単位：円）

科目	金額		
Ⅰ　資産の部			
1　流動資産	0		
流動資産合計		0	
2　固定資産	0		
固定資産合計		0	
資産合計			0
Ⅱ　負債の部			
1　流動負債	0		
流動負債合計		0	
2　固定負債	0		
固定負債合計		0	
負債合計			0
正味財産			0

財産目録には，設立時に資産や負債がある場合には，各資産，負債の種類，数量，価額等を具体的に記載します。

2　設立登記

所轄庁から設立認証が下りたら，その認証通知書を添えて設立登記を行います。登記が完了することで，法人は，法的に成立します（法13条１項)。

1　期　限　　認証を受けてから，２週間以内（組令２条１項)。

2　法務局　　主たる事務所の所在地を管轄する法務局

3　登記すべき事項（組令２条２項)

⑴　目的及び業務

定款記載の目的と事業をすべて記載します。

⑵　名　　称

⑶　事務所の所在場所

その所在地を○丁目○番○号のように，地番（住居表示が実施されている地域では，住居表示）まで登記すること，とされています。

⑷　代表権を有する者の氏名，住所及び資格

代表権を有する理事を登記します。資格については，理事長や代表理事であっても全員「理事」と登記します。代表権を有しない理事及び監事は登記しません。

⑸　存続期間又は解散の事由を定めたときは，その期間又は事由

⑹　代表権の範囲又は制限に関する定めがあるときは，その定め

4　必要な書類

⑴　申 請 書

⑵　定　　款（組令16条１項)

⑶　代表権を有する者の資格を証する書面（同上)

設立当初の役員名を記載した定款及び役員就任承諾書及び宣誓書

⑷　法人設立の認証書

官庁の許可を要する事項の登記を申請するには，許可書を添付しなければなりません（商登19条)。

《原本還付請求》

添付書類は，すべて還付を請求することができます。原本還付を請求す

るには，原本と相違ない旨を記載し申請人（又は申請代理人）が署名押印した謄本を添付して，原本とともに提示します（商登規49条１項，２項）。法務局は謄本を原本と照合し，相違がなければ，原本を還付します。認証書については，必ず原本を還付してもらう必要があります。

5　印鑑届出書の提出

登記申請の際には，法人代表者の印鑑が必要になります。この印鑑を登記申請と同時に法人代表者の印鑑届出書を提出します。

法人代表者の印鑑は，一辺の長さが１cmを超え，３cm以内の正方形に収まるものと定められています。たとえば，「特定非営利活動法人○○会理事長之印」などですが，この印鑑を事前に用意しておくことが必要です。

3　登記申請書書式

特定非営利活動法人設立登記申請書

1．名　称　　特定非営利活動法人○○○会

1．主たる事務所　　○○市○○町３丁目１番２号

1．登記の事由　令和○年○月○日設立の手続終了

1．登記すべき事項　別紙のとおり

1．認証書到達の年月日　令和○年○月○日

1．添付書類

定款　　1通

認証書　　1通

代表権を有する者の資格を証する書面[(1)]　　○通

上記のとおり登記の申請をします。

令和○年○月○日

○○市○○町○丁目○番○号

申請人　特定非営利活動法人○○○会

○○市○○町５番地

理　事[2]　　○　山　△　夫　㊞

○○法務局○○出張所　御中

⑴　代表権を有する者の資格を証する書面とは，代表権を有する者（理事）が選任機関によって選任されたこと及び就任を承諾したことを証する書面（就任承諾書）を指します。一方，設立当初の役員は，定款で定めなければならないことから，選任機関によって理事が選任されたことを証する書面は，当該定款の添付で足ります（就任承諾書の添付は必要）。

⑵　代表権を有する者（資格は理事）を記載します。理事が各自法人を代表する法人は，理事のうち１名を記載します。

＜登記事項の作成例＞

「名　称」 特定非営利活動法人○○会

「主たる事務所」 ○県○市○町○丁目○番○号

「目的等」

目的及び事業

この法人は，○○に対して，○○に関する事業を行い，○○に寄与することを目的とする。

この法人は，上記の目的を達成するため，次に掲げる種類の特定非営利活動を行う。

1　○○活動

2　○○活動

この法人は，上記の目的を達成するため，次の事業を行う。

1　特定非営利活動に係る事業

⑴　○○事業

⑵　○○事業

2　その他の事業

(1)　○○事業

(2)　○○事業

「役員に関する事項」(1)

「資格」　理事

「住所」　○県○市○町○丁目○番○号

「氏名」　○山△夫

「解散の事由」　○○

「登記事項に関する事項」　設立

(1)　これは特定の理事のみが法人を代表する旨の定款の定めがある場合の記載です。理事が各自法人を代表する場合には，理事全員を登記することになりますので，この場合には理事全員をここに記載します。

４　設立登記完了の届出

設立の登記が完了したら，遅滞なく，登記完了届出書を，所轄庁に提出します（法13条２項）。

１　届 出 書 類

①	設立登記完了届出書	１部
②	登記事項証明書	１部
③	登記事項証明書の写し（コピー）	１部
④	設立当初の財産目録	２部

２　届出書の記載例

令和○年○月○日

○○県知事　　殿(1)

特定非営利活動法人○○○会

代表者　○　山　△　夫　㊞

設立登記完了届出書

設立の登記を完了したので，特定非営利活動促進法第13条第２項の規定により，届け出ます。

⑴　指定都市の場合は，市長です。

⑵　設立登記完了届出書には，法人の代表者の印として登記した印鑑を押します。

5　従たる事務所での登記

設立の登記をした後，従たる事務所の所在地でも，登記をしなければなりません。

1　期　　　限

設立の登記完了後２週間以内（組令11条）

2　登記すべき事項（組令11条２項）

従たる事務所における登記事項は，名称，主たる事務所の所在場所，従たる事務所の所在場所となっています。

3　添 付 書 類

登記事項証明書（主たる事務所で，登記後請求して交付されたもの）

6　事務所備置き書類

法人が成立するとともに，以下の書類をすべての事務所に備え置くとともに，利害関係人から請求があったときに閲覧させるようにしなければなりません。

①　事業計画書

②　活動予算書

③　設立当初の財産目録

④　役員名簿

⑤　定款

⑥　法人設立の認証書

⑦　登記事項証明書

７　税務署等への届出

設立の登記をした日から15日以内に，各事務所の所在地を所管する県税事務所等及び市町村に対して，事業開始等申告書（「事務所（事務所・寮等）設置等申告書」，「法人設立（設置）届出書」など）を提出します。

また，給与や報酬などの支払を行う場合には，税務署に対して，事務所設置から１カ月以内に「給与支払事務所等の開設届出書」を提出します。

収益事業を行う場合には，収益事業を開始してから２カ月以内に「収益事業の開始届」と「青色申告の承認の申請書」を提出します。

第4章

NPO法人の運営

1　法人の義務

Ⅰ　事業報告書等の作成と備置き

NPO法人は，定款や法令に従って特定非営利活動に係る事業を主として行いますが，その事業年度が終了したら，事業の状況等を事業報告書等にまとめて報告することになります。

1　毎年の事業報告書等の作成・備置き

NPO法人は，毎事業年度初めの３カ月以内に，前事業年度の「事業報告書等」を作成して，５年間（その作成の日から起算して５年が経過した日を含む事業年度の末日までの間），すべての事務所に備え置かなければならないとされています（法28条１項）。

すべてのNPO法人が年１回作成し事務所に備え置かなければならない「事業報告書等」は次の書類からなっています。

①　事業報告書

②　計算書類

計算書類とは，「活動計算書」，「貸借対照表」，「計算書類の注記」の三つの書類のことです。

③　財産目録

④　前事業年度の年間役員名簿

この年間役員名簿は，前事業年度において役員であった者全員の氏名及び住所又は居所並びにこれらの者についての前事業年度における報酬の有無を記載した名簿です。

⑤　前事業年度末日における社員のうち10名以上の者の名簿

この社員の名簿は，前事業年度の末日における社員のうち10名以上の者の氏名（法人の場合は名称及び代表者氏名）及び住所又は居所を記載した書面です。

２　役員名簿及び定款等の備置き

NPO法人は，毎年の事業報告書等の他に，次の書類を常時すべての事務所に備え置かなければなりません（法28条２項）。この備置き義務についての期限等はもちろん定められていません。

①　役員名簿

この役員名簿は，年間役員名簿と異なり常に更新されている名簿です。

②　定　　款

③　認証書の写し

④　登記事項証明書の写し

３　貸借対照表の公告

NPO法人も貸借対照表を公告することが義務付けられています。貸借対照表の公告の方法としては，次のいずれかの方法を定めることができることになっています。

①　官報に掲載する方法

②　日刊新聞紙に掲載する方法

③　電子公告（内閣府ポータルサイトを利用する方法を含む）

④　公衆の見やすいところに掲示する方法

Ⅱ　NPO法人の書類の閲覧

NPO法人は，事務所に備え置いた書類を，社員その他の利害関係人から閲覧の請求があったときは，正当な理由がある場合を除いて，閲覧させなければならないとされています（法28条３項）。閲覧の対象になる書類をあらためて確認しておくと，次のとおりです。

⑴ 作成日から５年間閲覧の対象となる書類

① 事業報告書

② 計算書類

「活動計算書」，「貸借対照表」，「計算書類の注記」

③ 財産目録

④ 前事業年度の年間役員名簿

⑤ 前事業年度末日における社員のうち10名以上の者の名簿

⑵ 常時閲覧の対象となる書類

① 役員名簿

② 定　　款

③ 認証書の写し

④ 登記事項証明書の写し

Ⅲ 事業報告書等の提出

NPO法人は，毎年１回作成した事業報告書等を所轄庁に提出しなければならないことになっています（法29条）。

1 毎年の事業報告書等の提出

NPO法人は，毎事業年度初めの３カ月以内に，前事業年度の「事業報告書等」の書類を所轄庁に提出しなければなりません。

NPO法人が，毎年３カ月以内に所轄庁に提出しなければならない書類とその部数は次のとおりです。

① 事業報告書等提出書　１部

② 事業報告書　２部

③ 計算書類

「活動計算書」，「貸借対照表」，「計算書類の注記」　各２部

④ 財産目録　２部

⑤　前事業年度の年間役員名簿　2部

⑥　前事業年度末日における社員のうち10名以上の者の名簿　2部

Ⅳ　事業年度終了後作成書類の記載例

事業報告書等提出書

令和○○年○月○日

○　○　県　知　事　　殿(1)

郵便番号
特定非営利活動法人の主たる事務所の所在地
　　○○県○○○市○○○町○－○○－○
特定非営利活動法人の名称
　　特定非営利活動法人○○○会
代表者氏名　○　山　△　夫　　○印
電 話 番 号　○○－○○○○－○○○○
ファクシミリ番号　○○－○○○○－○○○○

事　業　報　告　書　等　提　出　書
（　　　　　　　　　年度，第　　　期分）

前事業年度（令和○○年○月○日から令和○○年○月○○日まで）の事業報告書等について，特定非営利活動促進法第29条・同法第52条第１項（同法第62条）及び特定非営利活動促進法施行条例第○条の規定に基づき，下記の書類を提出します。

記

1　事業報告書　　2部

2　活動計算書　　　２部

3　貸借対照表　　　２部

4　財産目録　　　　２部

5　前事業年度の年間役員名簿　　　２部

6　前事業年度末日における社員のうち10人以上の者の名簿　　２部

備考

1　特定非営利活動促進法第52条第１項（同法第62条において準用する場合を含む）の規定により提出する場合は，１から６までの書類の提出は各１部とします。

2　特定非営利活動促進法第52条第１項（同法第62条において準用する場合を含む）の規定により提出する場合は，「特定非営利活動法人の主たる事務所の所在地」欄に都内における事務所の所在地を併記してください。

3　５の書類は，前事業年度において役員であった者全員の氏名及び住所又は居所並びにこれらの者についての前事業年度における報酬の有無について記載した名簿のことです。

(1)　指定都市の場合は，市長です。

1　事業報告書

令和○年度事業報告書

特定非営利活動法人○○○会

1　事業の成果

本年度の事業は，当初の計画どおり，調査研究，教育活動を中心に実施し，あわせて，各専門分野別の各種委員会を設置して，来年度以降の事業の企画検討を行った。

2　事業の実施に関する事項

(1)　特定非営利活動に係る事業

事業名	事業内容	実施日時	実施場所	従事者の人数	受益対象者数の範囲及び人数	事業費の金額(千円)
講習会・相談会	住環境と○○技術に係る市民・学生向け講習及び相談会	毎月2回各3時間	全国の集会施設	各回5名	地域住民・学生各回50人	7,120
海外技術支援	○○による技術協力案件への会員の参加	年間5回	相手国又は国内	5名	相手国技術者	2,250
世代間技術交流	若手○○技術者への講習及び意見交換	年間8回	○○会館	各回4名	技術者各30人	3,850
調査研究	○○史編纂，政策提言などに関する研究	通年継続		50名	広く公表	6,800

(2)　その他の事業(1)

事業名	事　業　内　容	実施日時	実施場所	従事者の人数	事業費の金額(千円)
○○用品販売事業	○○用品を低価格で，会員及び一般に販売	通年	○○会館売店	職員3名	5,000
貸席事業	○○会館の一部を各種団体に時間貸しする。	通年	○○会館	職員2名	1,000
共済事業	会員の為の，休業，廃業，事故に関する共済	通年		職員3名	5,000

(1)「その他の事業」を行わなかった場合は，記載をする必要はない。

2　活動計算書

令和○年度　活動計算書

令和○年４月１日から令和○年３月31日まで

特定非営利活動法人　　○○○会

（単位：円）

科目	金額		
Ⅰ　経常収益			
1　受取会費			
受取入会金	1,700,000		
受取会費	5,500,000	7,200,000	
2　事業収益			
(1)　講習会・相談会事業収益	6,500,000		
(2)　海外技術支援事業収益	3,000,000		
(3)　世代間技術交流事業収益	5,500,000		
(4)　調査研究事業収益	7,000,000	22,000,000	
経常収益計			29,200,000
Ⅱ　経常費用			
1　事業費			
(1)　人件費			
給料手当	6,920,000		
退職給付費用	700,000		
福利厚生費	550,000		
人件費計	8,170,000		
(2)　その他経費			
会議費	500,000		
旅費交通費	1,500,000		
印刷製本費	2,500,000		
通信運搬費	1,350,000		
修繕費	500,000		
消耗品費	1,800,000		
水道光熱費	900,000		
賃借料	2,800,000		
その他経費計	11,850,000		
事業費計		20,020,000	
2　管理費			
(1)　人件費			
給料手当	3,500,000		
人件費計	3,500,000		

⑵　その他経費			
旅費交通費	490,000		
通信運搬費	480,000		
消 耗 品 費	3,524,009		
インターネット関連費	630,000		
その他経費計	5,124,009		
管 理 費 計		8,624,009	
経常費用計			28,644,009
当期経常増減額			555,991
Ⅲ　経常外収益			
経常外収益計			0
Ⅳ　経常外費用			
経常外費用計			0
税引前当期正味財産増減額			555,991
法人税，住民税及び事業税			70,000
前期繰越正味財産額			0
次期繰越正味財産額			485,991

※　注意すべき点

NPO法人は特定非営利活動を行うことを主たる目的とする法人ですから，特定非営利活動とは全く関係のない「その他の事業」の支出規模は，総支出額の２分の１以下であることが必要とされます。そこで，特定非営利活動に係る事業の支出規模が，２期連続して総支出額の３分の１以下である場合には，所轄庁の報告徴収等の対象になり得るとされています。

その他の事業については，特定非営利活動の妨げにならないようにすることが求められています。そのため，「その他の事業」が２期連続して赤字計上されている場合や，特定非営利活動に係る事業会計から「その他の事業」に資金の繰入れを行った場合には，所轄庁の報告徴収等の対象になり得るとされています。それから，その他の事業の収益が特定非営利活動に係る事業会計に全額繰り入れられていない場合にも，所轄庁の報告徴収等の対象になり得ます。

また，管理費の総支出額に占める割合が，２期連続して３分の２以上である場合にも所轄庁の報告徴収等の対象になり得るとされています。

令和○年度　活動計算書

令和○年４月１日から令和○年３月31日まで

特定非営利活動法人　○○○会

（単位：円）

科　　　目	特定非営利活動に係る事業	その他の事業	合　　計
Ⅰ　経常収益			
１　受取会費			
受取入会金	1,700,000		1,700,000
受取会費	5,500,000		5,500,000
２　事業収益			
⑴　講習会・相談会事業収益	6,500,000		6,500,000
⑵　海外技術支援事業収益	3,000,000		3,000,000
⑶　世代間技術交流事業収益	5,500,000		5,500,000
⑷　調査研究事業収益	7,000,000		7,000,000
⑸　○○用品販売事業収益		5,000,000	5,000,000
⑹　貸席事業収益		2,500,000	2,500,000
⑺　共済事業収益		4,100,000	4,100,000
経常収益計	29,200,000	11,600,000	40,800,000
Ⅱ　経常費用			
１　事業費			
⑴　人件費			
給料手当	6,920,000	3,800,000	10,720,000
退職給付費用	700,000	250,000	950,000
福利厚生費	550,000	450,000	1,000,000
人件費計	8,170,000	4,500,000	12,670,000
⑵　その他経費			
会議費	500,000	200,000	700,000
旅費交通費	1,500,000	800,000	2,300,000
印刷製本費	2,500,000	700,000	3,200,000
通信運搬費	1,350,000	1,050,000	2,400,000
修繕費	500,000	400,000	900,000
消耗品費	2,800,000	890,000	3,690,000
水道光熱費	900,000	500,000	1,400,000
賃借料	2,800,000	1,560,000	4,360,000
その他経費計	12,850,000	6,100,000	18,950,000
事業費計	21,020,000	10,600,000	31,620,000
２　管理費			
⑴　人件費			
給料手当	3,500,000		3,500,000
人件費計	3,500,000	0	3,500,000
⑵　その他経費			
旅費交通費	490,000		490,000
通信運搬費	480,000		480,000
消耗品費	3,524,009		3,524,009
インターネット関連費	630,000		630,000

その他経費計	5,124,009	0	5,124,009
管理費計	8,624,009	0	8,624,009
経常費用計	29,644,009	10,600,000	40,244,009
当期経常増減額	△444,009	1,000,000	555,991
Ⅲ　経常外収益			
経常外収益計	0	0	0
Ⅳ　経常外費用			
経常外費用計	0	0	0
経理区分振替額	1,000,000	△1,000,000	0
税引前当期正味財産増減額	555,991	0	555,991
法人税，住民税及び事業税			70,000
前期繰越正味財産額			0
次期繰越正味財産額			485,991

3　貸借対照表

令和○年度　貸借対照表

令和○年3月31日現在

特定非営利活動法人○○○会

(単位：円)

科目	金額		
Ⅰ　資産の部			
1　流動資産			
現金	150,365		
普通預金	2,256,000		
流動資産合計		2,406,365	
2　固定資産			
固定資産合計		0	
資産合計			2,406,365
Ⅱ　負債の部			
1　流動負債			
未払金	457,056		
預り金	200,000		
流動負債合計		657,056	
2　固定負債			
固定負債合計		0	
負債合計			657,056
Ⅲ　正味財産の部			
前期繰越正味財産		1,263,318	
当期正味財産増加額		485,991	
正味財産合計			1,749,309
負債及び正味財産合計			2,406,365

4　財産目録

令和○年度　財産目録

令和○年３月31日現在

特定非営利活動法人○○○会

（単位：円）

科　　目	金　　額		
Ⅰ　資産の部			
1　流動資産			
現　　金	150,365		
普通預金	2,256,000		
△△銀行東京支店			
流動資産合計		2,406,365	
2　固定資産			
固定資産合計		0	
資産合計			2,406,365
Ⅱ　負債の部			
1　流動負債			
未払金　印刷代等	457,056		
預り金　職員に対する源泉税	200,000		
流動負債合計		657,056	
2　固定負債			
固定負債合計		0	
負債合計			657,056
正味財産			1,749,309

5　役員名簿

令和○年度　　年間役員名簿

令和○年○月○日から令和○年○月○日まで

特定非営利活動法人○○○会

役名(1)	氏　　名	住所又は居所(2)	就　任　期　間(3)	報酬を受けた期間(4)
理　事	フ リ ガ ナ ○ 山 △ 夫	○○県○○市 ○○町５番地	令和○年○月○日 ～令和○年○月○日	令和○年○月○日 ～令和○年○月○日
理　事	フ リ ガ ナ ▲ 川 ● 郎	○○県△郡△町 大字△1234番地	令和○年○月○日 ～令和○年○月○日	－
理　事	フ リ ガ ナ △ 田 ○ 子	▲▲県▲市▲▲区 ▲▲567番地	令和○年○月○日 ～令和○年○月○日	－
監　事	フ リ ガ ナ ○ 山 ○ 枝	○○県○○市 ○○町５番地	令和○年○月○日 ～令和○年○月○日	令和○年○月○日 ～令和○年○月○日

(1)「役名」欄には，「理事」，「監事」の別を記載する。

(2)「住所又は居所」欄には，「役員の住民票の写し等」によって証された住所又は居所を記載する。

「○○町７番地」を「○○町７」，「○○区霞が丘２丁目３番４号」を「○○区霞が丘２－３－４」のように略すことなく，証明書類の記載どおりに記載する。

(3)「就任期間」欄は，記載した役員全員について記載する。

(4)「報酬を受けた期間」の欄には，報酬を受けたことがある役員についてのみ記載する。

6　社員のうち10人以上の者の名簿

社員のうち10人以上の者の名簿

特定非営利活動法人○○○会

	氏　　　名	住　所　又　は　居　所
1	○　山　△　夫	○○県○○市○○町５番地
2	▲　川　●　郎	○○県△郡△町大字△1234番地
3	△△△株式会社 代表取締役○山○枝(1)	東京都○○区○町８丁目９番10号(1)
10	△　田　○　子	▲▲県▲市▲▲区▲▲567番地

(1)　社員が法人の場合は，氏名欄にはその法人の名称と代表者の氏名を，住所又は居所欄には，その所在地を記載する。

Ⅴ　定　款　変　更

定款は法人の根本規則ですから，その変更には，法人内部のみならず，所轄庁，登記，情報公開等に，種々の手続が必要になります。

１　法人内部の手続

定款の変更には，社員総会の議決が必要です。定款変更の方法，議決の要件などを，定款に規定しておかなければなりません（法25条１項）。

法定の要件は，社員総数の２分の１以上が出席し，その出席者の４分の３以上の賛成です（法25条２項）＜別段の定め可＞。

２　所轄庁への手続

定款の変更は，所轄庁に対する手続の違いによって，大きく，「一般的な変更」の場合と，「軽微な事項に係る変更」の場合に分けられます。

⑴　一般的な定款の変更

①　所轄庁の認証が必要です（法25条３項）。

認証申請の際の添付書類は，所轄庁の変更を伴う場合と，所轄庁が変わらない場合で異なります。次頁の図で確認してください（法25条４項，26条２項）。

②　「所轄庁の変更を伴う場合」と「所轄庁の変更を伴わない場合」は137頁の表《定款変更手続及び提出書類》のとおりです。

⑵　軽微な事項に係る変更の場合

所轄庁の認証は不要です。ただし，事後の届出が必要です（法25条３項，６項）。「軽微な事項に係る変更」とは以下のものを指します。

①　所轄庁の変更を伴わない事務所の所在地の変更

②　役員の定数の変更

③　資産に関する事項の変更

④　会計に関する事項

⑤　事業年度

⑥　残余財産の帰属すべき者に係るものを除く解散に関する事項

⑦　公告の方法に係る変更

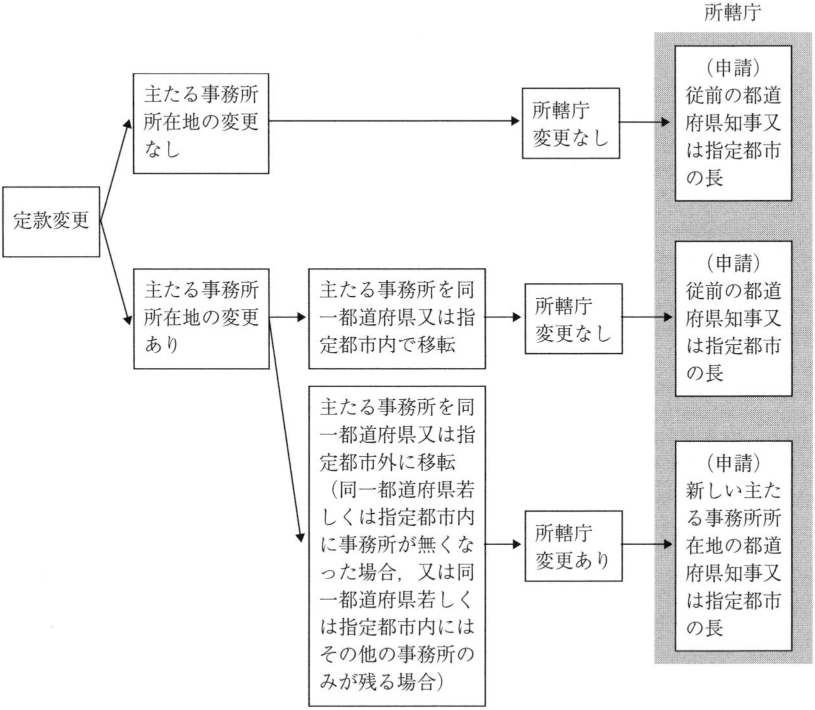

《定款変更手続及び提出書類》

	変更内容	法　人 内部手続	所轄庁認証				閲覧用書類の提出	登　記
			要・ 不要	提出書類(1)	審査・縦覧	備　考		
一般的な定款変更の場合	所轄庁の変更を伴う場合		要	・定款変更 認証申請書 ・変更後定款 2部 ・社員総会 議事録謄本 ・役員名簿(2) 2部 ・確認書(3) 直近の ・事業報告書 ・計算書類 ・財産目録	縦覧2カ月 ・定款 ・役員名簿 審査4カ月	提出書類は変更前の所轄庁を経由して変更後の所轄庁に提出する。	認証直後 ｜ ・定　款 (所轄庁の変更を伴う場合は，他に下記書類) 前3年以内提出の ・10人以上の社員の名簿 ・役員及び報酬を受けた役員の名簿 ・事業報告書 ・計算書類 ・財産目録 翌年開始後 3カ月以内 ｜ ・登記事項証明書写し ・認証書写し	「登記事項」変更の場合は登記を要す ＜登記事項＞ ・目的 ・名称 ・事務所 ・代表者の 氏名 住所 資格 ・資産の総額
	所轄庁の変更を伴わない場合	社員総会の議決が必要 社員総数の1/2以上が出席し，出席者の3/4以上の賛成が原則		・定款変更申請書 ・変更後定款 2部 ・社員総会 議事録謄本	縦覧2カ月 ・定款 審査4カ月			
軽微な変更の場合	・所轄庁の変更を伴わない事務所の所在地の変更 ・役員の定数 ・資産に関する事項 ・会計に関する事項 ・事業年度 ・残余財産の帰属すべき者に係るものを除く解散に関する事項 ・公告の方法に関する事項		不要	・定款変更届出書 ・社員総会の議事録の謄本 ・変更後の定款	−		翌年開始後 3カ月以内 ｜ ・定　款 ・登記事項証明書写し ・認証書写し	

⑴　提出部数は，特に記した以外は各１部です。

認証後提出する（軽微な事項の変更の場合は，翌年事業報告書等と伴に提出）閲覧用書類の提出部数については，事務所の所在する都道府県の数を加算した数です。

⑵　役員名簿は最新のものとされています。

⑶　確認書は，設立の場合と同様，「特定非営利活動促進法第２条第２項第２号及び第12条第１項第３号に該当すること」，すなわち，宗教活動や政治活動を主たる目的とするものでないこと，選挙活動等の支援又は反対を目的とするものでないこと，そして，暴力団又は暴力団（構成員）の統制下にある団体でないことを確認した書面です。

３　申請書・届出書記載例

⑴　定款変更認証申請書

令和○年○月○日

○○県知事殿

所在地　　○○県○○市○○町５番地
名　称　　特定非営利活動法人○○○会
代表者　　○　山　△　夫　　㊞

定款変更認証申請書

下記のとおり定款を変更することについて，特定非営利活動促進法第25条第３項の認証を受けたいので，申請します。

記

１　変更の内容	変更前	第13条　この法人に，次の役員を置く。 ⑴　理事３人 ⑵　監事１人
	変更後	第13条　この法人に，次の役員を置く。 ⑴　理事６人 ⑵　監事１人
２　変更の理由	業務拡大に対応するため	

⑵　定款変更届出書

令和△年△月△日

○○県知事殿

所在地　　○○県△△市△△町27番地
名　称　　特定非営利活動法人○○○会
代表者　　○　山　△　夫　　㊞

定　款　変　更　届　出　書

下記のとおり定款を変更したので，特定非営利活動促進法第25条第６項の規定により届け出ます。

記

１　変更の内容	変更前	第２条　当法人は，事務所を○○県○○市○○町３丁目３番１号に置く。
	変更後	第２条　当法人は，事務所を○○県△△市△△町27番地に置く。
２　変更の理由	法人事務所を県内で移転したため。	
３　変更の時期	令和△年△月△日	

４　変更登記

⑴　登記事項の変更の場合は，すべての事務所で，変更登記が必要です。

「登記事項」は114頁を参照してください。

⑵　定款変更のときは，設立と異なり，登記は成立の要件とはなっていません。しかし，「登記事項」の変更は，登記の後でなければ第三者に対抗できません（法７条２項）。

また，登記懈怠には罰則があります（第４章②参照）。

⑶　変更の登記の期限は，主たる事務所の所在地では２週間以内，従たる事務所の所在地では３週間以内です（組令３条１項）。

⑷　なお，理事の氏名，住所，及び資格の変更は，定款変更は伴いませんが，登記事項の変更ですので，登記は必要です。役員の任期はNPO法の規定により２年までとなっていますから，最も長い場合でも，２年に１度は役

員変更登記をすることが必要です。

5　定款変更の翌年の提出書類

⑴　定款を変更したときは，翌事業年度初め，事業報告書等の提出とともに，「定款等」を提出します。定款については，所轄庁の認証を要しない「軽微な変更」の場合だけ，と解されます。既に述べたように，認証を要する変更の場合は，すでに認証直後，定款の提出を行っているからです。この場合，事業報告書とともに提出するのは，認証書と登記簿謄本の写しになります。

⑵　変更のあった定款等の，事務所備置きや閲覧をいつから行うかについては，明文上の規定はありませんが，変更後の最新のものを閲覧させることは当然でしょう。また，所轄庁における閲覧は，「事業報告書等」については３カ年ですが，「役員名簿」又は「定款等」については，変更がないかぎり最新のものを閲覧させることになります（法30条）。

Ⅳ　役員変更の届出

法人の役員の氏名又は住所，居所に変更があったときは，変更後の役員名簿（全員）を添付して，届け出なければなりません。時期は，「遅滞なく」とされています（法23条１項）。

届出を怠った場合については，罰則があります（第４章2参照）。

1　届出が必要な変更事項

届出が必要になるのは，以下の場合です。

⑴　任期満了

⑵　再　　任

⑶　死　　亡

⑷　辞　　任

⑸　解　　任

⑹　氏名，住所又は居所の変更

⑺　新　　任

多くの場合，１回の届出は複数の理由の組合せになります。

また同一人が，理事から監事，又は監事から理事へ変わるときも，⑷の辞任と⑺の新任に該当することになります。

⑴から⑹までの理由による変更のときは，提出は届出書と変更後の役員名簿（全員）だけです。新任の場合のみこれらに加えて下記の書類を添付します。

2　新任の場合の添付書類（法23条２項）

⑴　就任承諾書及び宣誓書

⑵　住民票の写し・外国人登録証明等，住所又は居所を証する書面

（以上２点は，設立申請時の添付書類と同一です。詳細と記載例は，第３章②を参照してください）

3　役員の変更等届出書の記載例

令和○年○月○日

○○県知事殿

特定非営利活動法人○○○会
代表者氏名　　○　山　△　夫　㊞

役員の変更等届出書

下記のとおり役員の変更等があったので，特定非営利活動促進法第23条第１項の規定により，届け出ます。

変更年月日・変更事項	役　名	氏　　名	住所又は居所
令和○年○月○日　辞任(1)	理　事	フ リ ガ ナ ○　山　△　夫	○○県○○市○○町５番地
令和○年○月△日　新任	理　事	フ リ ガ ナ ▲　川　●　郎	○○県△郡△町大字△1234番地
令和○年○月△日　新任 理事増員により就任(2)	理　事	フ リ ガ ナ △　田　○　子	▲▲県▲市▲▲区▲▲567番地
令和○年○月●日　改姓	監　事	フ リ ガ ナ ○　山　○　枝 (旧姓△河)(3)	○○県○○市○○町５番地

⑴　変更事項の欄には，新任，再任，任期満了，死亡，辞任，解任，住所（居所）の異動，改姓又は改名の別を記載する。

⑵　補欠のため，又は増員により就任した場合には，その旨を記載する。

⑶　改姓又は改名の場合には，「氏名」の欄に，旧姓又は旧名を括弧書きで併記する。

2　認証後の所轄庁の監督と罰則

第１章に述べたように，NPO法は，非営利活動の活性化を目的として制定されたものです。その立法趣旨から，NPO法人と所轄庁の関係は，他の公益法人等の主務官庁に対する関係とは異なっています。

NPO法は，法人格の取得や法人の運営についての規定を，できる限り明文化することによって，それ以外の部分については法人の自発性に委ね，主務官庁の裁量を極力排そうとしています。

NPO法に規定された，所轄庁による監督の規定と罰則規定は，以下のとおりです。

Ⅰ　所轄庁の監督

1　報告の徴収及び検査

⑴　所轄庁は，NPO法人に，法令違反，法令に基づく行政庁の処分への違反，又は，定款違反の疑いがあると認められる「相当の理由」があるときは，下記の報告の徴収又は検査を行うことができます。

①　法人に対して，業務又は財産の状況に関する報告をさせる。

②　所轄庁職員に，法人の事務所その他の施設へ立ち入って，その業務，財産の状況，帳簿，書類その他の物件を検査させる（法41条1項）。

⑵　上記②の検査の際には，担当職員は，法令等違反の「相当の理由」を記載した書面を法人の役員等に提示し，法人側から書面交付の要求があったときは，これを交付しなければなりません（法41条2項）。

⑶　同じく検査の際，担当職員は，当該検査を行う者である旨の身分証明書を提示しなければなりません（法41条3項）。

2　改善命令

⑴　所轄庁は以下の場合に，NPO法人に対し，期限を定めて改善を命じることができます。

①　法人が，特定非営利活動法人としての活動目的要件，組織要件を欠くに至ったと認められるとき。

②　法人が，法令，法令に基づく行政庁の処分，若しくは定款に違反するか，又は，その運営が著しく適正を欠くと認められるとき（法42条）。

⑵　NPO法人の活動目的要件及び組織要件については，第２章を参照してください。

設立の際に要件とされたことのほとんどは，成立後も，引き続き満たすべき要件であり，それらへの違反は，②の法令違反に含まれ，改善命令の対象になります。しかし，そのなかでも，活動目的要件又は組織要件を欠いた場合については，特に条文を引用して例示しているわけです（法42条で引用する法12条１項２号，３号，４号）。

３　認証の取消し

⑴　所轄庁は，以下の場合に法人の認証を取り消すことができます。

①　法人が改善命令に違反した場合で，他の方法によっては監督の目的を達することができないとき（法43条１項前段）。

②　法人が，毎事業年度提出書類のすべてを，３年以上提出しないとき（法43条１項後段）。

⑵　上記⑴の場合の取消しは，改善命令違反を前提としていますが，以下の場合には特別に，改善命令を経ずに認証の取消しをすることができると規定しています。

③　法人が法令に違反した場合であって，改善命令によっては改善が期待できないことが明らかであり，かつ，他の方法によっては監督の目的を達することができないとき（法43条２項）。

⑶　認証の取消しをするときは，所轄庁は，不利益処分として行政手続法による聴聞を行わなければなりません（行手13条１項１号イ）。

法人から請求があったときは，この聴聞期日における審理を公開で行うよう努めなければなりません（法43条３項）。

請求があったにもかかわらず公開で行わないときは，公開で行わない理由を記載した書面を，法人に交付しなければなりません（法43条４項）。

⑷　認証取消し処分に対する救済方法としては，所轄庁に対する異義申し立てと，所轄庁を被告とする処分取消しの訴訟とがあります。

いずれも，行うことができる期限がありますので，注意が必要です。

Ⅱ 罰　　則

NPO法に規定された罰則は次のとおりです（法78条，79条，80条，81条）。

<table>
<tr><th colspan="2">違反内容</th><th>対象者</th><th>罰則</th><th>遵守事項の該当条項</th></tr>
<tr><td colspan="2">虚偽報告，検査忌避等</td><td>理事
監事
又は
清算人</td><td>過料
20万円以下</td><td>法41条1項，法64条1項2項</td></tr>
<tr><td colspan="2">改善命令違反</td><td>（注）</td><td>罰金
50万円以下</td><td>法42条</td></tr>
<tr><td colspan="5">（注）改善命令違反の場合，行為者・法人それぞれに罰金が課せられます。</td></tr>
<tr><td colspan="2">登記懈怠</td><td rowspan="7">理事
監事</td><td rowspan="9">過料
20万円以下</td><td>法7条1項，組合等登記令</td></tr>
<tr><td>財産目録</td><td rowspan="2">記載すべき事を記載しないまたは不実記載又は備え置かない</td><td>法14条，法28条1項</td></tr>
<tr><td>事業報告書
計算書類
年間役員名簿
社員10人以上の名簿</td><td>法28条1項，2項，法54条1項</td></tr>
<tr><td colspan="2">毎年の所轄庁提出書類の不提出</td><td>法29条1項</td></tr>
<tr><td colspan="2" rowspan="2">・役員変更届不提出又は不実記載
・軽微な事項に係る定款変更届け</td><td>法23条1項</td></tr>
<tr><td>法25条6項</td></tr>
<tr><td colspan="2">合併の際の手続違反</td><td>法35条1項，2項，36条2項</td></tr>
<tr><td colspan="2">破産宣告の不請求</td><td rowspan="2">理事
又は
清算人</td><td>法31条の3第2項，法31条の11第1項</td></tr>
<tr><td colspan="2">清算中の手続違反</td><td>法31条の10第1項，法31条の11第1項</td></tr>
<tr><td colspan="2">「特定非営利活動法人」以外の者で，この名称又は紛らわしい文字を用いた者</td><td>違反者</td><td>過料
10万円以下</td><td>法4条</td></tr>
</table>

第5章

NPO法人の会計

1 NPO法人の会計原則

Ⅰ NPO法人の会計原則の変更

NPO法人の会計については，特定非営利活動促進法第27条に「会計の原則」が定められています。それによると，NPO法人は「計算書類」として，「活動計算書」と「貸借対照表」を作成しなければならないことになっています。またその他に「財産目録」も作成しなければならないこととされています。

どんな組織でも事業年度を締めくくって決算をして決算書を作成します。この決算書のことを財務諸表と呼ぶこともありますが，NPO法ではこれを「計算書類」と呼ぶことになっています。平成24年度の特定非営利活動促進法の改正によって，このような仕組みになったのですが，それまでNPO法人の会計原則では，NPO法人が作成する決算書は，財産目録，貸借対照表，収支計算書とされていました。法改正によって書類の順番も変わりましたが，この「収支計算書」のところが「活動計算書」に変わったのが大きな変更となりました。

活動計算書という呼び方は，これまで他の種類の法人にもなく，NPO法人に初めて登場してきた会計の書類ですが，中味は一般の会社などで作成する損益計算書と同じものと考えられています。

収支計算書というのは，法人の事業の状況を収入と支出で表すもので，公益法人などの非営利組織でずっと使われてきたものですが，近年，企業社会の比重の高まりとともに，一般の会社の企業会計方式と同じにする方がいいという考え方が強くなって，公益法人などでも企業会計方式がとられるようになってきましたので，NPO法人でもそれにならって，企業会計方式をとることになったものです。

Ⅱ　収支計算書と活動計算書の違い

１　収益や費用の表示

NPO法人の会計でこれまで使われてきた収支計算書は，資金の増加や減少の原因を収入や支出として表すものでした。これに対して活動計算書はNPO法人の当期の正味財産（純資産）の増加や減少の原因を収益や費用として表すもので，会社でいえば利益の増加原因や減少原因を表すものですが，NPO法人ですから利益を表すものとはいわず，「法人の財務的生存力を表すもの」と説明されています。

２　貸借対照表との整合

収支計算書で計算された収入と支出の差額である収支差額が貸借対照表の正味財産（純資産）とそのままでは整合しなかったのに対して，活動計算書で計算された収益と費用の差額は貸借対照表とそのまま整合します。なぜなら，貸借対照表の差額が表しているのは結果としての純資産であり，活動計算書の差額が表しているのも原因としての純資産ですから，どちらも純資産を計算している点で一致しているからです。

３　減価償却費の計上

また，固定資産の取得時において，収支計算書にはその購入時の支出額を資金の減少原因である支出として計上しますが，活動計算書には支出額は計上せず，取得した資産の減価償却費を計上しますので，この点でも根本的に違います。

Ⅲ　NPO法人の会計原則

NPO法人は，特定非営利活動促進法第27条でNPO法人の会計の原則を定めています。NPO法人は所轄庁の監督を受けますが，その監督は最小限のものとなっており，自主性，自立性が尊重される法人です。その反面，社会に対して必要な情報の開示を行い，社会から検証されることが期待されています。NPO法人の会計原則が法律で定められているのもそうした考え方の表れだといえます。

1　正規の簿記の原則

正規の簿記の原則は，法第27条第２号に「会計簿は，正規の簿記の原則に従って正しく記帳すること」と定められています。

正規の簿記の原則における正規とは，「真実な会計報告の作成資料として適格である」ことを意味します。適格であるために，「記録の網羅性」，「記録の立証性」，「記録の秩序性」の三つの要件が求められるとされています。

(1)　記録の網羅性

記録の網羅性とは，すべての取引を漏らさず網羅的に記録することをいいます。

簿記は，そもそも，他人から預かった財産等についての出入り，増減の責任を明確にするためのものですから，自分の都合のいいことだけを記録し，都合の悪いことは会計からはずすというようなことをしてはならない。これが，記録の網羅性です。

(2)　記録の立証性

記録の立証性とは，すべての取引が事実を立証しうるだけの客観的証拠に基づいて記録されることをいいます。

受託した財産の出入り，増減の責任を明確にするには，「支出，収入の事実の有無」，「その支出，収入の指示」を具体的な証憑書類によって立証すべきであるというのが，記録の立証性です。

(3)　記録の秩序性

記録の秩序性とは，すべての取引が秩序正しく，組織的に，そして相互に関連して記録されることをいいます。

秩序性は，規則の仕方そのものを指示するもので，個々の記録の間に組織的な相互関連性を要求するものであって，各種の帳簿間につながりがあって，最終的には公表の財務諸表の数値から原始記録まで跡付けることができるような記録であることを意味しています。

正規の簿記の原則のこのような要件を満たすのは複式簿記であって，単式簿記には困難と考えられますが，次のようなものであれば単式簿記であってもＯＫとされます。

ⅰ．預貯金の種類が普通預金，定期預金に限られ，口座数も１～２である。当座取引や手形取引を行うことはない。

ⅱ．不動産や高額な備品，車両などを購入したり売却したりすることはない。

ⅲ．有価証券その他の金融資産を取得することはない。

ⅳ．商品や大量の消耗品の未使用分などを保有しない。

ⅴ．成果や効果の実現が将来になる研究・開発について，多額の支出をすることはない。

ⅵ．法人所有の建物を持つことはない。

ⅶ．借地権，差入敷金，差入保証金などがないか，あっても数が少なく，金銭の出納やそれら債権が存在することに疑問が生じるおそれがない。

ⅷ．金銭の借入や貸付けを行うことはない。

ⅸ．有給の職員がおらず，源泉所得税や社会保険料を預かることはない。

ⅹ．将来の職員退職給付支出への支出は必要ない。

なお，単式簿記を採用する場合も，決算書類への数値のつながりが明らかになるよう，現金出納帳は多欄式のものを使用する，預貯金の出納帳を記帳するなど，取引を網羅し，相互の関連が明らかになるような帳簿組織を整える必要があります。

2　真実性の原則・明瞭性の原則

法第27条第３号は，「計算書類（活動計算書及び貸借対照表をいう。次条第１項において同じ）及び財産目録は，会計簿に基づいて活動に係る事業の実績及び財政状態に関する真実な内容を明瞭に表示したものとすること」と規定しており，これは「真実性の原則」・「明瞭性の原則」を規定したものであるとされています。

真実性の原則は，会計で求められる相対的な真実性を表し，会計報告を行うものの主観性と会計報告を受け取るものの客観性の調和を図り，会計報告を受け取るものにとって有用であり，信頼のおけるものとするための会計の原則を意味しています。

明瞭性の原則は，会計報告を受け取るものの判断を誤らせないように，明瞭に表示するための会計の原則を意味し，具体的には次のような内容を持つものとされています。

⑴　**区分表示の原則**

計算書類を作成するにあたっては，単純に科目を羅列するのでなく，一定の考え方に従って区分して表示しなければならない。

⑵　**総額表示の原則**

計算書類を作成するにあたっては，総額で表示することとし，収益と費用を相殺して表示したり，資産と負債を相殺して表示してはならない。

⑶　**重要事項の注記**

計算書類に表示されていない項目であっても，会計報告を受け取るものの判断に必要な事項は，注記により明らかにしなければならない。

3　継続性の原則

法第27条第４号は，「採用する会計処理の基準及び手続については，毎事業年度継続して適用し，みだりにこれを変更しないこと」と規定しており，これは「継続性の原則」を規定したものであるとされています。

継続性の原則は，一つの会計事実について二つ以上の会計処理の方法が認められている場合，法人が選択した方法を毎期継続するよう求めるものです。

二つ以上会計処理の方法がある事項の例としては，固定資産の減価償却の方法，有価証券や棚卸資産などの資産の評価方法があります。活動実態の多様さや慣習の存在から，会計処理方法が一元化されていない事項があるわけですが，その会計処理方法を毎期変更することを認めれば，期間ごとの数値を比較することができなくなるばかりでなく，意図的な操作の余地を与えることにもなります。

会計報告が，期間ごとの比較に耐えるものであることによって有用性を持ち，数値の操作を排除することによって，信頼性を高めるために，法人が選択したり採用したりした会計処理の方法は毎期継続されなければならない。これが「継続性の原則」の内容です。

そして，「継続して適用し，みだりにこれを変更しないこと」とありますが，この「みだりに」は，「正当な理由なしに」という意味だと解されています。正当な理由は，内部理由と外部理由に分類されますが，そのうち内部理由としては事業の実態に合わせるためであるとか，計算の煩雑化を避けるためといった理由が考えられます。一方，外部理由としては，関連法令の改廃，急激な貨幣価値の変動などが挙げられます。「正当な理由」によって，会計処理の方法を変更した場合には，計算書類にその事実及び理由を注記するとともに，変更による影響を記載することが，「明瞭性の原則」からも求められます。

2　NPO法人が作成すべき計算書類

I　結果の書類と原因の書類

どのような法人であれ，計算書類には大きく結果を表す書類と原因を表す書類の二つがあります。このうち，事業年度の事業の結果を表す書類が貸借対照表や財産目録です。このことは，会社であってもNPO法人や公益法人，学校法人，社会福祉法人，宗教法人，独立行政法人であっても変わりません。法人によって結果が変わる，預金の残高が変わる，未払金の残高が変わるというのでは困りますから，そんなことはありません。貸借対照表や財産目録はどんな法人であっても同じ，結果を表す書類はみな同じです。

これに対して原因を表す書類の方は，原因の表し方によって異なります。原因を純資産に求めて，純資産の増加原因や減少原因で表そうというのは損益計算書です。純資産の増加原因から減少原因を引いた差額を利益といいますから，損益計算書は利益を追求する会社の利益の増加原因と減少原因を示す書類として使われます。なお，損益計算書で計算された純資産の増加原因と減少原因の差額は，結果を表す書類である貸借対照表の純資産の増加結果と一致して整合性を表すことができます。

一方，原因を資金に求めて，資金の増加原因や資金の減少原因で表そうというのが収支計算書です。収支計算書は利益を重視しないで，資金の収入や資金の支出として実施される予算の執行に伴って資金の動きを表すことを重視しています。収支計算書で計算された資金の増加原因と資金の減少原因の差額は，貸借対照表の純資産の増加額とは一致しないため，会計の整合性を示すためには，両者を媒介するストック式の正味財産増減計算書が必要となっていました。

これまでのNPO法人は，原因を表す書類として収支計算書を採用してきましたが，新しいNPO法人の会計では，会社のように利益を重視し，利益の増加や減少の原因を表す書類である「活動計算書」を採用することとなりました。

Ⅱ　NPO法人の計算書類の種類

平成24年度に改正されたNPO法においては，活動計算書及び貸借対照表を計算書類としており，計算書類を補足する情報を注記で示すこととなっています。また，財産目録はこれらを補完する書類として定められています。その他，会計に関する書類として，毎事業年度作成する書類ではありませんが，法人の設立申請，定款変更申請時などに提出する活動予算書があります。

1　活動計算書

事業年度におけるNPO法人の活動状況を表す計算書です。会社でいえば損益計算書に相当するフローの計算書で，難しくいうと「特定非営利活動法人の財務的生存力を把握しやすくするため，従来の資金収支ベースの収支計算書から改める」こととなったものとされています。

受け取った会費や寄附金，事業の実施によって得た収益を計上し，そこから事業に要した費用，法人運営に要した費用等を引いて，会社の利益に当たる差額がどれだけ生じたかを示します。

2　貸借対照表

事業年度末におけるNPO法人のすべての資産，負債と資産から負債を引いた残りの正味財産の状態を示すもので，資産がどういう種類のものになっていて，法人が返さなければならない負債がどれだけあり，法人が返さなくてもいい純財産がどれだけあるのかといったNPO法人の財務状況を把握することができます。

資産のうち，流動資産として現金預金，未収金，棚卸資産，前払金等を，固定資産として土地・建物，什器備品，長期貸付金等を，負債のうち流動負債として短期借入金，未払金，前受金等を，固定負債として長期借入金，退職給付引当金等を計上して示します。

3　注　　記

注記は，活動計算書と貸借対照表から成る計算書類を補足する情報を示しています。これまでNPO法人の注記事項はほとんどありませんでしたが，平成24年の制度改正においては，NPO法人の注記事項が具体的に示されて，記載すべき事項が拡充されました。

4　財産目録

財産目録は計算書類ではなく，計算書類を補完する書類として定められています。科目等は貸借対照表とほぼ同じですが，その内容，数量をより詳しく示すことが求められます。また，金銭評価ができない歴史的資料のような資産についても，金銭を除いて内容や数量だけ示すことができることとされています。

5　活動予算書

活動予算書は，法人の設立申請，定款変更申請時などに提出する必要があります。その表示方法や考え方は，活動計算書と基本的に同様です。

Ⅲ　NPO法人の会計の区分

1　別葉表示の見直し

NPO法人は本来の事業である「特定非営利活動に係る事業」の他に，「その他の事業」を行うことができますが，「その他の事業に関する会計は，当該特定非営利活動法人の行う特定非営利活動に係る事業に関する会計から区分し，特別の会計として経理しなければならない」と区分経理について定めています（法5条2項）。

このため，従来，「その他の事業」を実施しているNPO法人に対しては，財産目録，貸借対照表，収支計算書及び収支予算書について，「特定非営利活動に係る事業」のものとは別に，各々「その他の事業」に係るものの作成が求められてきました。つまり，その他の事業を行うことを定款に定めたNPO法人は，「特定非営利活動に係る事業会計」の財産目録，貸借対照表，収支計算書のセットの他に，「その他の事業会計」の財産目録，貸借対照表，収支計算書のセットを作成しなければなりませんでした。これをページを別にするという意味で別葉表示といっていました。

しかし，このような「貸借対照表の別葉表示」といわれる手続の見直しが行われて，原則，すべての書類において別葉表示は求めないこととし，その他の事業に固有の資産（例：在庫品としての棚卸資産等，本来事業に繰り入れることが困難なもの）で重要なものがある場合には，その資産状況を注記として表示することとされました。一方，按分を要する共通的なものについては基本的には注記を求めないものの，重要性が高いものについては注記することとされています。

2　別欄表示の必要

なお，活動計算書及び活動予算書については，別葉表示は求められませんが，一つの書類のなかで「別欄表示」といっていますが，記載する欄を別に分けて表示し，その他の事業を実施していない場合又は実施する予定がない場合については，脚注においてその旨を記載するか，あるいはその他の事業の欄すべてに「ゼロ」を記載することとされました。また，事業報告書においてもそのことを明らかにすることが必要とされました。

3　活動計算書

NPO法人の活動計算書は，NPO法人のその事業年度の正味財産の増減の原因を示すことにより，NPO法人の活動の状況を表すものとされています。正味財産の増加原因は「収益」として表し，正味財産の減少原因は「費用」として表します。活動計算書の構成は次のようになっています。

その他の事業がない場合

令和　　年度　活動計算書

令和　　年　　月　　日から令和　　年　　月　　日まで

特定非営利活動法人

(単位：円)

科　　目	金　　額		
Ⅰ　経 常 収 益			
1　受 取 会 費			
正会員受取会費			
賛助会員受取会費			
…………			
2　受取寄附金			
受取寄附金			
施設等受入評価益			
…………			
3　受取助成金等			
受取補助金			
…………			
4　事 業 収 益			
事業収益			
事業収益			
5　その他収益			
受 取 利 息			
…………			
経常収益計			
Ⅱ　経 常 費 用			
1　事　業　費			
(1)　人　件　費			
給 料 手 当			
退職給付費用			
福利厚生費			
…………			
人 件 費 計			
(2)　その他経費			
会　議　費			
旅費交通費			
施設等評価費用			
減価償却費			

印刷製本費			
…………			
その他経費計			
事業費計			
2　管理費			
(1)　人件費			
役員報酬			
給料手当			
退職給付費用			
福利厚生費			
…………			
人件費計			
(2)　その他経費			
消耗品費			
水道光熱費			
通信運搬費			
地代家賃			
旅費交通費			
減価償却費			
…………			
その他経費計			
管理費計			
経常費用計			
当期経常増減額			
Ⅲ　経常外収益			
経常外収益計			
Ⅳ　経常外費用			
経常外費用計			
税引前当期正味財産増減額			
法人税，住民税及び事業税			
当期正味財産増減額			
前期繰越正味財産額			
次期繰越正味財産額			

その他の事業がある場合

令和　　年度　活動計算書

令和　　年　　月　　日から令和　　年　　月　　日まで

特定非営利活動法人

（単位：円）

科　　目	特定非営利活動に係る事業	その他の事業	合　　計
Ⅰ　経 常 収 益			
1　受 取 会 費			
正会員受取会費			
賛助会員受取会費			
…………			
2　受取寄附金			
受取寄附金			
施設等受入評価益			
…………			
3　受取助成金等			
受取補助金			
…………			
4　事 業 収 益			
事業収益			
事業収益			
5　その他収益			
受 取 利 息			
…………			
経常収益計			
Ⅱ　経 常 費 用			
1　事　業　費			
(1)　人　件　費			
給 料 手 当			
退職給付費用			
福利厚生費			
…………			
人 件 費 計			
(2)　その他経費			
会　議　費			
旅費交通費			
施設等評価費用			
減価償却費			

印刷製本費			
…………			
その他経費計			
事業費計			
2　管理費			
(1)　人件費			
役員報酬			
給料手当			
退職給付費用			
福利厚生費			
…………			
人件費計			
(2)　その他経費			
消耗品費			
水道光熱費			
通信運搬費			
地代家賃			
旅費交通費			
減価償却費			
…………			
その他経費計			
管理費計			
経常費用計			
当期経常増減額			
III　経常外収益			
経常外収益計			
IV　経常外費用			
経常外費用計			
経理区分振替額			
税引前当期正味財産増減額			
法人税，住民税及び事業税			
当期正味財産増減額			
前期繰越正味財産額			
次期繰越正味財産額			

Ⅰ　経常収益

経常収益は，法人の通常の活動から生じる収益を原因別に集計したもので，受取会費，受取寄附金，受取助成金等，事業収益，その他収益などから成っています。

1　受取会費

受取会費は，会員からの会費や入会金を計上します。

(1)　正会員受取会費

正会員受取会費は，正会員からの会費ですが，確実に入金されることが明らかな場合を除いて，実際に入金したときに計上します。

(2)　賛助会員受取会費

賛助会員受取会費は，賛助会員からの会費ですが，正会員受取会費と異なり，対価性がなく明らかに寄附金と認められるものや，一部寄附金を含むものなどがこれに該当します。

(3)　受取入会金

会員からの入会金がある場合に計上します。

※　会費の計上方法

会費と寄附金の差異について，会費とは，税務上，サービス利用の対価又は会員たる地位にある者が会を成り立たせるために負担するものとされており，直接の反対給付がない経済的利益の供与である寄附金とは基本的に異なるものとされています。

なお実態的には，会費として扱われているものには，①社員（正会員）たる地位にある者が会を成り立たせるために負担すべきもの（「正会員受取会費」等），②支出する側に任意性があり，直接の反対給付がない経済的利益の供与としての寄附金の性格を持つもの（「賛助会員受取会費」等），③サービス利用の対価としての性格を持つもの（たとえば「データベース利用会員受取会費」，「施設利用会員受取会費」等），の三つに分けられます。

③に関しては，活動計算書において，事業収益として計上します。また，一つの「会費」のなかに，①と②，②と③というように複数の性格を持つものがある場合は，その性格によって，明確に区分して計上します。

２　受取寄附金

受取寄附金は，対価性のない寄附金，受贈益などを計上します。

(1)　受取寄附金

受取寄附金は，寄附者から対価性のない寄附金を受け取ったときに計上します。寄附金が未収の場合には計上しません。

※　使途等が制約された寄附金の取扱い

寄附金については，受け取ったときに「受取寄附金」として収益に計上します。このうち使途等が制約された寄附金については，注記することが求められ，その内容，正味財産に含まれる期首残高，当期増加額，当期減少額，正味財産に含まれる期末残高等を注記します。

なお，使途等が制約された寄附金で重要性が高い場合には，「一般正味財産」と「指定正味財産」を区分して表示します。これは，当期に使途の制約が解除された収益とそうでない収益を分けて表示したほうが，その法人の財務状況・活動状況をより的確に示すことができるからです。使途が制約された寄附金でも，複数事業年度にまたがらないものや，重要性が高くないものについては，このような区分表示は求められません。

ここにいう「重要性」が高いと判断される寄附金には，たとえば以下のようなものが挙げられます。

・　使途が震災復興に制約され，複数事業年度にまたがって使用することが予定されている寄附金

・　奨学金給付事業のための資産として，元本を維持して，あるいは漸次取り崩して給付に充てることを指定された寄附金

［仕訳］

ｉ）災害支援に充てる目的で300万円の寄附を受けた。

（借）	現　預　金	300万円	（貸）	受取寄附金（指定正味財産）	300万円

ⅱ）被災地の子供たちに学用品セット（200万円分）を配布した。

（借）	災害支援事業費	200万円	（貸）	現　預　金	200万円

ⅲ）災害支援に充てた寄附金を指定正味財産から，一般正味財産に振り替えた。

（借）	一般正味財産への振替額	200万円	（貸）	受取寄附金振替額（一般正味財産）	200万円

(2)　資産受贈益

現物寄附を受けた場合に計上します。資産受贈益は，無償の場合だけで

なく，著しく低い価額で現物資産の提供を受けた場合にも，時価による評価差益を計上することになります。

［仕訳］

時価300万円相当の４WDの車両を10万円で譲り受けた。

(借) 車両運搬具	300万円	(貸) 現預金	10万円
		車両受贈益	290万円

(3) 施設等受入評価益

会場，ホールなどを無償で借り入れた評価益を計上する場合に用います。施設の提供等の物的サービスを，無償又は著しく低い価格で受け入れた場合において，金額が合理的に算定できるだけでなく，外部資料等によって客観的に把握でき，「施設等評価費用」と併せて計上する方法を選択した場合に計上するとされています。つまり，金額が合理的に算定できても，外部資料等によって客観的に把握できるものでなければ，活動計算書に計上することはできません。

［仕訳］

チャリティー・イベントのための会場を市から無料で借り受けて，料金表に掲載されている通常の賃料80万円を施設等受入評価益として計上した。

(借) 施設等評価費用	80万円	(貸) 施設等受入評価益	80万円

(4) ボランティア受入評価益

ボランティアを受け入れた評価益を計上する場合に用います。ボランティアからの役務の提供を受けた場合において，金額が合理的に算定できるだけでなく，外部資料等によって客観的に把握でき，「ボランティア評価費用」と併せて計上する方法を選択した場合に計上します。つまり，金額が合理的に算定できても，外部資料等によって客観的に把握できるものでなければ，活動計算書に計上することはできません。

［仕訳］

毎年行っている海辺の清掃作業に30名のボランティアに参加しても

らったので，最低賃金で計算した賃金相当額76,500円をボランティア受入評価益として計上した。

(借)	ボランティア評価費用	76,500円	(貸)	ボランティア受入評価益	76,500円

※　ボランティアによる役務の提供等の取扱い

これまで，NPO法人は，ボランティアの受入れをした場合やただでホールを借りるなどの無償又は著しく低い価格での施設の提供等の物的サービスを受けた場合でも，特に会計上の収益に計上することはしませんでした。しかし，ボランティアの受入れが活発な法人では，それを会計上表さないとすると，会計上の動きがほとんどないことになってしまいます。NPO法人はボランティアの受入れなどが多い組織ということもあって，今後は，NPO法人ではボランティアの受入れについて，会計上の収益を計上してもいいことになりました。

まず，ボランティアの受入れを，合理的に算定できる場合には注記できることになりました。また，客観的に把握できる場合には注記に加えて活動計算書への計上もできるようになりました。もちろん，これまでどおり会計的に認識しないというのもＯＫです。

この点については，会計上認識できるとしたものの，不明確な処理は避けるべきであるとして，計上する際には，収益と費用に両建てして判別できるよう，それぞれ「ボランティア受入評価益」及び「ボランティア評価費用」として明示することが求められています。つまり，収益と費用を両建てして，損益が生じないようになっています。

また，その金額換算の根拠についても注記の「内容」及び「算定方法」で明確にすることとされています。無償又は著しく低い価格での施設の提供等の物的サービスを受け入れた場合にも同様の会計処理が認められます。金額換算の根拠の具体例については，以下のとおりとされています。

①　法人所在地における厚生労働省が公表している最低賃金（時間給）を従事時間数で乗じた額

②　専門職の技能等の提供によるボランティアに関して，その専門職の標準報酬額をベースに時間給を算定し，それに従事時間を乗じた額

3　受取助成金等

受取助成金等は，国等からの補助金，助成金などを計上します。

(1)　受取助成金

補助金や助成金の交付者の区分によって受取民間助成金，受取国庫助成金，受取地方公共団体助成金などに区分することができます。

(2) 受取補助金

補助金や助成金の交付者の区分によって受取民間補助金，受取国庫補助金，受取地方公共団体補助金などに区分することができます。

※　対象事業及び実施期間が定められている補助金，助成金等の取扱い

対象事業等が定められた補助金等は，使途等が制約された寄附金等として扱い，当期に使用した額は収益（受取補助金等）として活動計算書に計上し，その内容，正味財産に含まれる期首残高，当期増加額，当期減少額，正味財産に含まれる期末残高等を注記で表示します。

なお重要性が高い場合には，寄附金と同様に，正味財産を「一般正味財産」と「指定正味財産」に区分し，その補助金等を指定正味財産に計上します。対象事業及び実施期間が定められ，かつ未使用額の返還義務が規定されている補助金等について，実施期間の途中で事業年度末が到来した場合の未使用額は，当期の収益には計上せず，前受補助金等として処理します。

また，実施期間の終了時に補助金等と対象事業の費用との間で差額が生じた場合には，当該差額は前受補助金等ではなく未払金として処理し，この負債は返還した時点で消滅します。

［仕訳］

ⅰ）就労支援に充てる目的で市から500万円の補助金を受けた。

（借）	現預金	500万円	（貸）	受取補助金（指定正味財産）	500万円

ⅱ）就労支援事業の実施に300万円を要した。

（借）	就労支援事業費	300万円	（貸）	現預金	300万円

ⅲ）就労支援事業に充てた補助金を指定正味財産から，一般正味財産に振り替えた。

（借）	一般正味財産への振替額	300万円	（貸）	受取補助金振替額（一般正味財産）	300万円

［仕訳］

上記設例において，未使用額の返還義務が規定されているが，200万円分は未使用のまま事業年度末が到来した。

（借）	受取補助金（指定正味財産）	200万円	（貸）	前受補助金	200万円

［仕訳］

上記設例において，200万円は未使用のまま，事業の実施期間が終了した。

（借）	受取補助金 （指定正味財産）	200万円	（貸）未払金	200万円

4　事業収益

事業の種類ごとに区分し，事業の名称を付した事業収益を計上します。

(1)　○○販売事業収益

物品の販売により得た収益を計上します。

(2)　△△受託事業収益

サービス（役務）の提供などにより得た収益を計上します。

(3)　□□会員受取会費

サービス利用の対価としての性格を持つ会費を計上します。

5　その他収益

上記以外の収益を計上します。

(1)　受取利息

預金の利息，債券の利息，貸付金の利息等を計上します。

(2)　為替差益

為替換算による差益を計上します。なお，為替差損がある場合は相殺して表示します。

(3)　雑収益

いずれの科目にも該当しない，又は独立の科目とするほど量的，質的に重要でない収益を計上します。この科目の金額が他と比して過大になることは望ましくないとされます。

Ⅱ　経常費用

経常費用は，法人の通常の活動から生じる費用を原因別に集計したもので，事業費と管理費から成っています。

1　事　業　費

事業費は，事業の目的のために要する費用です。「人件費」と「その他経費」に区分します。

※　事業費と管理費の区分

NPO法人の費用は，大きく事業費と管理費に分けて表示します。

事業費は，NPO法人が目的とする事業を行うために直接要する人件費及びその他経費をいいます。

管理費は，NPO法人の各種の事業を管理するための費用で，総会及び理事会の開催運営費，管理部門に係る役職員の人件費，管理部門に係る事務所の賃借料及び光熱費等のその他経費をいいます。

※　費用の形態別表示

事業費と管理費に分けて表示したNPO法人の費用は，次に事業費と管理費のそれぞれを「人件費」と「その他経費」に区分することが求められます。「人件費」と「その他経費」は，さらに形態別に分類した費用項目である「費目」として表示することとされています。また，その費目については，NPO法人の実態に合わせて必要な費目のみ表示します。

なお，複数の事業を実施している法人においては，その事業ごとの費用又は損益の状況を，活動計算書ではなく注記によって表示します。

※　共通経費の按分

また，事業費と管理費に共通する経費や複数の事業に共通する経費は，合理的な基準で按分する必要があるとされています。標準的な按分方法としては，以下のようなものが挙げられ，重要性が高いと認められるものについては，いずれの按分方法によっているかについて注記します。

・　従事割合（科目例：給与手当，旅費交通費等）
・　使用割合（科目例：通信運搬費，消耗品費，水道光熱費，地代家賃等）
・　建物面積比（科目例：水道光熱費，地代家賃，減価償却費，保険料等）
・　職員数比（科目例：通信運搬費，消耗品費，水道光熱費，地代家賃等）

(1)　人　件　費

役職員に対する人件費のうち，事業に要する金額を計上します。事業費と管理費に共通する人件費は，役職員の従事割合によって按分します。

①　役員報酬

役員報酬のうち事業に係る金額を計上します。NPO法人では，役員報酬を受ける者は役員総数の３分の１以下という制約があります。

②　給 料 手 当

事業に従事する職員に対する給与手当を計上します。

③　臨時雇賃金

事業に従事するアルバイト，パート職員等に対する給与手当を計上します。

④　ボランティア評価費用

ボランティアの費用相当額です。ボランティア受入評価益と併せて計上しますので，これによる差損益は生じません。

⑤　法定福利費

役職員に対する労働保険料，社会保険料などを計上します。

⑥　退職給付費用

退職給付見込額のうち当期に発生した費用を計上します。会計基準変更時差異の処理として，定額法により費用処理する場合，一定年数（15年以内）で除した額を加算します。少額を一括して処理する場合も含まれます。詳しくは「退職給付会計基準」によります。

⑦　通　勤　費

事業に従事する役職員の通勤費です。給料手当，福利厚生費に含める場合もあります。

⑧　福利厚生費

事業に従事する役職員の福利厚生のための費用を計上します。

⑵　その他経費

事業費のうち人件費以外の金額を計上します。

①　物品販売原価

事業として物品を販売したときの原価を計上します。「期首の棚卸高」に「当期の仕入高」を加え「期末の棚卸高」を控除した額となります。

②　業務委託費

事業に必要な外部への業務委託に要する費用を計上します。

③ 諸　謝　金

講師や委員等に対する謝礼金を計上します。

④ 印刷製本費

事業に使用する印刷物や刊行物の印刷製本に要した費用です。

⑤ 会　議　費

事業のための会議で使用した会議室，物品，茶菓などに要した費用です。

⑥ 旅費交通費

旅費交通費のうち，事業に要した費用です。

⑦ 車　両　費

車両運搬具に関する費用のうち，事業に要した費用です。内容により他の科目に表示することもできます。

⑧ 通信運搬費

電話代や郵送物の送料等のうち，事業に要した費用を計上します。

⑨ 消 耗 品 費

消耗品の購入費用のうち，事業に要した金額です。

⑩ 修　繕　費

事業に必要な施設，設備，車両，備品などの修繕に要した費用です。

⑪ 水道光熱費

電気代，ガス代，水道代等うち，事業に要した費用です。

⑫ 地 代 家 賃

事務所の家賃や駐車場代等のうち，事業に係る分の金額です。

⑬ 賃　借　料

少額資産に該当する事務機器のリース料等のうち，事業に係る金額を計上します。不動産の使用料をここに入れることも可能です。

⑭ 施設等評価費用

無償でサービスの提供を受けた場合の費用相当額です。施設等受入評価益と併せて計上します。

⑮　減価償却費

事業に要した固定資産の減価償却費です。

⑯　保　険　料

事業に要した損害保険料等です。

⑰　諸　会　費

事業に要した会費等を計上します。

⑱　租税公課

消費税，印紙税，固定資産税等の租税公課のうち，事業に係る分の金額です。

収益事業に対する法人税等は，租税公課とは別に，活動計算書の末尾に，税引前当期正味財産増減額から法人税等を差し引く形で，「法人税，住民税及び事業税」として表示します。

⑲　研　修　費

事業に必要な役職員の研修のための費用です。

⑳　支払手数料

事業に必要な外部への支払手数料です。

㉑　支払助成金

事業として外部に助成金を交付した場合に計上します。

㉒　支払寄附金

事業に伴う外部への寄附金を計上します。

㉓　支払利息

金融機関等からの借入れに係る利子・利息のうち，事業に係る部分の金額を計上します。

㉔　為替差損

事業に伴って生じた為替換算による差損を計上します。なお，為替差益がある場合は相殺して表示します。

㉕　雑　　　費

雑費のうち，事業に係る金額です。いずれの科目にも該当しない，又は独立の科目とするほど量的，質的に重要でない費用を計上します。この科目の金額が他の科目と比べて，過大になることは望ましくありません。

2 管理費

各種の事業を管理するため，毎年度経常的に要する費用です。「人件費」と「その他経費」に区分します。

⑴ 人件費

役職員に対する人件費のうち，管理運営業務に係る金額を計上します。

① 役員報酬

役員報酬のうち，管理運営業務に係る金額を計上します。役員報酬は役員の地位に対する報酬であって，役員報酬を受ける者は役員総数の3分の1以下でなければなりません。

② 給料手当

職員に対する給料手当のうち，管理運営業務に係る金額を計上します。

③ 法定福利費

役職員の労働保険料，社会保険料などのうち，管理運営業務に係る金額を計上します。

④ 退職給付費用

退職給付見込額のうち当期に発生した費用で，管理運営業務に係る金額を計上します。会計基準変更時差異の処理として，定額法により費用処理する場合，一定年数（15年以内）で除した額を加算します。少額を一括して処理する場合も含まれます。

⑤ 通勤費

管理運営業務に従事する役職員の通勤に要する費用です。給料手当，福利厚生費に含める場合もあります。

⑥ 福利厚生費

管理運営業務に従事する役職人の福利厚生に要する費用です。

⑵　その他経費

人件費以外の経費のうち，管理運営業務に係る金額を計上します。

①　印刷製本費

管理運営業務に必要な印刷物や刊行物の印刷製本に費やした金額です。

②　会　議　費

理事会，総会，評議員会などの会議で使用した会議室，物品，茶菓などに要した費用です。

③　旅費交通費

旅費交通費のうち，管理運営業務に係る費用です。

④　車　両　費

車両運搬具の費用のうち，管理運営業務に係る費用です。内容により他の科目に表示することもできます。

⑤　通信運搬費

電話代や郵送物の送料等のうち，管理運営業務に係る費用です。

⑥　消 耗 品 費

消耗品の購入費用のうち，管理運営業務に係る金額です。

⑦　修　繕　費

事務所建物，備品等の修繕費のうち，管理運営業務に係る金額です。

⑧　水道光熱費

電気代，ガス代，水道代等のうち，管理運営業務に係る費用です。

⑨　地 代 家 賃

事務所の家賃や駐車場代等のうち，管理運営業務に係る費用です。

⑩　賃　借　料

少額資産に該当する事務機器のリース料等を計上します。不動産の使用料をここに入れることも可能です。

⑪　減価償却費

固定資産の減価償却費のうち，管理運営業務に係る金額です。

⑫ 保　険　料

法人の損害保険料等のうち，管理運営業務に係る金額です。

⑬ 諸　会　費

諸会費のうち，管理運営業務に係る金額です。

⑭ 租 税 公 課

消費税，印紙税，固定資産税等の租税公課のうち，管理運営業務に係る金額です。

収益事業に対する法人税等は，活動計算書の末尾に税引前当期正味財産増減額から差し引く形で，「法人税，住民税及び事業税」として表示します。

⑮ 支払手数料

外部への支払手数料のうち，管理運営業務に係る金額です。

⑯ 支 払 利 息

金融機関等からの借入れに係る利子・利息のうち，管理運営業務に係る金額です。

⑰ 雑　　　費

雑費のうち，管理運営業務に係る金額です。

雑費は他のどの科目にも該当しない，又は独立の科目とするほど量的，質的に重要でない費用を計上します。この科目の金額が他の科目と比べて過大になることは望ましくありません。

3　当期経常増減額

当期経常増減額は，経常収益から経常費用を引いた差額です。NPO法人の特別な損益である経常外項目を除いた経常的な正味財産の増減の状況を示しています。

Ⅲ　経常外収益

① 固定資産売却益

固定資産の売却による差益を計上します。

② 過年度損益修正益

過年度に関わる項目を当期に一括して修正処理をした場合。

Ⅳ　経常外費用

① 固定資産除・売却損

固定資産の除却による除却損や売却による差損を計上します。

② 災 害 損 失

災害によって固定資産等に損失が生じた場合に計上します。

③ 過年度損益修正損

過年度に関わる項目を当期に一括して修正処理をした場合に用いる科目です。会計基準を変更する前事業年度以前に減価償却を行っていない資産を一括して修正処理する場合などに用います。減価償却費だけの場合は，「過年度減価償却費」の科目を使うこともできます。

Ⅴ　経理区分振替額

経理区分振替額の勘定は，「特定非営利活動に係る事業」の他に，「その他の事業」がある場合の，「その他の事業」から「特定非営利活動に係る事業」への利益（正味財産増減額）の事業間振替処理に用います。

Ⅵ　税引前当期正味財産増減額

税引前当期正味財産増減額は，当期経常増減額に特別な項目である経常外項目を加味した後の正味財産の増減額で，法人税等の税金を引く前の金額です。

Ⅶ　法人税，住民税及び事業税

NPO法人が収益事業を行っている場合に負担する法人税，法人住民税（法人税割，均等割），事業税，受取利子，受取配当等に対する源泉所得税などを表示します。

Ⅷ　当期正味財産増減額

NPO法人のその事業年度の最終的な正味財産の増減額で，貸借対照表の数値と一致します。

Ⅸ　前期繰越正味財産額

前事業年度から繰り越された期首の正味財産額です。貸借対照表の前期繰越正味財産額，前事業年度の活動計算書の「次期繰越正味財産額」と金額が一致します。

Ⅹ　次期繰越正味財産額

貸借対照表の「正味財産合計」と金額が一致します。

4　貸借対照表

NPO法人の貸借対照表は，NPO法人のその事業年度終了時の資産，負債，正味財産の残高の結果を示すことにより，NPO法人の期末の財政状態を表すものとされています。NPO法人が持っている財産は，「資産の部」に，NPO法人が負っている債務は「負債の部」に，そして「資産の部」と「負債の部」の差額は「正味財産の部」に計上します。貸借対照表の構成は次のとおりです。

令和　　年度　貸借対照表

令和　　年　　月　　日現在

特定非営利活動法人

（単位：円）

科　　目	金　　額		
Ⅰ　資 産 の 部			
1　流 動 資 産			
現 金 預 金			
未　収　金			
…………			
流動資産合計			
2　固 定 資 産			
(1)　有形固定資産			
車両運搬具			
什 器 備 品			
…………			
有形固定資産計			
(2)　無形固定資産			
…………			
無形固定資産計			
(3)　投資その他の資産			
敷　　金			
…………			
投資その他の資産計			
固定資産合計			
資 産 合 計			
Ⅱ　負 債 の 部			
1　流 動 負 債			
未　払　金			
…………			
流動負債合計			
2　固 定 負 債			
長期借入金			
退職給与引当金			
…………			
固定負債合計			
負 債 合 計			
Ⅲ　正味財産の部			
前期繰越正味財産			
当期正味財産増減額			
正味財産合計			
負債及び正味財産合計			

Ⅰ　資産の部

1　流動資産

①　現金預金

現金には通貨だけでなく，他人振出しの小切手や郵便為替，郵便貯金払出証書，期限の到来した公社債の利札など，換金自由で金銭と同一の性質を持つ通貨代用証券も含まれます。

預金は，当座預金や普通預金など流動性のある預金を指します。

②　未　収　金

商品の販売によるものも含みます。

③　棚卸資産

商品，貯蔵品等として表示することもできます。

④　短期貸付金

返済期限が事業年度末から1年以内の貸付金です。

⑤　前　払　金

土地，建物，備品などの購入に先立って契約に基づく手付金や代金の一部を支払った場合などに計上します。

⑥　仮　払　金

現預金の出金はあったが，まだその勘定科目あるいは金額が確定していない場合に，一時的に仮払金勘定で処理しておき，後日内容が確定したときに正しい勘定に振り替えます。

⑦　立　替　金

役職員などに一時的に金銭を立て替えたときに計上し，回収したときに減らします。

⑧　○○特定資産

目的が特定されている資産で流動資産に属するものをいいます。目的を明示します。

⑨　貸倒引当金（△）

2　固定資産

⑴　有形固定資産

土地，建物等実体があり，長期にわたり事業用に使用する目的で保有する資産です。

①　建　　物

事務所その他の建築物ですが，電気設備，給排水衛生設備，冷暖房設備などの建物付属設備を含みます。

②　構 築 物

門，塀などの土地に定着した建物以外の設備，工作物などです。

③　車両運搬具

自動車，自転車などの陸上運搬具ですが，船舶なども含まれます。

④　什器備品

応接セット，机，いす，キャビネット，パソコン，プリンター，ファックスなどが含まれますが，耐用年数が1年以上で，かつ，金額が相当額以上のものです。

⑤　土　　地

土地は，購入したときの仲介手数料等を加えた金額で計上されます。

⑥　建設仮勘定

工事の前払金や手付金等，建設中又は制作中の固定資産です。

⑵　無形固定資産

無形だが，事業活動において長期間にわたり利用される資産です。

①　ソフトウェア

購入あるいは制作したソフトの原価です。

②　特許権等

特許権等の取得に要した金額を計上します。

⑶　投資その他の資産

余裕資金の運用のための長期的外部投資や，貸付金等長期債権から構成される資産です。

①　投資有価証券

長期に保有する有価証券です。

②　敷　　　金

返還されない部分は含みません。

③　差入保証金

返還されない部分は含みません。

④　長期貸付金

返済期限が事業年度末から１年を超える貸付金です。

⑤　長期前払費用

前払費用のうち，事業年度末から１年を超えて費用化されるものです。

⑥　○○特定資産

目的が特定されている資産で固定資産に属するものをいいます。目的を明示します。

※　固定資産と消耗品費の相違

固定資産とは，販売を目的としない資産で，かつ決算日後１年以内に現金化される予定のない長期にわたって保有する資産のことをいいます。実務上は，法人税法施行令（昭和40年政令第97号）第133条を参考とし，１年を超える期間において使用する10万円以上の資産を固定資産とみなすのが，一般的な目安となっています。ただし，この目安は，10万円未満のものについては費用処理（消耗品費として計上）ができるということであり，10万円未満だからといって必ずしも固定資産として扱えないわけではなく，前述の要件に該当する資産については固定資産として扱うこともできる点に留意が必要です。

※　減価償却の方法

減価償却とは，固定資産の価値は時間の経過や使用によって減少していくという考えの下，貸借対照表に計上した固定資産の取得価額から，その使用期間（耐用年数）にわたって減額していく会計処理です。NPO法人がその活動に利用できる資産を明確に表示するという観点から，適切な処理が求められます。この減価償却の方法には，主に「定率法」，「定額法」等があり，法人税法施行令第48条，同第48条の２及び同第133条を参考として，適用方法を選択します。

※ 現物寄附を受けた固定資産等の取得価額

現物寄附を受けた固定資産等については，その取得時における公正な評価額が取得価額となります。公正な評価額としては，市場価格によるほか，専門家による鑑定評価額や，固定資産税評価額等を参考に合理的に見積もられた価額等が考えられます。

※ 特定資産

特定の目的のための資産を有する場合には，特定資産として独立して表示することが必要です。具体例としては，ｉ）寄附者により使途等が制約されている資産，ⅱ）NPO法人自ら特定資産と指定した資産が挙げられます。

※ リース取引

リース取引については，事実上売買と同様の状態にあると認められる場合には，売買取引に準じて処理します。ただし，重要性が乏しい場合には，賃貸借取引に準じて処理することができることになっています。リース会計基準を参照して処理することが望まれます。

※ 投資有価証券

長期に保有する有価証券のことです。投資有価証券を保有するNPO法人においては，他の会計基準を参照して独立して表示することが望まれます。

Ⅱ 負債の部

1 流動負債

① 短期借入金

返済期限が事業年度末から１年以内の借入金です。

② 未　払　金

事業費等の未払額を計上します。商品の仕入れによるものも含みます。

③ 前　受　金

サービスの提供に先立って代金の一部を受け入れた場合や，受取会費等の前受額を計上します。

④ 仮　受　金

現預金の入金はあったが，まだその勘定科目あるいは金額が確定していない場合に，一時的に借受金勘定で処理しておき，後日内容が確定したときに正しい勘定に振り替えます。

死後事務委任契約の実務〔第２版〕
ー士業のための「おひとりさま終活業務」の手引きー

依頼者からのヒアリング、契約書作成の方法から、遺言執行時の留意点まで、実際の業務経験に基づいて、丁寧に解説。

吉村 信一 著　6751-9 2020/10発売 A5判並製 260頁 2,640円

書士合格者のための　実務直結シリーズ・プレBook
準備実践講座〔第３版〕

年の行政書士がすべって転びながら培った「失敗」しめの心得と技を惜しみなく開示した好評書の第３版！

豊 著　6744-1 2020/9発売 A5判並製 336頁 3,080円

承継支援マニュアル

継を実践的に研究する大学教員と中小企業診断士が事業承継の課題し、事業承継を支援する人材に向けた支援マニュアル。

公規・山田 直樹・栗原 浩一・内田　聡 著

6718-2　2020/8発売　A5判並製 172頁 2,640円

合格後の仕事を支える
リアコンサルタントのための労働法と社会保障のしくみ

雇用、がんや精神疾患の治療中、性的マイノリティ等、様々な相談な法的知識をケース毎にまとめた、実務に使える一冊。

清香 著　6709-0　2020/9発売　A5判並製 248頁 2,970円

が書いた　介護「人財」の採用・育成・定着のための職場作り
ーコンサルティング支援の実践ー

事業に強みを持つ社労士が、事業所の抱える問題点のチェック方法、が必要な制度設計、企業風土醸成の方法を示し、問題点を解決。

正人 著　6735-9　2020/9発売　A5判並製 192頁 2,530円

忖度と国際化時代の粉飾

井端 和男 著

業績第一主義の経営者に対する忖度によって粉飾が発生するケースや、国際化に伴う海外子会社での事例を紹介。発見のための分析法も詳解。

6752-6　2020/10発売　A5判並製 256頁 3,190円

ウェルス・マネジメントの法務・税務

小山　浩・飯島 隆博・間所 光洋 著

富裕層ニーズの把握のための分析手法から、資産の運用・管理・保全・承継の実務、プラン実行後の対応までを丁寧に解説する。

6695-6　2020/11発売　A5判並製 544頁 4,620円

月刊　［毎月10日発売］
税経通信
情報を読み解くための多様な視座を提供する

1946年創刊。旬な問題を的確に捉え、各分野の専門家による税務実務と税務会計戦略の解説を掲載する専門雑誌。

標準定価　2,970円

年間購読料 36,000円（臨時号も付いてお得）

※　デジタル版も好評配信中（kindle, 他）

〒161-0033　東京都新宿区下落合2-5-13　http://www.zeikei.co.jp
TEL 03-3953-3325 ／ FAX 03-3565-3391

採択されやすい事業計画書が書ける！

中小企業・支援者のための　ものづくり補助金申請ガイドブック

事業計画書記載のコツなど採択されるためのノウハウを大公開。申請準備～採択後の事業化段階まで網羅。令和２年度改正対応版！

大西 俊太 著　6714-4　2020/8発売　A5判並製 200頁 2,640円

税理士が提案できる家族信託

－検討・設計・運営の基礎実務－

税理士実務の目線で、家族信託の検討・設計・運営の進め方を解説。相続のプラン提案の幅を広げる。　6692-5

成田 一正・石脇 俊司 著　2020/6発売　A5判並製 168頁 2,530円

税理士のための

財産の洗い出しに係る相続人へのヒアリング

相続案件において難易度の高い相続財産の洗い出しにつき、相続人のタイプ、財産の種類別にヒアリングの手法等を解説。

後藤 勇輝 著　6723-6　2020/8発売　A5判並製 152頁 2,420円

税理士のための

個人事業者・フリーランスの税務調査　－実例＆対応ガイド－

個人事業者・フリーランスの税務調査全体の流れと、著者の実際の経験を基にした調査官が重点的にみるポイントと対応について解説。

内田　敦 著　6673-4　2020/2発売　四六判並製 176頁 1,870円

調査の現場から見た

国際資産課税の実務

海外資産と国際相続の課税実務をリアルな税務調査の目線から国際税務の最前線にいた元国税調査官が解説。

安永 淳晴 著　6742-7　2020/9発売　A5判並製 202頁 2,420円

グループ・ガバナンスの実践と強化

グループ・ガバナンス実践に向けて実務指針を読み解きながら有効に進めるための実務書。具体的な推進方法についてケースを交え解説。

山田 英司 著　6661-1　2020/3発売　A5判並製 244頁 3,080円

会計基準の考え方〔改訂版〕

～学生と語る23日～

会計基準の重要なテーマを教授と学生の対話形式で解説。名的や問題点を詳らかにし、基準の全体像の把握に役立つ。

西川 郁生 著　6730-4　2020/6発売　A5判並製

メガEPA時代の貿易と関税の基礎知識

貿易実務、わが国の関税、EPAの原産地基準の基礎を解説した書。貿易業の従事者、税理士などの士業での知識を必要とする者に最適。

片山 立志 著　6745-8　2020/10発売　A5判並製 308頁 3,740円

キャリアアップを目指す人のための

「経理・財務」実務マニュアル〔新版〕

経理業務の教科書的な内容。「業務の流れ」、「会計上のポイ
上のポイント」、「内部統制上のポイント」の４つの視点から
財務スキルスタンダードに完全準拠。

石田　正 監修／青山隆治・馬場一徳・奥秋慎祐　著

上巻：6588-1　2018/12発売　A5判並製 38
下巻：6589-8　2018/12発売　A5判並製 38

エッセンスを翻訳した

英語版『Introduction to Japanese "Accounting and Finan
6503-4　2017/12発売　A5判並製 14

中国語版『会计师以及首席财务官的综合手册』
6658-1　2020/2発売　A5判並製 14

おすす

行政
開業
開業2
ないた
竹内

事業
事業
を整
玄場

試験
キャ
非正
に必
石井

社労

介護
整備
林

⑤　預　り　金

源泉所得税，社会保険料等の預り金を計上します。

2　固定負債

①　長期借入金

返済期限が事業年度末から1年を超える借入金です。

②　退職給付引当金

退職給付見込額の期末残高です。

Ⅲ　正味財産の部

1　前期繰越正味財産

前事業年度から繰り越された期首の正味財産額です。前事業年度の貸借対照表の「正味財産合計」と一致します。

2　当期正味財産増減額

当期に増加した正味財産額です。活動計算書の「当期正味財産増減額」と一致します。

3　正味財産合計

期首の正味財産額に当期増加額を加えた期末の正味財産額です。活動計算書の「次期繰越正味財産額」と一致します。

5　一般正味財産と指定正味財産の区分

Ⅰ　特別な区分

NPO法人の貸借対照表や活動計算書において，「正味財産」は区分しないで表示し処理するのが一般的ですが，特別に正味財産を「一般正味財産」と「指定正味財産」に区分して表示する場合があります。次に示す「使途等に制約がある寄附金等」や，「対象事業や実施期間が定められている補助金，助成金等」については，このような特別な区分による表示や処理が望ましいとされています。

Ⅱ　使途等に制約がある寄附金等

たとえば，使途等に制約がある寄附金で重要性が高いと判断されるものを受けた場合には，「活動計算書」の，通常の「一般正味財産増減の部」で受けるのではなく，特別の「指定正味財産増減の部」の「受取寄附金」に計上した上で，「貸借対照表」においては「正味財産の部」の「一般正味財産」とは異なる「指定正味財産」の区分に表示します。

そして，これを使用した場合には，その使用した額を「活動計算書」の「指定正味財産増減の部」の「一般正味財産への振替額」に計上して，指定正味財産から控除するとともに，「一般正味財産増減の部」の「受取寄附金振替額」に収益として計上します。

このような寄附金の例としては，次のようなものがあげられます。

⑴　使途が災害の支援に限定され，何年かにまたがって使用する寄附金

⑵　奨学金給付事業のための財産で，元本を維持してその利息等を給付に充てたり，漸次取崩して給付に充てることを指定された寄附金

活動計算書

科　　　　目	金　　　　額		
（一般正味財産増減の部）			
Ⅰ　経常収益			
1　受取寄附金			
受取寄附金振替額	7,000,000		
…………			
Ⅱ　経常費用			
1　事業費			
…………			
（指定正味財産増減の部）			
受取寄附金	15,000,000		
…………			
一般正味財産への振替額	△7,000,000		

貸借対照表

科　　　　目	金　　　　額		
Ⅰ　資産の部			
1　流動資産			
…………			
Ⅱ　負債の部			
…………			
Ⅲ　正味財産の部			
1　指定正味財産			
指定正味財産合計		8,000,000	
2　一般正味財産			
一般正味財産合計			

Ⅲ　対象事業や実施期間が定められている補助金，助成金等

対象事業や実施期間が定められている補助金，助成金等で重要性が高いと判断されるものを受けた場合にも，「活動計算書」の，通常の「一般正味財産増減の部」で受けるのではなく，特別の「指定正味財産増減の部」の「受取補助金」に計上した上で，「貸借対照表」においては「正味財産の部」の「一般正味財産」とは異なる「指定正味財産」の区分に表示します。

そして，これを使用した場合には，その使用した額を「活動計算書」の「指定正味財産増減の部」の「一般正味財産への振替額」に計上して，指定正味財産から控除するとともに，「一般正味財産増減の部」の「受取補助金振替額」に収益として計上します。

活 動 計 算 書

科　　　目	金　　　額		
（一般正味財産増減の部）			
Ⅰ　経 常 収 益			
3　受取補助金等			
受取補助金等振替額	24,000,000		
…………			
Ⅱ　経 常 費 用			
1　事　業　費			
…………			
（指定正味財産増減の部）			
受取補助金	30,000,000		
…………			
一般正味財産への振替額	△24,000,000		

貸 借 対 照 表

科　　　目	金　　　額		
Ⅰ　資 産 の 部			
1　流 動 資 産			
…………			
Ⅱ　負 債 の 部			
…………			
Ⅲ　正味財産の部			
1　指定正味財産			
指定正味財産合計		6,000,000	
2　一般正味財産			
一般正味財産合計			

6　計算書類の注記

Ⅰ　注記事項の構成と様式

注記事項を記載した注記表は，計算書類（①活動計算書，②貸借対照表）の後ろに配置します。注記事項は，大きく法人の採用する会計方針と計算書類の補足情報から成っています。

令和　　年度　計算書類の注記

特定非営利活動法人

１．重要な会計方針
計算書類の作成は，××××××によっています。

(1)　棚卸資産の評価基準及び評価方法

(2)　固定資産の減価償却の方法

(3)　引当金の計上基準
・退職給付引当金

・×××引当金

(4)　施設の提供等の物的サービスを受けた場合の会計処理

(5)　消費税等の会計処理

2．事業別損益の状況

（単位：円）

科　　　目	事業	事業	事業	事業	事業部門計	管理部門	合　計
Ⅰ　経常収益							
1　受取会費							
2　受取寄附金							
3　受取助成金等							
4　事業収益							
5　その他収益							
経常収益計							
Ⅱ　経常費用							
(1)　人件費							
給料手当							
退職給付費用							
福利厚生費							
…………							
人件費計							
(2)　その他経費							
会議費							
旅費交通費							
施設等評価費用							
減価償却費							
印刷製本費							
…………							
その他経費計							
経常費用計							
当期経常増減額							

3．施設の提供等の物的サービスの受入の内訳

（単位：円）

内　　容	金　　額	算　定　方　法

4．使途等が制約された寄附金等の内訳

使途等が制約された寄附金等の内訳（正味財産の増減及び残高の状況）は以下の通りです。

当法人の正味財産は○○○円ですが，そのうち○○○円は，下記のように使途が特定されています。

したがって使途が制約されていない正味財産は○○○円です。

内　　容	期首残高	当　期 増加額	当　期 減少額	期末残高	備　　考
合　　計					

５．固定資産の増減内訳

（単位：円）

科　　目	期　　首 取得価額	取　　得	減　　少	期　　末 取得価額	減価償却 累 計 額	期　　末 帳簿価額
有形固定資産						
車両運搬具						
什器備品						
………						
無形固定資産						
………						
投資その他の資産						
敷　　金						
………						
合　　計						

６．借入金の増減内訳

（単位：円）

科　　目	期首残高	当期借入	当期返済	期末残高
合　　計				

７．役員及びその近親者との取引の内容

役員及びその近親者との取引は以下のとおりです。

（単位：円）

科　　目	計算書類に計上された金額	内役員及び近親者との取引
（活動計算書）		
活動計算書計		
（貸借対照表）		
貸借対照表計		

8．その他特定非営利活動法人の資産，負債及び正味財産の状態並びに正味財産の増減の状況を明らかにするために必要な事項

・事業費と管理費の按分方法

・その他の事業に係る資産の状況

Ⅱ　注記すべき事項

計算書類の注記は計算書類と一体であるとされる重要なものであるため，以下の項目については，該当する場合には注記することが必要とされています。

1　重要な会計方針

法人の重要な会計方針を記載します。ここでいう重要な会計方針には次のものがあります。

①　適用した会計基準

NPO法人が準拠すべき会計基準には，公益法人会計基準やNPO法人会計基準，社会福祉法人会計基準などがあります。NPO法人会計基準による場合には，次のように記載します。

例示

計算書類の作成は，NPO法人会計基準（2010年７月20日　2011年11月20日一部改正　NPO法人会計基準協議会）によっています。

②　資産の評価基準及び評価方法

ここには，「棚卸資産の評価基準及び評価方法」や「有価証券の評価方法及び評価基準」を記載します。

例示

棚卸資産の評価基準及び評価方法：最終仕入原価法に基づく低価法を採用しています。

有価証券の評価基準及び評価方法：満期保有目的の債券につき償却原価法を採用しています。

③　固定資産の減価償却の方法

有形固定資産，無形固定資産，リース資産の減価償却方法を記載します。

例示

車両及び什器備品：定額法により償却しています。

④　引当金の計上基準

貸倒引当金，退職給付引当金，賞与引当金などの計上基準を記載します。

例示

退職給付引当金：期末退職給与の自己都合要支給額に相当する金額を計上しています。

⑤　施設の提供等の物的サービスを受けた場合の会計処理方法

例示

施設の提供等の物的サービスの受入れは，活動計算書に計上しています。また，計上額の算定方法は「４．施設の提供等の物的サービスの受入の内訳」に記載しています。

⑥　ボランティアによる役務の提供を受けた場合の会計処理

例示

ボランティアによる役務の提供は，「5．活動の原価の算定にあたって必要なボランティアによる役務の提供の内訳」として注記しています。

⑦　消費税等の会計処理

消費税等（消費税及び地方消費税）の会計処理を記載します。

例示

消費税等の会計処理は，税込方式によっています。

2　会計方針の変更

重要な会計方針を変更したときは，その旨，変更の理由及び当該変更による影響額を記載します。

3　事業別損益の状況

複数の事業を実施するときは，事業別損益の状況を記載します。経常収益を省略して，事業費のみの内訳を記載することもできます。また，事業を区分していない法人にあっては，記載を省略することもできるとされています。

4　施設の提供等の物的サービスの受入の内訳

施設の提供等の物的サービスを受けたことを計算書類に記載する場合には，受け入れたサービスの明細及び算定方法を記載します。特に活動規模が大きいなどの社会的責任の大きい法人等においては，算定根拠が明らかになるよう詳細な記載が求められます。

例示

（単位：円）

内　　　容	金　　額	算　定　方　法
○○ホールの無償利用	×××	○○ホール使用料金表によっています。

※　この例示は，金額が合理的な算定方法というだけでなく，客観的な算定方法という要件も満たすので，活動計算書に計上することができることとなります。

５　活動の原価の算定にあたって必要なボランティアによる役務の提供の内訳

ボランティアとして，活動に必要な役務の提供を受けたことを計算書類に記載する場合には，受け入れたボランティアの明細及び算定方法を記載します。特に活動規模が大きいなどの社会的責任の大きい法人等においては，算定根拠が明らかになるよう詳細な記載が求められます。

例示

（単位：円）

内　　　容	金　　額	算　定　方　法
○○事業指導員 △名×△日間	×××	単価は××地区の最低賃金によって算定しています。

※　この例示は，金額の算定は合理的ですが，客観的な算定方法という要件を欠きますので，活動計算書に計上することができず，注記のみとなります。

６　使途等が制約された寄附金等の内訳

使途等が制約された寄附金や補助金の内訳について記載します。活動規模が大きいなどの社会的責任の大きい法人等においては，その内容，正味財産に含まれる期首残高，当期増加額，当期減少額，正味財産に含まれる期末残高等を明確に記載します。

例示

使途等が制約された寄附金等の内訳（正味財産の増減及び残高の状況）は以下のとおりです。当法人の正味財産は，×××円ですが，そのうち×××円は，下記のように使途が特定されています。したがって使途が制約されていない正味財産は×××円です。

（単位：円）

内　　容	期首残高	当　期 増加額	当　期 減少額	期末残高	備　　考
○○地震被災者 支援事業	×××	×××	×××	×××	翌期に使用予定の支援用資金
××財団助成 △△事業	×××	×××	×××	×××	助成金の総額は××円です。活動計算書に計上した額××円との差額××円は前受助成金として貸借対照表に負債計上しています。
合　　計	×××	×××	×××	××	

※　対象事業及び実施期間が定められ，未使用額の返還義務が規定されている助成金・補助金を前受経理した場合，「当期増加額」には，活動計算書に計上した金額を記載します。助成金・補助金の総額は「備考欄」に記載します。

7　固定資産の増減内訳

有形固定資産，無形固定資産，投資その他の資産の増減内訳を記載します。

例示

（単位：円）

科　　目	期　　首 取得価額	取　　得	減　　少	期　　末 取得価額	減価償却 累計額	期　　末 帳簿価額
有形固定資産						
什器備品	×××	×××	×××	×××	△×××	×××
………	×××	×××	×××	×××	△×××	×××
無形固定資産						
………	×××	×××	×××	×××	△×××	×××
投資その他の資産						
………	×××	×××	×××	×××	△×××	×××
合　　計	×××	×××	×××	×××	×××	×××

８　借入金の増減内訳

借入金の増減内訳を記載します。

例示

（単位：円）

科　　目	期首残高	当期借入	当期返済	期末残高
長期借入金	×××	×××	×××	×××
役員借入金	×××	×××	×××	×××
合　　計	×××	×××	×××	×××

９　役員及びその近親者との取引の内容

法人と役員及びその近親者との取引の内容を記載します。活動規模が大きいなどの社会的責任の大きい法人等においては，その取引金額を確実に注記する必要があります。なお，取引の相手方との関係，取引内容，取引条件等についての記載は，法人の任意とされています。

役員及びその近親者は，以下のいずれかに該当する者をいいます。

ａ．役員及びその近親者（２親等内の親族）

ｂ．役員及びその近親者が支配している法人

なお，役員に対する報酬，賞与及び退職慰労金の支払並びにこれらに準ずる取引の注記は法人の任意とします。

例示

（単位：円）

科　　目	計算書類に計上された金額	内役員及び近親者との取引
（活動計算書）		
受託寄附金	×××	×××
委　託　料	×××	×××
活動計算書計	×××	×××
（貸借対照表）		
未　払　金	×××	×××
役員借入金	×××	×××
貸借対照表計	×××	×××

10　その他特定非営利活動法人の資産，負債及び正味財産の状態並びに正味財産の増減の状況を明らかにするために必要な事項

たとえば，以下のような事項のうち重要性が高いと判断されるものがあれば，それを注記するとされています。

例示

・　現物寄附の評価方法

現物寄附を受けた固定資産の評価方法は，固定資産税評価額によっています。

・　事業費と管理費の按分方法

各事業の経費及び事業費と管理費に共通する経費のうち，給料手当及び旅費交通費については従事割合に基づき按分しています。

・重要な後発事象

平成××年×月×日，○○事務所が火災により焼失したことによる損害額は××円，保険の契約金額は××円です。

※　後発事象とは，貸借対照表日後に発生した事象で，次年度以降の財産又は損益に影響を及ぼすものをいいます。

・　その他の事業に固有の資産を保有する場合はその資産の状況及び事業間で共通的な資産

その他の事業に係る資産の残高は，土地・建物が××円，棚卸資産が××円です。

特定非営利活動に係る事業，その他の事業に共通で使用している重要な資産は，土地・建物が××円です。

7 財　産　目　録

Ⅰ　財産目録の構成と様式

財産目録は資産の部と負債の部から構成され，貸借対照表と全く同じ金額が記載されます。

令和　　年度　財産目録

令和　　年　　月　　日現在

特定非営利活動法人

（単位：円）

科　　目	金　　額		
Ⅰ　資 産 の 部			
1　流 動 資 産			
現 金 預 金			
手 元 現 金			
銀行普通預金			
未　収　金			
事業未収金			
…………			
流動資産合計			
2　固 定 資 産			
(1)　有形固定資産			
車両運搬具			
什 器 備 品			
パソコン１台			
…………			
…………			
有形固定資産計			
(2)　無形固定資産			
…………			
無形固定資産計			
(3)　投資その他の資産			
敷　　金			
…………			
投資その他の資産計			
固定資産合計			
資 産 合 計			

Ⅱ 負債の部			
1 流動負債			
未払金			
事務用品購入代			
…………			
…………			
流動負債合計			
2 固定負債			
長期借入金			
銀行借入金			
…………			
…………			
固定負債合計			
負債合計			
正味財産			

Ⅱ 財産目録の記載事項

財産目録は貸借対照表を補完する書類として，資産・負債の所在や数量を記載することとされています。しかし，法律に基づいて外部公表される書類であるため，預金についての金融機関の口座番号や借入金の相手方の個人名など個人の特定につながる情報の記載までは不要とされています。

また，金銭評価ができない歴史的資料のような資産については，金額の代わりに「評価せず」として表示することができます。

8 活動予算書

Ⅰ 活動予算書の構成と様式

活動予算書の構成と様式は，活動計算書と同じです。

その他の事業がない場合

令和　　年　活動予算書

令和　　年　　月　　日から令和　　年　　月　　日まで

特定非営利活動法人

(単位：円)

科　　目	金　　額		
Ⅰ　経 常 収 益			
1　受 取 会 費			
正会員受取会費			
賛助会員受取会費			
…………			
2　受取寄附金			
受取寄附金			
施設等受入評価益			
…………			
3　受取助成金等			
受取補助金			
…………			
4　事 業 収 益			
事業収益			
5　その他収益			
受 取 利 息			
…………			
経常収益計			
Ⅱ　経 常 費 用			
1　事　業　費			
(1)　人　件　費			
給 料 手 当			
退職給付費用			
福利厚生費			
…………			
人 件 費 計			
(2)　その他経費			
会　議　費			
旅費交通費			
施設等評価費用			
減価償却費			
印刷製本費			
…………			
その他経費計			
事 業 費 計			

2　管　理　費			
(1)　人　件　費			
役員報酬			
給料手当			
退職給付費用			
福利厚生費			
…………			
人件費計			
(2)　その他経費			
消耗品費			
水道光熱費			
通信運搬費			
地代家賃			
旅費交通費			
減価償却費			
…………			
その他経費計			
管理費計			
経常費用計			
当期経常増減額			
Ⅲ　経常外収益			
経常外収益計			
Ⅳ　経常外費用			
経常外費用計			
税引前当期正味財産増減額			
法人税，住民税及び事業税			
前期繰越正味財産額			
次期繰越正味財産額			

その他の事業がある場合

令和　　年　活動予算書

令和　　年　　月　　日から令和　　年　　月　　日まで

特定非営利活動法人

(単位：円)

科　　　目	特定非営利活動に係る事業	その他の事業	合　　計
Ⅰ　経常収益			
1　受取会費			
正会員受取会費			
賛助会員受取会費			
…………			
2　受取寄附金			
受取寄附金			
施設等受入評価益			
…………			
3　受取助成金等			
受取補助金			
…………			
4　事業収益			
事業収益			
5　その他収益			
受取利息			
…………			
経常収益計			
Ⅱ　経常費用			
1　事業費			
(1)　人件費			
給料手当			
退職給付費用			
福利厚生費			
…………			
人件費計			
(2)　その他経費			
会議費			
旅費交通費			
施設等評価費用			
減価償却費			
印刷製本費			
…………			
その他経費計			
事業費計			

2 管理費			
(1) 人件費			
役員報酬			
給料手当			
退職給付費用			
福利厚生費			
…………			
人件費計			
(2) その他経費			
消耗品費			
水道光熱費			
通信運搬費			
地代家賃			
旅費交通費			
減価償却費			
…………			
その他経費計			
管理費計			
経常費用計			
当期経常増減額			
Ⅲ 経常外収益			
経常外収益計			
Ⅳ 経常外費用			
経常外費用計			
経理区分振替額			
税引前当期正味財産増減額			
法人税，住民税及び事業税			
前期繰越正味財産額			
次期繰越正味財産額			

Ⅱ　活動予算書の提出

NPO法人の計算書類である活動計算書の予算版である活動予算書は，法人の設立申請，定款変更申請時などに提出する必要があります。その表示方法や考え方については，活動計算書と基本的に同様とされています。

なお，予算上固定資産の取得や借入金の返済等の資金の増減を表現したい場合には，計算書類の注記における「固定資産の増減内訳」及び「借入金の増減内訳」の注記に準じて表示することが考えられます。

9　会計処理等の変更の経過措置

平成24年度の特定非営利活動促進法の改正に伴い，これまでの収支計算書を中心とする会計から，これからの活動計算書を中心とする会計へと，会計処理等を変更するにあたっての経過措置については，以下のとおりとなっています。

Ⅰ　過年度分の減価償却費

1　原則的方法

減価償却を行っていないNPO法人においては，原則として適用初年度に過年度分の減価償却費を計上します。この場合，過年度の減価償却費については，活動計算書の経常外費用に「過年度損益修正損」として表示します。ただし，「過年度損益修正損」に該当する費用が減価償却費だけである場合は，「過年度減価償却費」として表示することもできることとなっています。

2　簡便的取扱い

過年度分の減価償却費を一括して計上せず，適用初年度の期首の帳簿価額を取得価額とみなし，その適用初年度を減価償却の初年度として，以後継続的に減価償却することも認められます。なお，この場合に適用する耐用年数は，新規に取得した場合の耐用年数から経過年数を控除した年数とし，その旨を重要な会計方針として注記します。

また，購入時に費用処理し，資産に計上していないものについては，過年度分に関しては考慮せずに，適用初年度に購入したものから資産計上することとなります。

Ⅱ　退職給付会計の導入に伴う会計基準変更時差異

NPO法人のなかで職員に対する退職給付規定があり，退職給付が行われている法人は，退職給付会計の適用対象となりえます。しかし，退職給付会計については，退職給付会計基準に基づく会計処理が複雑な上に，大きな債務を計上することになりますから，すべてのNPO法人に導入を求められているものではありません。

ただし，この機会に退職給付会計を新たに導入しようとする法人における会計基準変更時差異については，適用初年度から15年以内の一定の年数にわたり定額法により費用処理すべきこととされています。この処理は，退職給付会計の導入時に一括して経常外費用の過年度損益修正額として計上することも含まれます。なお，既に退職給付会計の導入が行われているNPO法人においては，従前の費用処理方法により引き続き行います。

Ⅲ　過年度分の収支計算書の修正

これまでの収支計算書から活動計算書に変更することについて，継続性の原則からみた場合に問題にならないかどうかですが，この変更は平成24年度の制度改正に基づくものであり，継続性の原則に反するものではないため，表示方法の変更等について遡って修正を行う必要はないとされています。

Ⅳ　正味財産の区分

平成24年度の特定非営利活動促進法の改正に伴う会計処理等の変更によって，正味財産を「一般正味財産」と「指定正味財産」に区分して表示する必要が生じた場合であっても，適用初年度以降区分することとし，遡って修正を行う必要はないとされています。

Ⅴ　適用初年度における「前期繰越正味財産額」

平成24年度の特定非営利活動促進法の改正に伴い，会計処理等を変更した初年度における活動計算書上の「前期繰越正味財産額」には，前事業年度の貸借対照表における「正味財産合計」を記載することとされています。

Ⅵ　収支予算書及び収支計算書の経過措置

収支計算書から活動計算書への変更は，原則として平成24年４月１日以後開始した事業年度から実施されるものですが，これについては経過措置が設けられています。平成24年度に改正された特定非営利活動促進法の附則で，当分の間，活動予算書，活動計算書に代えて従来の収支予算書，収支計算書を作成，提出することが認められています。このため，当分の間は，これまでのNPO法人の会計処理によって，収支予算書，収支計算書の提出が認められています。

10　計算書類等の記載例

Ⅰ　特定非営利活動に係る事業のみの場合

活動計算書

令和××年×月××日から令和××年×月××日まで

特定非営利活動法人　　　　　　　　　　　　　　　　　　　　　　　　（単位：円）

科　　　目	金		額
Ⅰ　経常収益			
1　受取会費			
正会員受取会費	5,000,000		
賛助会員受取会費	600,000	5,600,000	
2　受取寄附金			
受取寄附金	1,000,000		
施設等受入評価益	200,000	1,200,000	
3　事業収益			
○○普及啓発事業収益	21,000,000		
○○調査・研究事業収益	3,800,000		
受託事業収益	18,000,000	42,800,000	
4　その他収益			
受取利息	50,000		
雑収入	300,000	350,000	
経常収益計			49,950,000
Ⅱ　経常費用			
1　事業費			
(1)　人件費			
給料手当	12,500,000		
臨時雇賃金	2,000,000		
法定福利費	1,460,000		
福利厚生費	550,000		
人件費計	16,510,000		
(2)　その他経費			
業務委託費	3,000,000		
諸謝金	820,000		
印刷製本費	6,750,000		
会議費	670,000		
旅費交通費	4,850,000		
通信運搬費	2,620,000		

消 耗 品 費	2,270,000		
修　繕　費	240,000		
水道光熱費	1,056,000		
地 代 家 賃	1,100,000		
賃　借　料	290,000		
施設等評価費用	200,000		
減価償却費	550,000		
雑　　　費	300,000		
その他経費計	24,716,000		
事 業 費 計		41,226,000	
2　管　理　費			
(1)　人　件　費			
役 員 報 酬	1,000,000		
人 件 費 計	1,000,000		
(2)　その他経費			
旅費交通費	200,000		
通信運搬費	400,000		
水道光熱費	480,000		
地 代 家 賃	500,000		
減価償却費	250,000		
諸　会　費	250,000		
租 税 公 課	150,000		
支払手数料	600,000		
雑　　　費	200,000		
その他経費計	3,030,000		
管 理 費 計		4,030,000	
経常費用計			45,256,000
当期正味財産増減額			4,694,000
前期繰越正味財産額			3,000,000
次期繰越正味財産額			7,694,000

貸借対照表

令和××年×月××日現在

特定非営利活動法人　　　　　　　　　　　　　　　　　　　(単位：円)

科目	金額		
Ⅰ　資産の部			
1　流動資産			
現金預金	4,334,000		
流動資産合計		4,334,000	
2　固定資産			
⑴　有形固定資産			
車両運搬具	1,500,000		
什器備品	1,600,000		
有形固定資産合計	3,100,000		
⑵　無形固定資産			
ソフトウェア	510,000		
無形固定資産合計	510,000		
⑶　投資その他の資産			
敷金	600,000		
投資その他の資産合計	600,000		
固定資産合計		4,210,000	
資産合計			8,544,000
Ⅱ　負債の部			
1　流動負債			
未払金	350,000		
預り金	500,000		
流動負債合計		850,000	
負債合計			850,000
Ⅲ　正味財産の部			
前期繰越正味財産		3,000,000	
当期正味財産増減額		4,694,000	
正味財産合計			7,694,000
負債及び正味財産合計			8,544,000

計算書類の注記

１．重要な会計方針

計算書類の作成は，NPO法人会計基準（2010年７月20日　2011年11月20日一部改正　NPO法人会計基準協議会）によっています。

(1)　固定資産の減価償却の方法

法人税法の規定に基づいて，有形固定資産は定率法で，無形固定資産は定額法で償却をしています。

(2)　施設の提供等の物的サービスを受けた場合の会計処理

施設の提供等の物的サービスの受入れは，活動計算書に計上しています。

また，計上額の算定方法は，「３．施設の提供等の物的サービスの受入の内訳」に記載しています。

(3)　消費税等の会計処理

消費税等の会計処理は，税込方式によっています。

２．事業費の内訳

（単位：円）

科　　　目	○○普及啓発事業費	○○調査・研究事業費	受託事業費	合　　計
(1)　人件費				
給料手当	6,500,000	1,000,000	5,000,000	12,500,000
臨時雇賃金	2,000,000	0	0	2,000,000
法定福利費	730,000	80,000	650,000	1,460,000
福利厚生費	250,000	50,000	250,000	550,000
人件費計	9,480,000	1,130,000	5,900,000	16,510,000
(2)　その他経費				
業務委託費	0	0	3,000,000	3,000,000
諸謝金	820,000	0	0	820,000
印刷製本費	3,050,000	1,600,000	2,100,000	6,750,000
会議費	360,000	60,000	250,000	670,000
旅費交通費	2,600,000	550,000	1,700,000	4,850,000
通信運搬費	1,400,000	280,000	940,000	2,620,000
消耗品費	1,150,000	270,000	850,000	2,270,000
修繕費	240,000	0	0	240,000
水道光熱費	480,000	96,000	480,000	1,056,000
地代家賃	500,000	100,000	500,000	1,100,000
賃借料	290,000	0	0	290,000
施設等評価費用	200,000	0	0	200,000
減価償却費	250,000	50,000	250,000	550,000
雑費	0	0	300,000	300,000
その他経費計	11,340,000	3,006,000	10,370,000	24,716,000
事業費計	20,820,000	4,136,000	16,270,000	41,226,000

3．施設の提供等の物的サービスの受入の内訳

（単位：円）

内　　容	金　額	算　定　方　法
××会議室の無償利用	200,000	××会議室使用料金表によっています。

4．固定資産の増減内訳

（単位：円）

科　　目	期　首 取得価額	取　得	減　少	期　末 取得価額	減価償却 累計額	期　末 帳簿価額
有形固定資産						
車両運搬具	2,000,000	0	0	2,000,000	500,000	1,500,000
什器備品	500,000	1,800,000	0	2,300,000	700,000	1,600,000
無形固定資産						
ソフトウェア	0	610,000	0	610,000	100,000	510,000
投資その他の資産						
敷　金	600,000	0	0	600,000	0	600,000
合　計	3,100,000	2,410,000	0	5,510,000	1,300,000	4,210,000

財　産　目　録

令和××年×月××日現在

特定非営利活動法人　　　　　　　　　　　　　　　　(単位：円)

科目	金額		
Ⅰ　資産の部			
1　流動資産			
現金預金			
手許現金	164,000		
○○銀行	4,170,000		
流動資産合計		4,334,000	
2　固定資産			
(1)　有形固定資産			
車両運搬具			
乗用車　1台	1,500,000		
什器備品			
パソコン1台	1,000,000		
書棚　2台	600,000		
(2)　無形固定資産			
ソフトウェア			
パソコンソフト	510,000		
(3)　投資その他の資産			
敷金			
事務所敷金	600,000		
固定資産合計		4,210,000	
資産合計			8,544,000
Ⅱ　負債の部			
1　流動負債			
未払金			
○月分給料	350,000		
預り金			
源泉所得税	500,000		
流動負債合計		850,000	
負債合計			850,000
正味財産			7,694,000

Ⅱ　その他の事業がある場合

活動計算書

令和××年×月××日から令和××年×月××日まで

特定非営利活動法人　　　　　　　　　　(単位：円)

科　　　　目	特定非営利活動に係る事業	その他の事業	合　　計
Ⅰ　経常収益			
1　受取会費			
正会員受取会費	5,000,000		5,000,000
賛助会員受取会費	600,000		600,000
2　受取寄附金			
受取寄附金	1,000,000		1,000,000
施設等受入評価益	200,000		200,000
3　事業収益			
○○普及啓発事業収益	21,000,000		21,000,000
○○調査・研究事業収益	3,800,000		3,800,000
受託事業収益	18,000,000		18,000,000
出版事業収益		1,000,000	1,000,000
4　その他収益			
受取利息	50,000		50,000
雑収入	300,000		300,000
経常収益計	49,950,000	1,000,000	50,950,000
Ⅱ　経常費用			
1　事業費			
⑴　人件費			
給料手当	12,500,000	300,000	12,800,000
臨時雇賃金	2,000,000		2,000,000
法定福利費	1,460,000	40,000	1,500,000
福利厚生費	550,000		550,000
人件費計	16,510,000	340,000	16,850,000
⑵　その他経費			
業務委託費	3,000,000		3,000,000
諸謝金	820,000		820,000
印刷製本費	6,750,000		6,750,000
会議費	670,000		670,000
旅費交通費	4,850,000		4,850,000
通信運搬費	2,620,000	50,000	2,670,000
消耗品費	2,270,000	200,000	2,470,000
修繕費	240,000		240,000

水道光熱費	1,056,000		1,056,000
地代家賃	1,100,000		1,100,000
賃借料	290,000		290,000
施設等評価費用	200,000		200,000
減価償却費	550,000		550,000
雑費	300,000		300,000
その他経費計	24,716,000	250,000	24,966,000
事業費計	41,226,000	590,000	41,816,000
2　管理費			
(1)　人件費			
役員報酬	1,000,000		1,000,000
人件費計	1,000,000	0	
(2)　その他経費			
旅費交通費	200,000		200,000
通信運搬費	400,000		400,000
水道光熱費	480,000		480,000
地代家賃	500,000		500,000
減価償却費	250,000		250,000
諸会費	250,000		250,000
租税公課	150,000		150,000
支払手数料	600,000		600,000
雑費	200,000		200,000
その他経費計	3,030,000	0	3,030,000
管理費計	4,030,000	0	4,030,000
経常費用計	45,256,000	590,000	45,846,000
当期経常増減額	4,694,000	410,000	5,104,000
Ⅲ　経常外収益			
経常外収益計	0	0	0
Ⅳ　経常外費用			
経常外費用計	0	0	0
経理区分振替額	410,000	△410,000	0
当期正味財産増減額	5,104,000	0	5,104,000
前期繰越正味財産額	3,000,000	0	3,000,000
次期繰越正味財産額	8,104,000	0	8,104,000

貸借対照表

令和××年×月××日現在

特定非営利活動法人　　　　　　　　　　　　　　　　　　　　(単位：円)

科　　目	金　　額		
Ⅰ　資産の部			
1　流動資産			
現金預金	4,744,000		
流動資産合計		4,744,000	
2　固定資産			
⑴　有形固定資産			
車両運搬具	1,500,000		
什器備品	1,600,000		
有形固定資産合計	3,100,000		
⑵　無形固定資産			
ソフトウェア	510,000		
無形固定資産合計	510,000		
⑶　投資その他の資産			
敷　　金	600,000		
投資その他の資産合計	600,000		
固定資産合計		4,210,000	
資産合計			8,954,000
Ⅱ　負債の部			
1　流動負債			
未払金	350,000		
預り金	500,000		
流動負債合計		850,000	
負債合計			850,000
Ⅲ　正味財産の部			
前期繰越正味財産		3,000,000	
当期正味財産増減額		5,104,000	
正味財産合計			8,104,000
負債及び正味財産合計			8,954,000

計算書類の注記

１．重要な会計方針

計算書類の作成は，NPO法人会計基準（2010年７月20日　2011年11月20日一部改正　NPO法人会計基準協議会）によっています。

(1)　固定資産の減価償却の方法

法人税法の規定に基づいて，有形固定資産は定率法で，無形固定資産は定額法で償却をしています。

(2)　施設の提供等の物的サービスを受けた場合の会計処理

施設の提供等の物的サービスの受入れは，活動計算書に計上しています。

また，計上額の算定方法は，「３．施設の提供等の物的サービスの受入の内訳」に記載しています。

(3)　消費税等の会計処理

消費税等の会計処理は，税込方式によっています。

２．事業費の内訳

（単位：円）

科　　目	特定非営利活動に係る事業			その他の事業	合　計
	○○普及啓発事業費	○○調査・研究事業費	受託事業費	出版事業費	
(1)　人件費					
給料手当	6,500,000	1,000,000	5,000,000	300,000	12,800,000
臨時雇賃金	2,000,000	0	0	0	2,000,000
法定福利費	730,000	80,000	650,000	40,000	1,500,000
福利厚生費	250,000	50,000	250,000	0	550,000
人件費計	9,480,000	1,130,000	5,900,000	340,000	16,850,000
(2)　その他経費					
業務委託費	0	0	3,000,000	0	3,000,000
諸謝金	820,000	0	0	0	820,000
印刷製本費	3,050,000	1,600,000	2,100,000	0	6,750,000
会議費	360,000	60,000	250,000	0	670,000
旅費交通費	2,600,000	550,000	1,700,000	0	4,850,000
通信運搬費	1,400,000	280,000	940,000	50,000	2,670,000
消耗品費	1,150,000	270,000	850,000	200,000	2,470,000
修繕費	240,000	0	0	0	240,000
水道光熱費	480,000	96,000	480,000	0	1,056,000
地代家賃	500,000	100,000	500,000	0	1,100,000
賃借料	290,000	0	0	0	290,000
施設等評価費用	200,000	0	0	0	200,000
減価償却費	250,000	50,000	250,000	0	550,000
雑費	0	0	300,000	0	300,000
その他経費計	11,340,000	3,006,000	10,370,000	250,000	24,966,000
事業費計	20,820,000	4,136,000	16,270,000	590,000	41,816,000

3．施設の提供等の物的サービスの受入の内訳

（単位：円）

内　　容	金　　額	算　定　方　法
××会議室の無償利用	200,000	××会議室使用料金表によっています。

4．固定資産の増減内訳

（単位：円）

科　　目	期　首 取得価額	取　得	減　少	期　末 取得価額	減価償却 累計額	期　末 帳簿価額
有形固定資産						
車両運搬具	2,000,000	0	0	2,000,000	500,000	1,500,000
什器備品	500,000	1,800,000	0	2,300,000	700,000	1,600,000
無形固定資産						
ソフトウェア	0	610,000	0	610,000	100,000	510,000
投資その他の資産						
敷　金	600,000	0	0	600,000	0	600,000
合　計	3,100,000	2,410,000	0	5,510,000	1,300,000	4,210,000

財産目録

令和××年×月××日現在

特定非営利活動法人　　　　　　　　　　　　　　　　　(単位：円)

科目	金額		
I 資産の部			
1 流動資産			
現金預金			
手許現金	174,000		
○○銀行	4,570,000		
流動資産合計		4,744,000	
2 固定資産			
(1) 有形固定資産			
車両運搬具			
乗用車 1台	1,500,000		
什器備品			
パソコン1台	1,000,000		
書棚 2台	600,000		
(2) 無形固定資産			
ソフトウェア			
パソコンソフト	510,000		
(3) 投資その他の資産			
敷金			
事務所敷金	600,000		
固定資産合計		4,210,000	
資産合計			8,954,000
II 負債の部			
1 流動負債			
未払金			
○月分給料	350,000		
預り金			
源泉所得税	500,000		
流動負債合計		850,000	
負債合計			850,000
正味財産			8,104,000

第6章

NPO法人の会計実務

1　会　計　記　録

Ⅰ　会計記録の意義

NPO法第27条第３号は，特定非営利活動法人の「計算書類（活動計算書及び貸借対照表をいう）及び財産目録は，会計簿に基づいて活動に係る事業の実績及び財政状態に関する真実な内容を明瞭に表示したものとすること」と規定しています。

簿記は，「帳簿記入」の略語であるといわれます。しかしそれは，単に「帳簿へ記入する行為」を意味するのではなく，このような帳簿記入行為を可能とする「特定の技術」をいいます。

企業や団体などの経済単位の規模が拡大し，内容が複雑化するにつれて，その経済活動を人間の記憶のみに依存して管理・統制することが困難となり，記録・計算・整理のための何らかの手段が必要になってきます。これを提供する主要な手段のひとつが簿記なのです。簿記は，ある経済単位の経済活動を，貨幣金額的に計量し，処理・加工し，結果を一定の報告書にまとめるための技術です。

このアウトプットされる報告書が計算書類（活動計算書及び貸借対照表をいう）で，それは，その経済単位の活動を，簿記システムのルールに従って貨幣金額に還元した，集約一覧表です。社員（会員），従業員，課税当局，所轄庁などは，そこに記載された数値から活動の状態や成果を判断することができます。そして，このような判断の結果彼らが行う意思決定が，以後のその経済単位の活動に影響を与えます。図１のように，簿記システムを軸とした会計コミュニケーションの循環が成立するわけです。

図1　会計コミュニケーションの循環

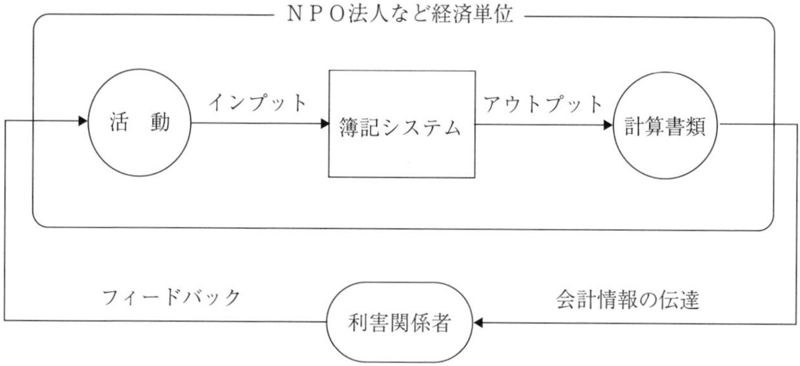

Ⅱ　帳簿の記帳方法　＜単式簿記と複式簿記＞

簿記は，記入形式の違いによって，「複式簿記」と「単式簿記」とに分類されます。複式簿記については，次項以下でその基本的で共通な原理と，NPO法人の記帳に特有な問題をとりあげて解説を行います。

一方，単式簿記については，その定義を簡潔に述べることは困難で，「単式簿記とは複式簿記によらない記録方法である。」というしかありません。現金出納帳や銀行預金出納帳のみの記録によって活動計算書など計算書類を作成しているような場合に，「単式簿記に依っている」ということになります。

現在では，会計報告は財産の在り高を表示するだけでは不充分とされ，各種記録間の相互関連性を確保するため，一般企業はもちろん，多くの会計で複式簿記が採用されています。

図2　複式簿記を採用した場合のNPO法人の簿記システム

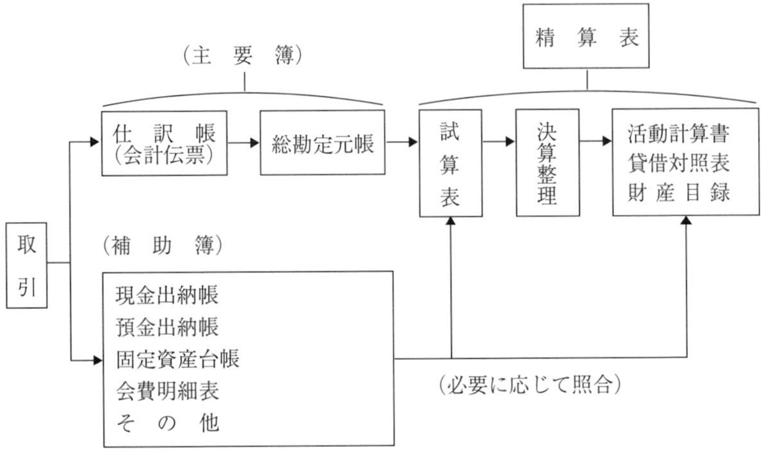

図3　単式簿記による場合のNPO法人の簿記システム

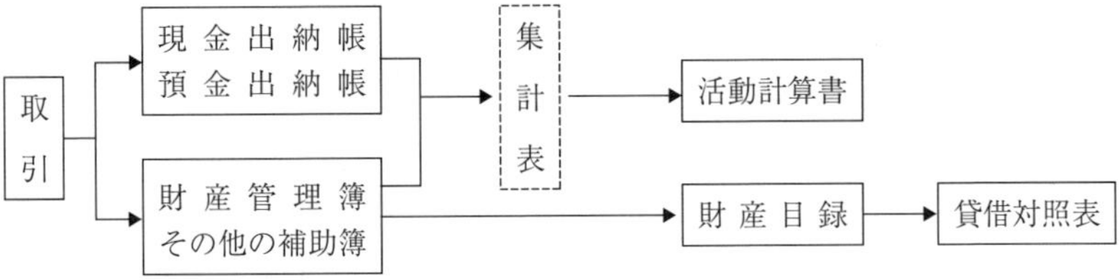

Ⅲ　証憑書類・帳簿の保存

「証憑書類」とは取引の事実関係を明らかにし得る書類の総称で，契約書，見積書，納品書，請求書，領収証など，帳簿や計算書類を作成するための基礎資料を指します。その多くは，取引の相手方が作成した書類ですが，決裁書や旅費の精算書など法人内部の者の作成した書類も含まれます。証憑書類は，事後の証拠資料として役立つよう，整理保存しておく必要があります。具体的には，A４判かB４判の台紙に日付順に貼付して月単位にまとめておくと取扱いが便利です。

Ⅳ 帳 簿 組 織

1　主要簿・補助簿

複式簿記を採用した場合の会計帳簿は，主要簿と補助簿に大別できます。

⑴　主 要 簿

主要簿は複式簿記において欠くことのできない帳簿で，次の二つです。

① 仕 訳 帳

② 総勘定元帳

「総勘定元帳」は，簿記における記録・計算の単位である「勘定」を総括する帳簿で，単に「元帳」とも呼ばれます。「勘定」は各科目別に設けられ，その様式には「勘定式（標準式）」と「残高式」があります。

図4　勘定の様式＜勘定式（標準式）＞

日付		摘要	仕丁	借方	日付		摘要	仕丁	貸方

図5　勘定の様式＜残高式＞

日付		摘要	仕丁	借方	貸方	借又は貸	残高

「仕訳帳」は，取引を分析した結果を発生順に記録する帳簿で，取引の「歴史的記録」になります。この原始記入簿としての仕訳帳への記録が行われた後，元帳の勘定への記録が行われます。

前述のように，単式簿記は「複式簿記でないもの」ですから，上の主要簿の一つ又は両方を欠いたものとなります。

⑵ 補　助　簿

補助簿は，必要に応じて作成するもので，場合によっては作成を省略することもあります。多くの法人にとって必要な補助簿には，次のものがあります。

① 現金出納帳

② 預金出納帳

③ 財産管理簿

現金出納帳，預金出納帳の様式は次のとおりです。

表1

現　金　出　納　帳

年 月	日	摘　　要	収入金額	支払金額	差引残高

表2

当座預金出納帳

年 月	日	摘　　要	印	小切手番号	預入金額	引出金額	借又は貸	差引残高

現金出納帳・預金出納帳は，毎日記入し，前日残高に当日の入金額・出金額を加減して当日残高を計算し残高欄に記入します。この残高が現金預金の実際有高に一致しているかどうかを，毎日確認しておくことが必要です。特に現金については，後日では，差異が発見されても原因不明となる

ことがあるので，必ず当日行うようにします。

現金出納帳の残高と実際有高が相違した場合は，摘要を「現金過不足」とし，実際有高過大の場合は「収入」欄に，過少の場合は「支出」欄に記入します。

Ⅴ　勘定科目の設定

「勘定科目」とは，さまざまな取引を分類して記帳するための項目です。「勘定」については，＜[2]－Ⅱ勘定と記帳原則＞のなかで詳しく述べますが，ここでは，それぞれの勘定に付けられる名称である「勘定科目」について，いくつかの注意点を挙げておきます。

「勘定科目」は，経済単位の規模や活動の実態によって特殊なものを使用する場合もあり一定しませんが，使用する勘定科目は，事前の活動予算書，期中の総勘定元帳，事後の活動計算書や貸借対照表に「共通」のものである必要があります。

Ⅵ　会計記録作成上の留意点

1　早く，正しく，美しく

⑴　帳簿記入は，「早く，正しく，美しく」行うことといわれています。会計専門家でない場合は，「早く」については，ひとまず措き，「正しく」と「美しく」をこころがけていただきたい，と思います。

「正しく記帳する」とは，金額などを誤りなく記入することはもちろんですが，「いつ」「どれだけ」「どうした」の三つがわかるように記入する，ということです。つまり，「取引の年月日」「取引にともなう金額」「取引の内容」の記載が不可欠です。さらに，これを先の勘定科目に分けて記帳しますので，その分け方の正しさが求められます（これについては，＜[2]－Ⅲ仕訳＞を参照）。

表3

現　金　出　納　帳

11年 月	日	摘　　　　要	収 入 金 額	支 払 金 額	差 引 残 高
①		前頁より繰越		③	416,523
4	15	受取会費北地区３月分	150,000		566,523
	〃	通信費　電話代３月分		3,500	563,023
		②			

①　日　付
②　取引内容
③　金　額

(2)　次に大事なことは，「美しく」ですが，これは文字の巧拙を意味するのではなく，「正確に，丁寧に」記入する，ということです。筆記具はペンやボールペンを使用します。鉛筆は簡単に改ざんできたり，こすれて文字や数字がかすれてしまうので避けます。色は一般に黒を使います。文字や数字は，記入する行の３分の２くらいの大きさで，上に余白ができるようにします。書き間違えたときは，間違いの文字や数字に２本線を引き，その上の余白に正しい文字や数字を書き込みます。数字は，３桁ごとに位取りのカンマを入れます。既成の帳簿には，位取りの罫線が入っていますので，カンマは使いません。金額欄に数字を書くときには，「¥マーク」は付けません。金額欄以外のところに書くときは¥マークを付けます。

表4

現　金　出　納　帳

11年 月	日	摘　　　　要	収 入 金 額	支 払 金 額	差 引 残 高
		前頁より繰越			416,523
4	15	受取会費北地区３月分	①②150,000		566,523
	〃	通信費　電話代３月分		③　5,300 ~~3,500~~	561,223 ~~563,023~~
		②			

①　文字，数字は行の高さの３分の２くらいの大きさで記入
②　金額の頭には「¥」は付けない。
③　訂正は誤りの文字・数字に２本線を引き，上に正しい文字・数字を記入する。

2　帳簿の仕様

帳簿の仕様には，本のようにきちんと装丁された「綴合帳簿」や，バインダーで綴られた「ルーズリーフ式帳簿」，「カード式帳簿」などがあります。「綴合帳簿」は古くから使われており，綴り合わされているので，書き損じたときは不便ですが，改ざんがしにくい為，帳簿としての信頼性は高いものがあります。表紙がハードカバーのものや，ノートのような無線とじのものなど，種類もいろいろあります。「ルーズリーフ式帳簿」は，取り外しが自由で，ページを増やしたり減らしたりが簡単にできます。そのほか，カード式（伝票式）帳簿もあります。最近ではコンピュータの会計ソフトを使うことも一般的になっていますが，「市販会計ソフト」を導入するには，NPO法人向けの修正が必要となるでしょう。

3　区　分　経　理

(1)　NPO法第5条により，NPO法人は，「その他の事業に関する会計」を，特定非営利活動に係る事業に関する会計から区分し，「特別の会計」として経理しなければならないとなっていましたが，NPO法人の事務負担を軽減するため，必要最小限のものに改められました。

「会計を区分する」とは，会計単位を独立させることであり，本来は，収益・費用だけでなく，資産・負債・正味財産についても区分経理することが求められるのですが，NPO法人の会計では，収益と費用だけを区分経理すればよいことになっています。

また，費用については，収益事業と特定非営利活動に係る事業に「共通な経費」を，各事業に按分する必要があります。その場合，合理的な按分基準を定め，それを継続的に適用します。

合理的な基準としては，たとえば資産の使用割合，従業員の従事割合，資産の帳簿価額の比，各事業の収入金額の比などがあります。人件費は，支出の大きな部分を占めることも多いと思われますが，これは時間数を測定したり，従事業務の各事業への対応の割合を測定したりすることが困難であるところから，収入金額の比を用いることも考えられます。

⑵ 税法上の収益事業と，NPO法上のその他の事業とは異なります（第7章参照）。したがって，NPO法上のその他の事業と本来事業の区分経理以外に，税法上の収益事業と非収益事業の区分も必要になってきます。が，これは，帳簿上ではなく，決算・税務申告の際に区分することが実務上は広く行われています。

2 複 式 簿 記

Ⅰ 複式簿記の原理

複式簿記では，取引（「取引」については，<Ⅲ 仕訳>を参照）が常に相対立する二つの価値の対流関係を伴う点に着目して，取引を二つの側面に分解し，二面的な記帳を行います。この二面的記帳によって保証される「貸借平均の原理」が複式簿記の根幹です。

図6 複式簿記の成り立ち

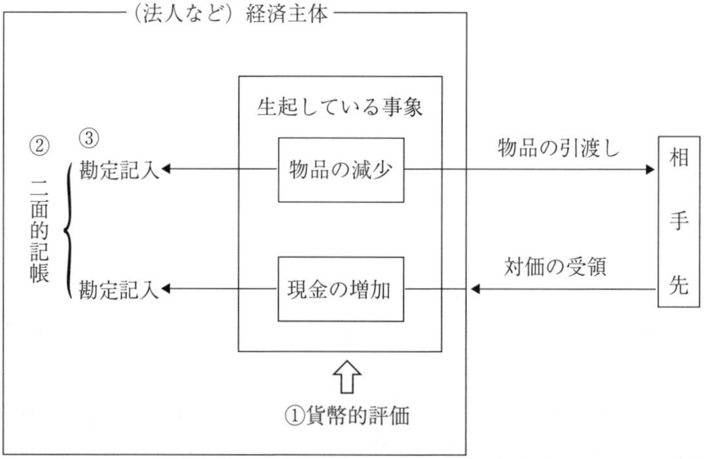

複式簿記は,「二面的記帳」を含む,次の三つの要件を前提として成り立っています。

① 貨幣的評価の要件

② 二面的記帳の要件

③ 勘定記入の要件

1　貨幣的評価

貨幣的評価の要件とは,経済活動のうち,貨幣金額で計量できるものだけを会計データとして記録することを意味します。物量評価も部分的には用いられますが,「貨幣」を共通のものさしとして用いることによって,記録・計算の統一性が保証されているのです。

2　二面的記帳

経済活動が生起すると,そこには必ず,相対立する二つの価値の流れが生じます(たとえば備品を売却し,現金で対価を受け取った場合を想定すると,図7のように,「物品の減少」と「現金の増加」という二つの現象が認められます)。

「二面的記帳の要件」とは,この点に着目し,経済活動を,価値の対流の二つの側面から記録することを指します。記録の対象となる経済活動のすべてについて,二面的記帳,つまり,「複式記入」が行われることを意味しています。

図7　二つの価値の流れ

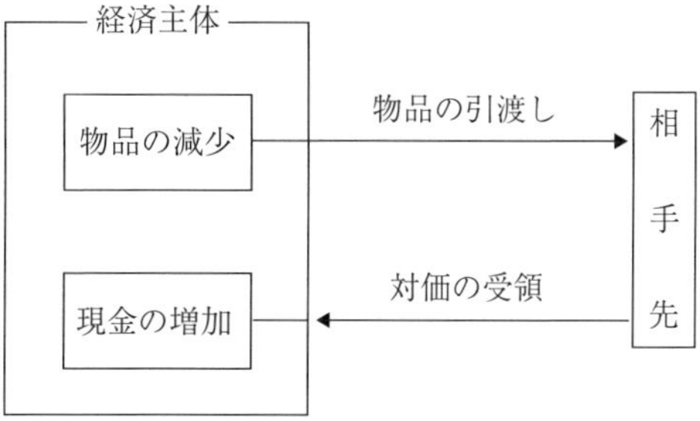

3　勘 定 記 入

「勘定記入の要件」とは，上に述べた二面的記帳を「勘定形式」と呼ばれる特殊な記入形式を用いて行うことをいいます。「勘定」は，簿記において用いられる記録・計算の単位で，具体的に帳簿に設けられるときには，「勘定口座」と呼びます。「勘定口座」には三つの構成要素があります。記録の内容を表す名称である「勘定科目」（たとえば，現金，備品，借入金，受取会費など），プラスの計算量及びマイナスの計算量をそれぞれ区別して記入する左右対照の二つの記入欄，すなわち，左側の「借方」，右側の「貸方」，です。

上に述べたように，複式簿記にあっては，経済活動は必ず二つの側面から把握され，その結果は，「ある勘定の左側（借方）」と「別の勘定の右側（貸方）」というように，完全に複記されます。

図8　勘定とその構成要素

以上述べたことをまとめますと，「複式簿記」とは，記録の対象となるすべての取引について，二面的記帳（複式記入）が行われ，貸借平均の原理が組織的に保証される記録法であるといえます。

Ⅱ　勘定と記帳原則

勘定の左側（借方）の欄に金額を記入することを「借方記入」といい，逆に，右側（貸方）の欄に金額を記入することを「貸方記入」といいます。この「借方記入」と「貸方記入」がどのように行われるかを定めたルールを「記帳原則」と呼びます。

1　貸借対照表等式

「記帳原則」は，貸借対照表に基づいて決定されています。

会計上，事業活動に必要な財貨や権利（現金預金などの金銭，未収金などの金銭債権や土地・建物，什器備品など）を「資産」と呼び，未払金や借入金などの金銭債務その他を「負債」と呼びます。そして，この，資産，負債の差額を「純財産」（資本又は正味財産）と呼んでいます。この「資産」「負債」「純財産」の関係を計算式の形に表現すると，下のようになります。

資産　－　負債　＝　純財産

これを移項すると，

資産　＝　負債　＋　純財産

という式が求められます。これが「貸借対照表等式」です。この貸借対照表等式から勘定口座への記入法が定められており，それは次のとおりです。

図９　貸借対照表科目の記帳原則

＜資産＞勘定		＜負債＞勘定		＜純財産＞勘定	
（借方）	（貸方）	（借方）	（貸方）	（借方）	（貸方）
増　加	減　少	減　少	増　加	減　少	増　加

複式簿記にあっては，記録の対象とされるすべての取引について，同一の金額が，必ず左側（借方）と右側（貸方）とに二面的に記帳され，常に，＜借方記入の金額＝貸方記入の金額＞という関係が成立しますが，その記帳は，「資産の増加は左側（借方），負債と資本の増加は右側（貸方）に」行います。そして，「支出」は純財産の減少であるところから左側（借方），「収益」は純財産の増加であるところから右側（貸方）へ記入します（なお，「正味財産増加」又は「減少」の勘定を設ける場合も下図のようになります）。これが，複式簿記における「記帳原則」です。

図10　活動計算書科目の記帳原則

＜正味財産増加＞勘定		＜正味財産減少＞勘定	
	発　生	発　生	

2　元帳と仕訳帳

取引の記録は，上述の原則にしたがって「総勘定元帳」の各勘定に記入されます。しかし，元帳に直接記入することは誤りを生じやすく，また期間内に発生した取引の歴史的概観，つまり，発生順の記録が得られないため，最初に記入する帳簿として「仕訳帳」が用いられ，元帳への記入は，「仕訳帳からの転記」という形で行われます（実務では，仕訳帳にかえて，伝票――「振替伝票」「入金伝票」「出金伝票」を使用することが多くなっています。伝票は，仕訳帳を紙片の形に裁断したものと考えればよいでしょう）。

元帳が，取引の「分析的記録」であるのに対して，仕訳帳は取引の「歴史的記録」であり，この両者が一体となって，複式簿記の帳簿組織の根幹を形成しています。貸借対照表や活動計算書といった財務諸表もこの記録から誘導されて作成されます。仕訳帳と総勘定元帳が，複式簿記の不可欠の帳簿，「主要簿」とされる所以です。

図11　仕訳帳から元帳へ

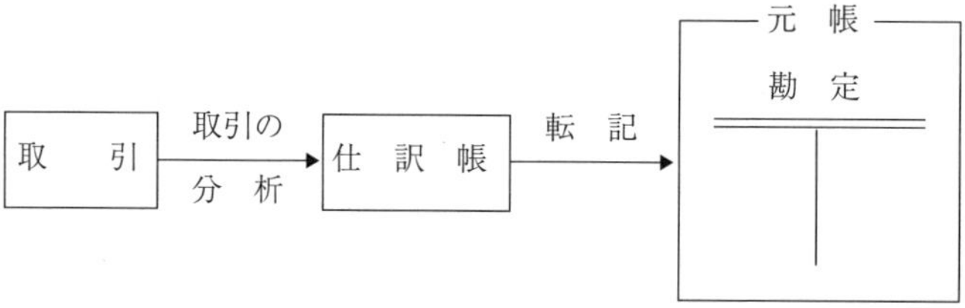

Ⅲ　仕　　　訳

上に述べたように，取引が発生した場合，最初に，仕訳帳への記入が行われます。このような記入行為，又はその結果としての記入内容を「仕訳」と呼びます。

仕訳は，複式簿記技術習得上の最大のポイントであり，特殊な取引の場合を除く一般的な仕訳ができれば，ひとつの大きなハードルを越えたといってもよいでしょう。そこで，以下，この仕訳について，少し詳しい説明を行っておきます（日常，現金・預金による収支がほとんど，という小規模な法人には，やや迂遠に思われるかもしれません。その場合は1から3までを飛ばして，＜4　仕訳帳記入＞から読んでいただいてもよいでしょう）。

1　取　　引

簿記の記録対象となる経済活動のことを，特に「取引」と呼びます。

「簿記上の取引」とは，「その経済主体に帰属する資産・負債・純財産に変動をもたらす一切の事象」をいい，それが，どのような原因によるかは問いません。そしてそれは，客観的に，貨幣金額で見積もられるものでなければなりません。経済活動のすべてが，資産・負債・純財産に増減をもたらすとは限りません。たとえば，建物や土地の賃貸借契約を結ぶことは，日常的，又は通俗的には「取引」と呼ばれます。しかしながら，賃貸借契約を結ぶことそれ自体によっては，所有権は移転せず，その企業なり団体なりの資産・負債・純財産に変動が生じることはありません。したがって，賃貸借契約の締結自体は，「簿記でいう取引」の範囲には含まれません（この場合，家賃の受渡しの実行や支払期日の到来などによって，はじめて「簿記上の取引」となります）。

図12　簿記上の取引と日常用語としての取引

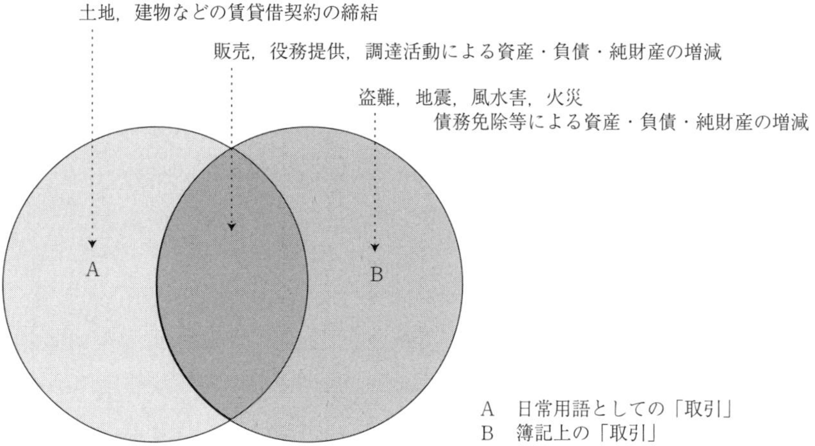

逆に，盗難や火災などによる建物の滅失，あるいは，債権者による債務の支払免除などは，日常的には取引といいません。しかし簿記では，それが引き起こされた原因が，本来の活動以外の事由によるものであっても，資産・負債・純財産に影響を及ぼす限りは，「取引」として扱われることになります。

このように，「簿記上の取引」は概ね日常的・通俗的意味における「取引」と範囲が等しくなっていますが，一部，それと異なるところもあるわけです。

2　取引の分析

取引が発生した時には，記帳の出発点として取引の分析を行う必要があります。「取引の分析」とは，「この取引がどのような価値の増減をもたらしたか」，つまり，資産・負債・純財産にどのような変動を生じさせたかを「二つの側面に分解してとらえる」ことをいいます。

(1)　取引の二面性

上に述べたように，簿記上の取引とは，帰属する資産・負債・純財産に変動をもたらす事象を指します。このような取引は，一方において「ある価値の増

図13　価値の対流関係と取引

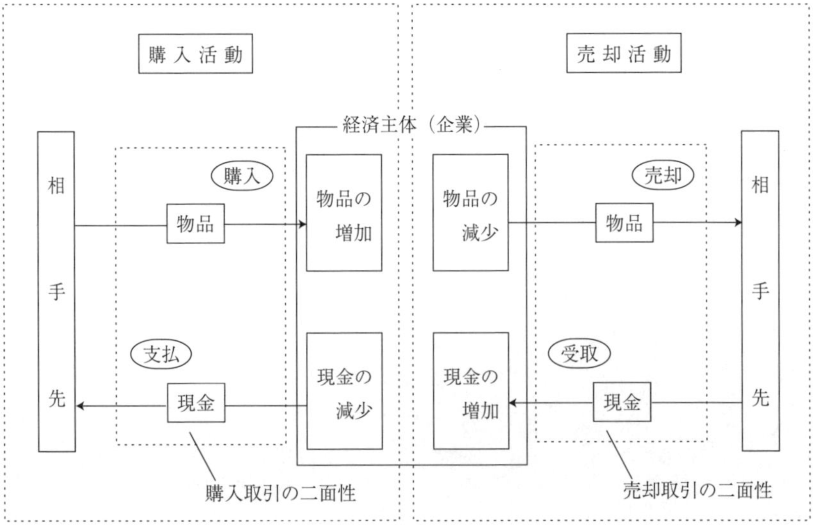

加又は減少」をもたらし，同時に他方で，「別の価値の増加又は減少」をもたらします。つまり「取引」とは，常にその経済主体に属する価値，すなわち，資産・負債・純財産の二面的な増減をもたらすものである，ということができます。これを，「取引の二面性」といいます。

⑵　取引の具体例

以下に，ある「NPO法人」の一定期間の取引について，取引の分析と，これらの取引に伴う価値の増減を基本的会計等式である「貸借対照表等式」つまり，＜資産＝負債＋純財産＞の上に表した例を挙げます。

①　NPO法人を設立し，会員から会費￥100,000を受け入れた。

取引①の分析　　現金（資産）の増加　／　純財産の増加

＜貸借対照表等式	資産	＝	負債	＋	純財産＞
取引①	100,000	＝	0	＋	100,000
取引①後の法人の財産状態＜残高Ａ＞	100,000	＝	0	＋	100,000

②　営業を開始するにあたり，事務所を賃借した。またファクシミリなど，備品一式￥70,000を現金で購入した。

上の事象のうち，前者の事務所の賃借については，まだ賃借料を支払っていないので，資産・負債・純財産に変動が生じていません。したがって，「取引」に関する先の定義から，記帳の対象にはなりません。そこで，後者の備品の現金購入という事象だけが「取引」となり，「備品（資産）の増加」と「現金（資産）の減少」という形で二面的に分析されます。

取引②の分析　　備品（資産）の増加　／　現金（資産）の減少

＜貸借対照表等式	資産	＝	負債	＋	純財産＞
前残高Ａ	100,000	＝	0	＋	100,000
取引②	−70,000＋70,000	＝	0		
取引②後の新残高Ｂ	100,000	＝	0	＋	100,000

③　諸経費を，一括して現金で支払った。内訳は，給料￥10,000，印刷費￥3,500，事務所賃借料￥5,000，通信費￥300，光熱費￥400，計￥19,200だった。

上の取引は，一方で「現金の減少」をもたらすとともに，他方で，「費用の発生」，つまり，「純財産の減少」が生じているとみなされます。

取引③の分析　現金（資産）の減少　／　純財産の減少

＜貸借対照表等式	資産	=	負債	+	純財産＞
前残高B	100,000	=	0	+	100,000
取引③	−19,200	=			−19,200
			給　料		−10,000
			印刷費		−3,500
			賃借料		−5,000
			通信費		−300
			光熱費		−400
取引③後の残高C	80,800	=	0	+	80,800

④　受託手数料￥20,000を現金で受け取った。

この取引は，「現金の増加」と「収益（純財産）の増加」と分析されます。

取引④の分析　現金（資産）の増加　／　収益（純財産）の増加

＜貸借対照表等式	資産	=	負債	+	純財産＞
前残高C	80,800	=	0	+	80,800
取引④	20,000	=			20,000
新残高D	100,000	=	0	+	100,800

⑤　銀行から現金￥90,000の融資を受けた。

上の取引では，融資を受けることによって「現金が増加」する一方で，これに見合った借入金という銀行に対する債務，つまり「負債が増加」しています。

取引⑤の分析	現金(資産)の増加	／	借入金（負債）の増加	
＜貸借対照表等式	資産	＝	負債　＋	純財産＞
前残高D	100,800	＝	0　＋	100,800
取引⑤	90,000	＝	90,000	
新残高E	190,800	＝	90,000　＋	100,800

⑥　取引⑥で融資を受けた借入金について，その一部￥40,000を現金で返済するとともに，利息￥700を現金で支払った。

上の取引は，二つの取引が複合して生じたものと見ることができます。前者の「借入金の返済」という取引は，「現金の減少」と，「借入金の減少」という形で，また，後者の「利息の支払」という取引は，「現金の減少」と，「純財産の減少」という形で，それぞれ二面的に分析することができます。

取引の分析	現金(資産)の減少	／	借入金(負債)の減少と 純財産の減少	
＜貸借対照表等式	資産	＝	負債　＋	純財産＞
前残高D	190,800	＝	90,000　＋	100,800
取引⑥	−40,700	＝	−40,000	−700
取引⑥後の新残高	150,100	＝	50,000　＋	100,100

以上の例で明らかなように，どの取引でも，その分析結果を貸借対照表等式の形にすると，右辺と左辺が等しくなります。等式の左辺を「借方」，右辺を「貸方」と名付ければ，借方と貸方の間には常に一致の関係が成立しているわけです。また各取引を加減した後の借方の残高合計と貸方の残高合計も常に一致します。

これが「貸借平均の原理」と呼ばれる原理です。

3　取引の分析から仕訳へ

上に挙げた具体例をまとめると，表7のようになります。破線で囲まれた部分は，仕訳を行う時（実行者の頭のなかで）なされていることを説明的に述べたもので,「実際に行われる行為は仕訳(仕訳帳記入)だけ」です。簿記技術に習熟してくると,どのように分析したらよいか迷う取引に直面した場合,むしろ,「まず仕訳を行ってみると,どのように分析すべきかわかる」ということもあるのです。

表5　取引から仕訳への流れ

取　　引	分　　析	記帳原則	→ 仕　　訳
①　会費¥100,000を現金で受け入れた。	現金(資産)の増加	資産の増加は借方	借方:現　金　100,000
	収益の発生 ＝純財産の増加	純財産の増加は貸方	貸方:受取会費　100,000
②　備品¥70,000を現金で購入した。	備品(資産)の増加	資産の増加は借方	借方:備　品　70,000
	現金(資産)の減少	資産の減少は貸方	貸方:現　金　70,000
③　諸経費を現金で支払った。 給　料　¥10,000 印刷費　¥　3,500 賃借料　¥　5,000 通信費　¥　　300 光熱費　¥　　400 計　¥19,200	経費(費用)の発生 ＝純財産の減少	費用の発生(純財産の減少)は借方	借方:給　料　10,000 印刷費　3,500 賃借料　5,000 通信費　300 光熱費　400
	現金(資産)の減少	資産の減少は貸方	貸方:現　金　19,200
④　受託手数料¥20,000を現金で受け取った。	現金(資産)の増加	資産の増加は借方	借方:現　金　20,000
	収益の発生 ＝純財産の増加	収益の発生(純財産の増加)は貸方	貸方:受託事業収益　20,000
⑤　銀行から現金で¥90,000の融資を受けた。	現金(資産)の増加	資産の増加は借方	借方:現　金　90,000
	借入金(負債)の増加	負債の増加は貸方	貸方:借入金　90,000
⑥　借入金の一部¥40,000を現金で返済すると共に利息¥700を現金で支払った。	借入金(負債)の減少	負債の減少は借方	借方:借入金　40,000
	支払利息(費用)の発生＝純財産の減少	費用の発生(純財産の減少)は借方	借方:支払利息　700
	現金(資産)の減少	資産の減少は貸方	貸方:現　金　40,700

4　仕訳帳記入

表6で，上の一連の取引が仕訳帳へどのように記入されるかを示します。上でも述べたように，実際の記帳として最初に行われる行為は，この仕訳帳への記入です。

ですから，1から3までの説明を飛ばした方も，この4だけで，「実際の仕訳帳への記入の仕方」は，おわかりいただけることになります。

表6　仕　訳　帳

1

日付		摘	要	元丁	借方	貸方
4	1	(現金)		101	100,000	
			(受取会費)	401		100,000
		会費の受取り				
	2	(備品)		151	70,000	
			(現金)	101		70,000
		備品の現金による購入				
	3	諸口	(現金)	101		19,200
		(給料)		553	10,000	
		(賃借料)		554	5,000	
		(印刷費)		555	3,500	
		(通信費)		556	300	
		(光熱費)		557	400	
		営業経費の支払				
	4	(現金)		101	20,000	
			(受託事業収益)	402		20,000
	5	(現金)		101	90,000	
			(借入金)	221		90,000
		借入金の調達				
	6	諸口	(現金)	101		40,700
		(借入金)		221	40,000	
		(支払利息)		581	700	
		借入金の一部返済と利息の支払				
			次ページへ		339,900	339,900

Ⅳ　総勘定元帳と転記

「転記」とは，仕訳帳に記入された取引を元帳に書き移す手続のことです。「仕訳帳の借方記入を，元帳の該当する勘定の左側（借方）」に書き移し，また，「仕訳帳の貸方記入を，元帳の該当する勘定の右側（貸方）」に書き移します。

このような転記の手続は，手書きの場合には，取引のつど行われるのではなく，一般に，1日，1週間，あるいは，1カ月といった一定の間隔で行われます。会計ソフトで処理する場合には，仕訳と同時に転記が行われます。

1　転記の要領

実際の転記の手順は，以下のようになります。

(1)　借　　方

①　仕訳帳に記入された借方勘定科目から，元帳の該当勘定（この例では現金勘定）を探し出す。

②　元帳の該当勘定の借方「日付」欄に日付を記入する。この場合の日付は，転記が行われる日ではなく，仕訳帳に記載されている，「取引発生の日」です。

③　勘定の「摘要」欄に，相手方勘定科目名を記入する。相手方勘定科目名が複数ある場合には「諸口」と記入する（なお，この③の手続は，場合によっては省略してもよい）。

④　勘定の「仕丁」欄には，その借方仕訳が記載されている仕訳帳のページ数（丁数）を記入する（省略する場合もある）。

⑤　勘定の「借方金額」欄に，仕訳帳と同一の金額を記入する。

⑥　仕訳帳の「元丁」欄には，該当する元帳勘定の勘定番号を記入する。仕訳帳の「元丁」欄と元帳の「仕丁」欄とを相互に参照することにより，転記の正確さを確かめることができる。

以上，①～⑥で，借方仕訳の転記が完了する。

⑵ 貸　　方

貸方仕訳についても同様な手順によって転記を行う。

表7　転記の手続

＜借方＞

仕　訳　帳　　　　1

日	付	摘	要	元丁	借　方	貸　方
4	4	(現　　金)		101	20,000	
			(受託事業収益)	402	⑤	20,000
						⑥

現　　金　　　　101

日	付	摘　要	仕丁	借　方	日付		摘　要	仕丁	貸　方
4	4	受託事業収益	1	20,000					
②		③	④						

＜貸方＞

仕　訳　帳　　　　1

日	付	摘	要	元丁	借　方	貸　方
4	1	(現　　金)		101	10,000	
			(受託事業収益)	301	⑥	10,000
						⑤

受託事業収益　　　　301

日	付	摘　要	仕丁	借　方	日付		摘　要	仕丁	貸　方
					4	1	現　　金	1	10,000
							③		
					②			④	

表7の要領に従って表6の仕訳帳の記入内容をすべて転記した後勘定面は，表8のようになっています。

表8　転記後の元帳勘定口座面

現　金　101

日	付	摘要	仕丁	借方	日	付	摘要	仕丁	貸方
4	1	受取会費	1	100,000	4	2	備品	1	70,000
	4	受取事業収益	〃	20,000		3	諸口	〃	19,200
	5	借入金	〃	90,000		6	諸口	〃	40,700

備　品　151

4	2	現金	1	70,000					

借入金　221

4	6	現金	1	40,000	4	5	現金	1	90,000

受取会費　401

					4	1	現金	1	100,000

受託事業収益　402

					4	4		1	20,000

給　料　553

4	3	現金	1	10,000					

賃借料　554

4	3	現金		5,000					

印刷費　555

4	3	現金	1	3,500					

通信費　556

4	3	現金		300					

光熱費　557

4	3	現金		400					

支払利息　581

4	6	現金		700					

Ⅴ　試　算　表

1　合計試算表

以上の手続によって，法人に生起した取引のすべてが仕訳帳に記入され，さらに，仕訳帳に記入された取引の分析結果が，転記を介して元帳の該当勘定に書き移されました。

元帳記入が終わった段階で，それが正しく行われているかどうか確認しておく必要があります。そのために作成される計算表が「試算表」，特に「合計試算表」です。

合計試算表が，元帳記入の正しさを検証することができるのは，それが，複式簿記に固有の貸借の均衡関係，つまり，「貸借平均の原理」を利用しているからです。

合計試算表は，元帳の各勘定の借方合計額及び貸方合計額を求め，これらの内訳を勘定科目別に配列して一覧表示します。

既に述べたように，仕訳帳では借方記入と貸方記入が金額的に一致するように，つまり，＜借方記入の金額＝貸方記入の金額＞という形で記録（仕訳記入）が行われています。そして，仕訳帳の金額が元帳の該当勘定の，左側（借方）ないし右側（貸方）に，そのまま書き移されるのですから，転記の際に誤謬や脱漏などがない限り，元帳上のすべての勘定の左側（借方）を合計した額とすべての右側（貸方）を合計した額は必ず一致します。また，これらは，仕訳帳のそれぞれの側の合計額とも一致するはずです（ただし，期首有高の扱いによって，その分の差は生じる場合があります）。

表９　合計試算表，仕訳帳各々の貸借合計の一致及び両帳簿合計の一致

合計試算表

xx01年4月30日

勘定科目	元丁	借方	貸方
現金	101	210,000	137,900
車両	131	8,000	
備品	151	70,000	
借入金	221	40,000	90,000
受取会費	401		100,000
受託事業収益	402		20,000
給料	553	10,000	
印刷費	555	3,500	
賃借料	554	5,000	
通信費	556	300	
光熱費	557	400	
支払利息	581	700	
		347,900	347,900

一致（借方合計と貸方合計）

仕訳帳　　2

日付	摘要		元丁	借方	貸方
30	(車両)		131	8,000	
		(現金)	101		8,000
				347,900	347,900

一致（借方合計と貸方合計）

一致（合計試算表と仕訳帳の合計）

合計試算表によって確かめられる事柄には，次の二つが挙げられます。

⑴ 試算表の借方合計額と，貸方合計額とが一致しているかどうかによって，借方・貸方の双方へ転記が正しくなされているか，それぞれの勘定口座における計算が正しく行われているか，などを確かめることができます。

⑵ 試算表の合計額と，仕訳帳の合計額が一致しているかどうかにより，仕訳帳から元帳への転記に，漏れや重複がないかを確かめることができます。

このように合計試算表を用いて元帳記入の正確さを検証することができるのは，複式簿記における記録が貸借平均の原理に基づいて行われるからです。この「自己検証性」が，複式簿記の持つ優れた性質のひとつと考えられています。

2 残高試算表

試算表には，合計試算表のほかに「残高試算表」と呼ばれるものもあります。これは，元帳の各勘定の残高（勘定ごとに，借方あるいは貸方残高となる）をひとつの表に集めたもので，合計試算表の借方合計額と貸方合計額が一致する限り，残高試算表の借方合計額と貸方合計額も一致するはずです。

合計試算表が元帳記入の正確さを検証する手段として用いられるのに対して，この残高試算表は，一定時点における元帳の資産・負債・純財産・収入・支出の各勘定の残高の一覧表示として，財務諸表作成の出発点となるものです。現在では，NPO法人に限らずあらゆる会計において，一定期間ごとに区切って記録をまとめ，財務諸表によって報告を行いますが，その財務諸表作成の基礎となるのが，残高試算表です。

表10　残高試算表から財務諸表への誘導

残高試算表

令和01年4月30日

勘定科目	元丁	借方	貸方
現金	101	72,100	
車両	131	8,000	
備品	151	70,000	
借入金	221		50,000
受取会費	401		100,000
受託事業収益	402		20,000
給料	553	10,000	
印刷費	555	3,500	
賃借料	554	5,000	
通信費	556	300	
光熱費	557	400	
支払利息	581	700	
		170,000	170,000

一致

貸借対照表

令和01年4月30日

資産	金額	負債・資本	金額
現金	72,100	借入金	50,000
車両	8,000	正味財産	100,100
備品	70,000		
	150,100		150,100

活動計算書

令和01年4月1日から令和01年4月30日まで

費用	金額	収益	金額
給料	10,000	受取会費	100,000
印刷費	3,500	受託事業収益	20,000
賃借料	5,000		
通信費	300		
光熱費	400		
支払利息	700		
当期正味財産増加額	100,100		
	120,000		120,000

3　決　　　算

「決算」とは，元帳の勘定記録に一定の整理（決算整理）を施して元帳勘定を締め切ることをいいます。

決算は，予備手続と本手続とに分けることができます。

「決算予備手続」は，合計残高試算表を作成し，元帳各勘定の記入内容が正確であるかどうかを検証し，続いて，決算整理によって元帳に修正を加える段階をいいます。

「決算本手続」は，元帳勘定の締切手続それ自体をいい，「帳簿決算手続」とも呼ばれます。

下に，NPO法人における期中の取引から帳簿の締切りまでの一巡の過程を概観します。

決算は，本来は下のように帳簿上で行われるものですが，実務的には，正確かつ容易に行うため，「精算表」と呼ばれる運算表を用いて予備手続から財務諸表作成までを行い（＜II　8桁精算表による決算実務＞を参照），その後，帳簿の記入・締切りを行います。

＜複式簿記による手続きの一巡（大陸式）＞

1　期 中 記 帳

①　取引の認識……法人の資産・負債・正味財産に影響を及ぼすすべての事象を，取引としてとらえる。

②　取引の分析……取引を，それに伴う価値の対流関係に即して二面的に分解する。

③　歴史的記録……分析した取引の結果（仕訳）を仕訳帳に発生順に記録する。

④　転　　　記……仕訳帳の記入を元帳の該当勘定に書き移す。

⑤　分析的記録……転記を通じて元帳の勘定記録を完成する。

2　決　　算

(1)　決算予備手続

① 取引総額の算出……仕訳帳を締め切る。

② 合計残高試算表の作成……元帳の記録から，合計残高試算表を作成する。

③ 元帳記録の検証……合計残高試算表の貸借合計の一致及び仕訳帳合計額と合計試算表の合計額との一致を確認する。

④ 棚卸表の作成……棚卸を実施して棚卸表を作成する。

⑤ 決 算 整 理……棚卸表に基づいて元帳の勘定記録に修正を加える。

(2)　決算本手続（帳簿決算手続）

① 正味財産増減勘定……元帳の各正味財産増減額を正味財産増減勘定に振り替える。

② 正味財産増加（減少）額……正味財産増減集合勘定の残高を正味財産勘定に振替える。

③ 決算残高勘定の設定……資産・負債・正味財産の各勘定の残高を決算残高勘定に振り替える。（英米式では省略）

④ 財務諸表の作成……正味財産増減勘定に基づいて活動計算書を，決算残高勘定に基づいて貸借対照表を作成する。

3　帳簿の締切と開始記入

① 帳簿の締切……元帳勘定のすべてが貸借平均することを確認して締め切るとともに，仕訳帳も貸借それぞれの合計額が一致することを確認して締め切る。

② 開 始 記 入……次期の帳簿記入を行うために必要な記入を行う。

図14　簿記手続の一巡（大陸式による）

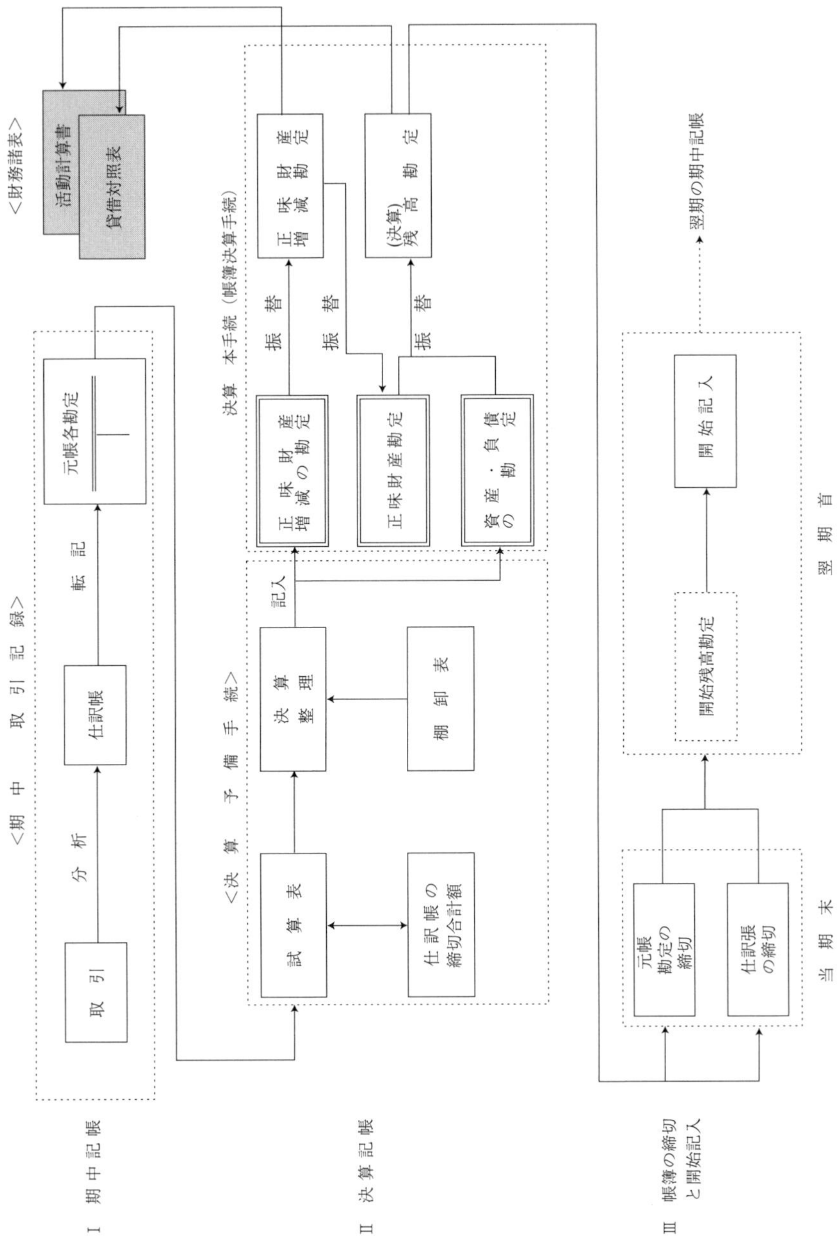

Ⅰ　決算整理

1　現金・預金残高の確認

現金過不足勘定に残高がある（原因不明のまま決算日をむかえた）ときは，借方残（実際有高不足）の場合は「雑損」勘定（支出）へ振り替えます。貸方残（実際有高過剰）の場合は，雑益勘定（収入）へ振り替えます。

2　当座預金の調整

当座預金は通帳が発行されませんので，銀行から送付される照合表と，元帳上の当座預金勘定口座を照合して，差異があるときは原因を確かめ，「銀行勘定調整表」を作成して，この不一致を調整します。

表11　　銀行勘定調整表

Ⅰ	銀行残高（銀行残高証明書の残高）		¥150,000	
	加算：預入の未記入分		50,000	
			200,000	
	減算：振出小切手の未決済分		28,000	
	調整後の残高		172,000	←
Ⅱ	帳簿残高（元帳の当座勘定の残高）		¥145,000	
	加算：入金未記入分		32,000	
	減算：手数料・利息の未記入分			一致
	振込手数料	3,000		
	当座借越利息	2,000	5,000	
	調整後の残高		172,000	←

3　未収金・未払金

(1)　未　収　金

出版物の販売や事業としてのサービス提供を行い，請求書を発行している場合，その代金の未収額を計上します。翌期，回収した時に減少させます。

①　＊＊01年3月31日（決算日）現在，出版物の販売代金¥3,000が未収である。

（未　　収　　金）　　3,000　　（出版事業収益）　　3,000

②　＊＊01年7月10日　上記未収金のうち，¥1,000を現金で受け取った。

（現　　　　　金）　　1,000　　（未　　収　　金）　　1,000

未収金勘定の残高は，未収金の未回収高を示します。

図15

⑵　未 払 金

備品などの購入やサービス提供を受けて，請求書を受け取っている場合，その未払額を計上します。翌期代金を支払ったとき，減少させます。

今期，備品¥30,000を購入したが，決算日現在，代金は未払いである。

（什　器　備　品）　30,000　　（未　　払　　金）　30,000

図16

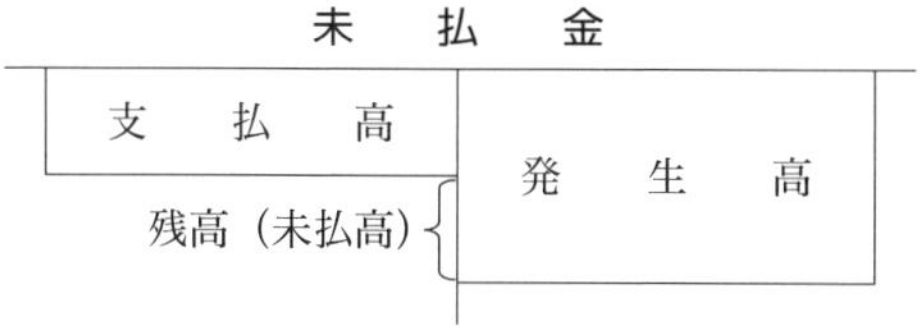

4　収入・支出の見越し，繰延べ

これに対し，収益・費用の見越し・繰延べ，言い換えると「経過勘定」項目は，期間的食い違いの調整として，元々の決算整理事項です。この対象となる項目は，時の経過に伴って費用が発生する契約に基づくものです。

「経過勘定」には下記のものがあります。

・収益の見越しによって生じる一時的な資産

……未収会費，未収家賃，未収利息

・収益の繰延べによって生じる一時的な負債

……前受会費，前受家賃，前受利息

・費用の見越しによって生じる一時的な負債

……未払賃借料，未払保険料，未払利息

・費用の繰延べによって生じる一時的な資産

……前払賃借料，前払保険料，前払利息

なお，経過勘定は，決算後，次期首の日付で決算日とは貸借逆の再振替仕訳を行うことにより，もとの勘定に振り戻しておく必要があります（＜Ⅳ　帳簿の締切り＞を参照）。

⑴　収益の見越し

確実に回収し得るものに限り，収入に計上します。確実に回収し得るとは，「未回収となるおそれのあるものは計上しない」ことを意味し，実務上は，決算日以降1カ月ないし2カ月（決算事務期間中）の間に回収できた金額を，決算日現在で金銭債権として確定した，とみなして計上する方法を採ることが考えられます。会費などは，NPO法人の入会・退会は任意であることが多いため，請求書を発行しても必ずしも確定した債権といえない場合があるからです。

図17

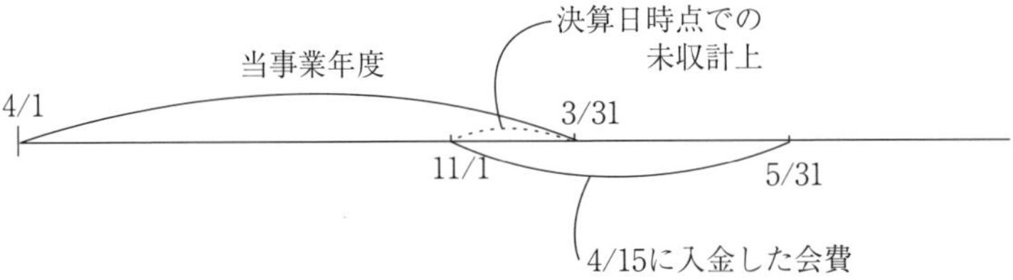

⑵　収益の繰延べ

> ①　＊＊01年11月1日　空会議室を＊＊会に，毎週2回，時間貸しすることにし，賃料￥360,000（1年分）を小切手で受取り，当座預金に預け入れた。

（当 座 預 金）　360,000　　（受 取 賃 貸 料）　360,000

② ＊＊02年3月31日　決算日が到来したので，上記の受取賃貸料のうち未経過期間にかかる¥210,000を次期に繰り延べた。

（受 取 賃 貸 料）　210,000　　（前 受 賃 貸 料）　210,000

図18

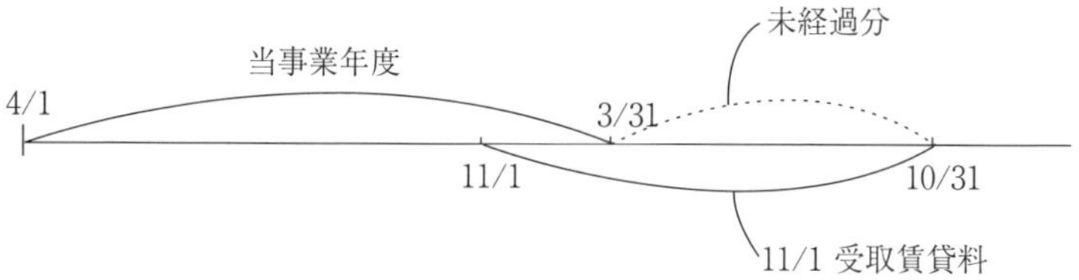

⑶　**費用の見越し**

① ＊＊01年11月6日　＊＊より期日（180日後）に元利合計を返済する条件で¥5,000,000を借り入れ，普通預金に振り込まれた。なお，利率は年5％である。

（普 通 預 金）　5,000,000　　（借　入　金）　5,000,000

② ＊＊02年3月31日　決算日が到来したので，経過期間にかかる利息の未払額を見越し計上した。

（支 払 利 息）　100,000　　（未 払 利 息）　100,000

図19

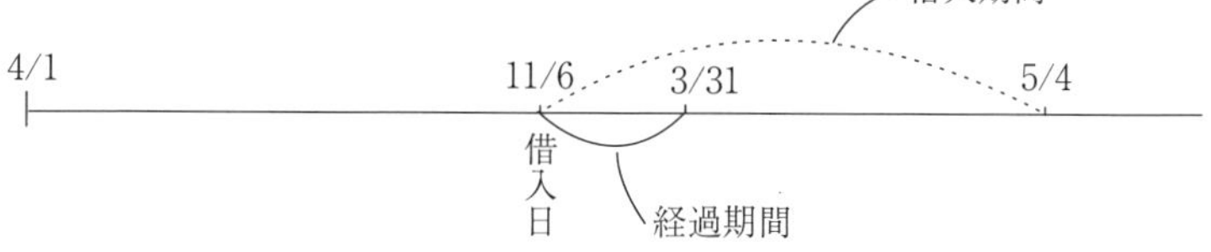

(4) 費用の繰延べ

① ＊＊01年11月１日　火災保険料￥60,000（１年分）を小切手を振り出して支払った。

(保　　険　　料)　60,000　(当　座　預　金)　60,000

② ＊＊02年３月31日　決算日が到来したので，上記の保険料のうち，未経過期間にかかる保険料￥35,000を次期に繰り延べた。

(前 払 保 険 料)　35,000　(保　　険　　料)　35,000

図20

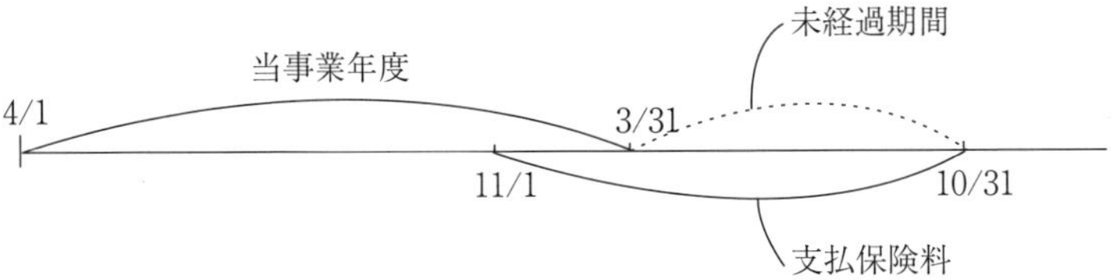

5　減　価　償　却

(1) 減価償却の意義

備品や機械，建物などの固定資産は，長い期間にわたって法人の活動のために使用されます。それらは，(土地などを除くと) 使用による摩損や時の経過による劣化，あるいは新規の発明や新技術の開発による陳腐化，法人活動の規模や様態が変化したことからする不適応化などのために，法人に対する「用益の給付能力＝潜在的能力」が減少します。

「減価償却」とは，このような固定資産に生じる給付能力の消耗（減価）に見合った形で，「資産の取得原価を」その「耐用期間」(使用できると見込まれる期間) にわたって「配分」する手続です。

減価償却の対象となる固定資産には，有形減価償却資産と無形減価償却資産がありますが，ここでは，より一般的な有形減価償却資産について説明します。

⑵　減価償却の表示

減価償却の表示は，一定の方法（後述）で計算した当期中における価値の減少額を「減価償却額」として正味財産増減計算書に計上し，同時に，貸借対照表の固定資産科目の残高をその減価額分だけ減少させる形で行います。表示の仕方には，残高を直接減額する「直接法」と，「減価償却累計額」という科目を使って間接的に表示する「間接法」とがありますが，次のⅢの決算実務の例では，より広く行われている「間接法」によっています。

⑶　減価償却の計算要素

減価償却の計算にあたっては，次の計算要素が必要です。

ⅰ　取得原価……固定資産の購入又は製作のために要した支出額
　使用可能な状態におくまでの支出額（据付費など）も取得原価に含まれます。

ⅱ　耐用年数……固定資産の使用可能と見積もられる年数
　実務では，税法に定められている耐用年数を用います。

ⅲ　残存価額……耐用年数経過後の処分可能見込額
　実務では，税法にしたがって，原則として取得価額の10％相当額としています。

（注）　従前では，減価償却額の算出には残存価額を10％として計算し，減価償却額の計上は残存価額が５％になるまで認められていましたが（償却可能限度額），平成19年度税制改正により，平成19年４月１日以後に取得した減価償却資産については，残存価額及び償却可能限度額が廃止され，帳簿価額が備忘価額１円になるまで償却できるようになりました。
　既存の減価償却資産（平成19年３月31日以前に取得した減価償却資産）については，適用時点において既に償却可能限度額95％に達している資産については，未償却残高を改正後５年間（60カ月）で均等償却でき，また，旧償却方法の途中にある資産については，継続して旧償却方法を適用し償却可能限度額まで到達した事業年度の翌事業年度以後５年間で均等償却を行い，備忘価額１円になるまで償却できることになりました。

⑷　計 算 方 法

ⅰ　旧定額法……次の計算式により減価償却額を算出します。この方法では，減価償却額は毎期，同一額となります。

減価償却額＝(取得価額—残存価額)／耐用年数

ii　旧定率法……前期末の未償却残高に一定の償却率を掛けて減価償却額を算出します。この方法では，未償却残高の減少につれて毎期の減価償却額は減少していきます。

減価償却額＝前期末未償却残高×償却率

償却率は計算式によっても求められますが，税法に，耐用年数に応じた償却率表がまとめられているので，実務では，その償却率表が利用されます。

平成19年度税制改正により，平成19年４月１日以後に取得した減価償却資産については，新たな償却方法として「定額法」，「定率法」等が定められました。これにともない，既存の減価償却資産の償却方法については，「定額法」が「旧定額法」に，「定率法」が「旧定率法」に名称が変更されました。

新たな償却方法は次のようになります。

iii　定 額 法……新たな定額法では，残存価額を控除しないで計算ができるようになりました。

減価償却額＝取得価額×定額法の償却率

iv　定 率 法……新たな定率法では，定額法の償却率を原則2.5倍にした定率法の償却率が適用されます。

減価償却額＝期首帳簿価額×定率法の償却率

(特定事業年度以降は残存年数による均等償却に切り換えて備忘価額まで償却します)

(注)　平成19年４月１日以降取得する新規取得資産について，旧定額法を採用していた法人が定額法を，旧定率法を採用していた法人が定率法を採用する場合は，法令等の改正に伴う変更に準じた正当な理由による会計方針の変更として取り扱われます。なお，新規取得資産について改正法人税法の規定によらず，従来の方法（旧定額法・旧定率法）を継続した場合は，当然ですが会計方針の変更には当たらないことになります。

「減価償却をするか否か」，「定額法，定率法のいずれによるか」の方針を財務諸表上で明示する必要があります。公益法人会計にならった「計算書類に対する注記」の「重要な会計方針」のなかで明らかにするとよいでしょう。

また，第5章の「継続性の原則」の項で述べたように，選択した減価償却の方法は毎期継続し，みだりに変更しないことが求められます。

⑸　減価償却の計算と仕訳例

①　旧　定　額　法

決算にあたり，取得原価￥1,000,000，残存価額10%，耐用年数5年の備品について旧定額法で減価償却を行う（取得日は当事業年度期首とする）。

（什器備品減価償却額）　180,000　（什　器　備　品）　180,000

＜減価償却額の計算＞

(1,000,000－100,000)／5年（又は償却率0.2をかける）＝180,000

②　旧　定　率　法

上と同様の備品を旧定率法で減価償却する（耐用年数5年の償却率－0.369)。

（什器備品減価償却額）　369,000　（什　器　備　品）　369,000

＜減価償却額の計算＞

1,000,000×0.369＝369,000

定額法の場合

1,000,000×0.2＝200,000

定率法の場合（耐用年数5年の償却率－0.500)

1,000,000×0.5＝500,000

③　定額法による場合と定率法による場合の比較

上の例で，定額法による場合は2年目以降の減価償却額も毎期同額￥180,000となり，帳簿上の価額は均等に減少していきます。

一方，定率法による場合は，1年目の減価償却額は￥369,000と定額法による場合に比べて多くなりますが，2年目は￥232,839，3年目は，￥146,921と急激に減少していくことになります。

＜定率法による場合の２年目以降の計算＞

２年目　(1,000,000－369,000)×0.369＝232,839

３年目　{1,000,000－(369,000＋232,839)}×0.369＝146,921

（注）新定率法では２年目は250,000，３年目は125,000となります。

償却限度額の計算上選定することができる償却方法及び法定償却方法は，次の資産の種類及び資産の取得の日に応じ，それぞれ次のとおりです（法令48①，48の２①，53）。

表12　減価償却資産の取得年度別償却方法

資産の種類	平成19年３月31日以前の取得資産		平成19年４月１日以後の取得資産	
	選定できる償却方法	法定償却方法	選定できる償却方法	法定償却方法
平成10年３月31日以前に取得をされた建物	旧定額法 旧定率法	旧定率法	－	－
上記以外の建物	旧定額法	旧定額法	定額法	定額法
建物附属設備及び減価償却資産（法令13二～七に掲げるもの）	旧定額法 旧定率法	旧定率法	定額法 定率法	定率法
鉱業用減価償却資産	旧定額法 旧定率法 旧生産高比例法	旧生産高比例法	定額法 定率法 生産高比例法	生産高比例法
無形固定資産（法令13八）及び生物	旧定額法	旧定額法	定額法	定額法
鉱業権（租鉱権，採掘権を含む）	旧定額法 旧生産高比例法	旧生産高比例法	定額法 生産高比例法	生産高比例法

6　諸引当金の設定

「引当金」には，主要なものとして，「負債性引当金」と「評価性引当金」とがあり，またそのほかにも，「その他の引当金」「特別法や租税特別措置法による引当金」などがあって，その共通の性格を述べるのは難しいのですが，ラフな言い方で，借入金や未払金，預り金などが金銭債務であるのに対して，観念的な負債である，と考えておけばよいでしょう。

「負債性引当金」の代表的なものとしては，「退職給付引当金」，「評価性引当金」の代表としては，「貸倒引当金」があります。以下，この二つの引当金について，解説と仕訳の例示を行います。

⑴　退職給付引当金

退職給付引当金は，将来，従業員が退職した場合に，労働協約・退職給与規定などに基づいて支給することになる退職金のために，支給額を見積り計上しておく負債性引当金です。

当期繰入額は，退職給付引当金勘定の貸方に記入し，退職したことによる取崩し額は，借方に記入します。

図21

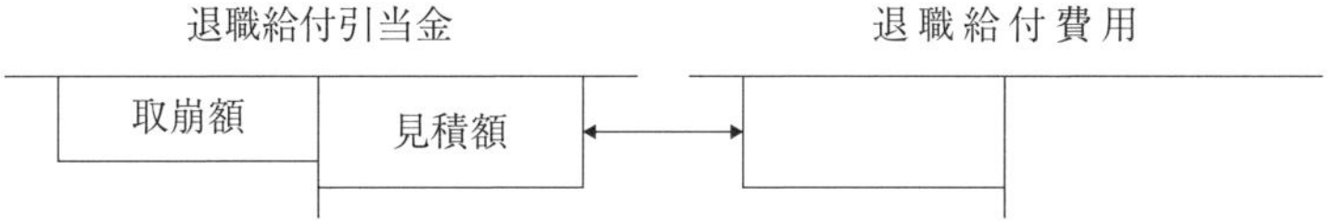

なお，退職給付引当金は，貸借対照表・負債の部に固定負債として記載し，退職給付費用は，正味財産増減項目になります。

① ＊＊01年３月31日　退職金制度を新設し期末に￥300,000の引当金を設定した。

(退職給付費用)	300,000	(退職給付引当金)	300,000

② ＊＊01年８月31日　退職金￥200,000を現金で支給した。なお，退職者に対する退職給付引当金の設定額は￥150,000であった。

(退職給付引当金)	150,000	(現　　　金)	200,000
(退職給付費用)	50,000		

⑵　貸倒引当金

貸倒引当金は，未収金などの債権に回収不能（貸倒れ）が予想される場合に，その貸倒れの見積り額として設定する「評価性引当金」です。

決算にあたって，その見積り額を「貸倒引当金繰入」勘定の借方に記入し，同額を「貸倒引当金」勘定の貸方に記入します。

図22

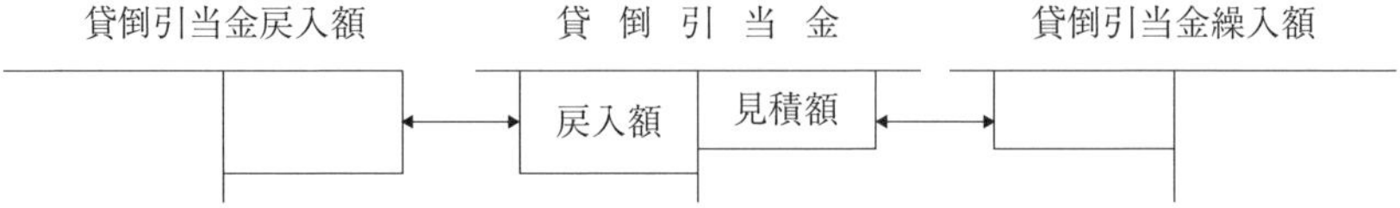

貸倒引当金は，未収金等をその額だけ減額することを意味します。評価性引当金である，とはそういうことであり，貸借対照表上はその未収金の控除科目として，次のように表示します。

……………		
……………		
未　収　金	＊＊＊	
貸倒引当金	＊＊＊	＊＊＊
……………		
……………		

貸倒引当金繰入額と貸倒引当金戻入額は正味財産増減項目となります。

翌期に，実際に貸倒れが発生した場合には，雑損失—「貸倒損失」を計上し，同時に，未収金勘定の残高を減少させます。

引当金繰入額の計上法には，期末に，残高を戻し入れ，新たに当期分を総額で繰り入れる「洗い替え法」と，差額を繰り入れる「差額補充法」とがあります。

① ＊＊01年３月31日　決算にあたり，未収金残高￥1,000,000に対して３％の貸倒れを見積もった。

(貸倒引当金繰入額)	30,000	(貸　倒　引　当　金)	30,000

② ＊＊01年６月10日　＊＊社が倒産したため，同社に対する未収金￥15,000が貸倒れとなった。回収不能である。

(貸　倒　損　失)	15,000	(未　　収　　金)	15,000

③　＊＊02年3月31日　決算にあたり，今期末の未収金残高￥500,000に対して３％の貸倒れを見積もった。前期末に設定した貸倒引当金については，洗い替えにより戻し入れる。

(貸倒引当金繰入額)	15,000	(貸 倒 引 当 金)	15,000
(貸 倒 引 当 金)	30,000	(貸倒引当金戻入額)	30,000

Ⅱ　８桁精算表による決算実務

１　合計残高試算表

決算の開始にあたっては，まず，元帳の記入から（合計）残高試算表を作成します。

表13　合計残高試算表

自令和○年４月１日　　至令和△年３月31日

借方		科目	貸方	
残高	合計		合計	残高
25,180	36,220	現金預金	11,040	
12,200	12,200	建物		
1,260	1,800	什器備品	540	
		預り金	240	240
	2,000	長期借入金	12,000	10,000
	1,000	退職給付引当金	1,800	800
		前期繰越正味財産	22,500	22,500
		受取会費	32,600	32,600
		事業収益	720	720
		雑収入	460	460
7,000	7,000	事業費－旅費交通費		
9,400	9,400	事業費－印刷費		
5,400	5,400	管理費－給料手当		
1,800	1,800	管理費－旅費交通費		
5,000	5,000	管理費－賃借料		
80	80	管理費－支払利息		
67,320	81,900	合計	81,900	67,320

2　決算整理仕訳

次に，IIで述べたような決算整理事項について仕訳を行います。

実務では，決算整理事項をとりまとめた表（「棚卸表」といいます）を作成する場合もあります。

3　8桁精算表

決算手続を正確かつ容易にするため，実務では「精算表」が利用されることが多くなっています。8桁精算表は，決算手続のうち，残高試算表，決算整理，活動計算書，貸借対照表を，ひとつの表にまとめたものであり，決算の流れを概観するにも役立ちます。

表14　精　　算　　表

自令和××年4月1日　至令和××年3月31日

科　　目	残高試算表		整理記入		活動計算書		貸借対照表	
	借方	貸方	借方	貸方	借方	貸方	借方	貸方
現　　金	1,600						1,600	
普通預金	2,600						2,600	
……………………								
……………………								
……………………								
……………………								
……………………								
前年度繰越正味財産額		51,200						51,200
当年度収支差額						9,550		
当年度末正味財産増加額					15,320			15,320
合　　計	151,640	151,640	21,800	21,800	36,450	36,450	98,510	98,510

4　決算実務例

(1)　決算整理前残高試算表

表13と同様のものとする。なお，期中に次の処理が行われている。

①　什器備品売却（簿価￥540，売却代金￥1,000）

(現　金)	1,000	(什器備品)	540
		(什器備品売却益)	460

②　長期借入金￥2,000を返済した。

(長期借入金)	2,000	(現　金)	2,000

(2)　整理仕訳

決算整理仕訳として次の処理を行うものとする。

①　本年度＊＊事業収益の未収￥400を計上する。

(未収金)	400	(＊＊事業収益)	400

②　事業費の印刷代の未払い￥300を計上する。

(印刷費—事業費)	300	(未払金)	300

③　建物減価償却額￥200，什器備品減価償却額￥140を計上する。

(建物減価償却額)	200	(建　物)	200
(什器備品減価償却額)	140	(什器備品)	140

④　退職給付引当金に￥700を繰り入れる

(退職給付費用)	700	(退職給付引当金)	700

⑤　賃借料のうち，￥200は，次期分のため，繰り延べる。

(前払賃借料)	200	(賃借料)	200

⑥　会費収入のうち，￥600は次期分のため繰り延べる。

(受取会費)	600	(前受会費)	600

5 財務諸表

表15　活動計算書

令和○年4月1日から令和△年3月31日まで

科目	金額		
Ⅰ　経常収益			
1　受取会費		32,000	
2　事業収益		1,120	
経常収益計			33,120
Ⅱ　経常費用			
1　事業費			
(1)　人件費	0		
人件費計	0		
(2)　その他経費			
旅費交通費	7,000		
印刷費	9,700		
その他経費計	16,700		
事業費計		16,700	
2　管理費			
(1)　人件費			
給料手当	5,400		
退職給付費用	700		
人件費計	6,100		
(2)　その他経費			
旅費交通費	1,800		
賃借料	4,800		
減価償却費	340		
支払利息	80		
その他経費計	7,020		
管理費計		13,120	
経常費用計			29,820
Ⅲ　経常外収益			
固定資産売却益		460	
経常外収益計			460
Ⅳ　経常外費用			
経常外費用計			0
当期正味財産増減額			3,760
前期繰越正味財産額			22,500
次期繰越正味財産額			26,260

表16　貸借対照表

令和△年3月31日現在

科目	金額		
Ⅰ　資産の部			
1　流動資産			
現金預金	25,180		
未収金	400		
前払賃借料	200		
流動資産合計		25,780	
2　固定資産			
建物	24,000		
減価償却累計額	△12,000		
什器備品	4,000		
減価償却累計額	△2,880		
固定資産合計		13,120	
資産合計			38,900
Ⅱ　負債の部			
1　流動負債			
未払金	300		
預り金	240		
前受会費	600		
流動負債合計		1,140	
2　固定負債			
長期借入金	10,000		
退職給付引当金	1,500		
固定負債合計		11,500	
負債合計			12,640
Ⅲ　正味財産の部			
前期繰越正味財産		22,500	
当期正味財産増加額		3,760	
正味財産合計			26,260
負債及び正味財産合計			38,900

表17　財　産　目　録

令和△年３月31日現在

科　目・摘　要	金　額		
Ⅰ　資　産　の　部			
1　流　動　資　産			
現　金　預　金			
現　　金　現金手許有高	15,000		
普通預金　○銀行○○支店	10,180		
未　収　金　本年度会費×名分	400		
前払賃借料　事務所家賃４月分	200		
流動資産合計		25,780	
2　固　定　資　産			
建　　物　鉄骨２階建て○○平米	12,000		
什器備品　応接セット	520		
パーソナルコンピュータ	600		
固定資産合計		13,120	
資　産　合　計			38,900
Ⅱ　負　債　の　部			
1　流　動　負　債			
未　払　金　事業費－印刷代	300		
預　り　金　職員に対する源泉所得税	240		
前受会費　平成△年度会費○名分	600		
流動負債合計		1,140	
2　固　定　負　債			
長期借入金　○○銀行○○支店	10,000		
退職給付引当金	1,500		
固定負債合計		11,500	
負　債　合　計			12,640
正　味　財　産			26,260

Ⅲ　帳簿の締切り

1　決算整理仕訳の転記

本来の決算本手続では，決算整理事項を仕訳帳（伝票）に記入し，元帳に転記したその記録結果から財務諸表を作成します。

しかし，実務では，精算表上で計算し財務諸表を作成しますので，元帳への転記は事後になります。

表18

仕　訳　帳

2

日	付	摘　　要	元丁	借　方	貸　方
3	31	(前 払 賃 借 料)	195	××	
		(賃　借　料)	555		××
		決算整理仕訳			

前 払 賃 貸 料　195

3／31　賃　借　料　××	

賃　借　料　555

	3／31　前払保険料　××

2　総勘定元帳の締切り

決算整理事項を総勘定元帳へ転記した後，元帳の各勘定口座の記入を集計し，締切り，次期への繰越し記入を行います。

この帳簿の締切り方法には「大陸式」と「英米式」があります。大陸式では，まず総勘定元帳の残高を，収支項目については収支集合勘定へ，正味財産増減項目については正味財産増減集合勘定に振り替えます。次に，資産，負債および正味財産の残高を決算残高勘定に振り替え，決算残高勘定の内容を次期へ繰り越します。決算残高勘定は貸借対照表と同一内容であり，この決算残高勘定を通じて今期と次期の会計が連結されます。英米式では，この決算残高勘定を省略し，資産，負債，正味財産の各勘定の残高を，直接次期へ繰り越します。近年では，より簡便な方法である英米法で行われることが多くなっています。その場合は試算表を作成して，繰越記入が正しく行われているかどうか，二つの会計期間の連続性が保たれているかどうかを確認します。

次に，英米式による正味財産増減勘定への振替えと締切り，正味財産勘定と資産勘定の次期繰越と締切りの例を示します。

表19

受取会費　401

○○年 月	日	摘要	丁数	借方	貸方	借又は貸	差引残高
×	×	当座預金　×××名			560,000	貸	560,000
3	31	未収会費　○名分未収計上			60,000	〃	620,000
	〃	正味財産増減		620,000			0
				620,000	620,000		

事業収益　402

○○年 月	日	摘要	丁数	借方	貸方	借又は貸	差引残高
×	×	当座預金　××より振込			300,000	貸	300,000
3	31	正味財産増減		300,000			0
				300,000	300,000		

事業費－印刷費　522

○○年 月	日	摘要	丁数	借方	貸方	借又は貸	差引残高
×	×	当座預金　○○に支払		120,000		借	120,000
3	31	未払会　　○○の未払分計上		40,000		〃	160,000
	〃	正味財産増減			160,000		0
				160,000	160,000		

正味財産増減

300

○○年 月	日	摘要	丁数	借方	貸方	借又は貸	差引残高
3	31			⋮	⋮		
	〃	当期正味財産増加額		250,000			0
				3,000,000	3,000,000		

正　味　財　産

301

○○年 月	日	摘要	丁数	借方	貸方	借又は貸	差引残高
4	1	前期繰越			900,000		
3	31	正味財産増減			250,000	貸	1,150,000
		次期繰越		1,150,000			0
				1,150,000	1,150,000		

現　　　金

101

○○年 月	日	摘要	丁数	借方	貸方	借又は貸	差引残高
4	1	前期繰越		18,000			
		…………………		⋮	⋮		
×	×	車　　両			300,000	借	50,000
3	31	次期繰越			50,000		0
				700,000	700,000		

当　座　預　金

122

○○年 月	日	摘要	丁数	借方	貸方	借又は貸	差引残高
4	1	前期より繰越		520,000			
×	×	受取会費　×××名		560,000			
×	×	事業収益　××より振込		300,000			
×	×	事業費－　××支払			120,000		
×	×	…………………		⋮	⋮		
×	×	借 入 金　××より		300,000		借	1,200,000
3	31	次期繰越			1,200,000		0
				3,800,000	3,800,000		

3　経過勘定の再振替

翌期首の開始記入にあたっては，<Ⅱ　決算整理－4>で述べた経過勘定の再振替を行っておく必要があります。「再振替仕訳」は，決算日に行った決算整理仕訳と貸借反対の仕訳となります。

① ＊＊01年3月31日　決算にあたり，保険料の未経過分￥3,000を繰り延べた。

(前 払 保 険 料)　3,000　(保　険　料)　3,000

② ＊＊01年4月1日　期首再振替を行う。

(保　険　料)　3,000　(前 払 保 険 料)　3,000

表20

保　険　料　557

11／1	当　座	7,000	3／31	前払保険料	3,000
			〃	収支集合	4,000
		7,000			7,000
4／1	前払保険料	3,000			

(再振替)

前 払 賃 借 料　197

3／31	保 険 料	3,000	3／31	次期繰越	3,000
4／1	前期繰越	3,000	4／1	保 険 料	3,000

第7章

NPO法人の税務

1　NPO法人にかかる税金

Ⅰ　法人税等の課税

1　収益事業に対する課税

(1)　課税の概要

NPO法人は，法人税法等の適用については「公益法人等」とみなすとされています（法70条）。したがって，他の公益法人等の取扱いと同じく，税法上の収益事業から生じた所得に対してのみ課税を受けることになります。ただし，NPO法人は収益事業から生ずる所得に対する税率については普通法人と同じ税率が適用され，公益法人等に適用される軽減税率は適用されません。また，収益事業から非収益事業に対して金銭等を支出した場合に公益法人等に認められているみなし寄附金の損金算入も所轄庁の認定を受けた認定NPO法人を除いては認められません。

NPO法人に適用される税率をまとめると次のとおりとなります。

①　法人税率（収益事業の所得に課税）

年間所得800万円以下　15％

800万円超　23.4％

②　住民税率（道府県民税，市町村民税）

均等割（事務所等を有する法人に課税）の標準税率

道府県民税　２万円

市町村民税　５万円

法人税割（収益事業の所得に課税）の標準税率

道府県民税　法人税額の ３.２％　（制限税率 ４.２％）

市町村民税　法人税額の ９.７％　（制限税率12.１％）

③　事業税及び地方法人特別税（収益事業の所得に課税）の標準税率

(事業税)　年間所得400万円以下		3.4%
	～800万円以下	5.1%
	800万円超	6.7%

(地方法人特別税)　事業税額の43.2%

④　登録免許税

設立又は役員や主たる事務所などの変更等の登記は非課税です。

⑤　利子・配当に対する所得税の課税

公益法人等に対しては，預貯金や株式の利子・配当等は非課税ですが，NPO法人に対しては，株式会社等の普通法人と同様に課税されます。

(2)　収益事業の意義と範囲

それでは，その「収益事業とは何か」という問題ですが，法人税法では「収益事業」は，「販売業，製造業その他の政令で定める事業で，継続して事業場を設けて行われるものをいう」と定義されています。したがって，NPO法人が営む事業が「収益事業」に該当するかどうかは，まず第1に「販売業，製造業その他の政令で定める事業であるかどうか」が要件になります。政令では具体的に34業種が列記されており，収益事業には，事業に付随して行われる行為を含むとされています。また，「収益事業を行う法人の経理区分」として，収益事業から生ずる所得に関する経理と収益事業以外の事業から生ずる所得に関する経理とを区分して行わなければならないとされています。ここに挙げられている収益事業の34業種は限定列挙ですので，これ以外の事業は収益事業には該当しないことになります（法令5）。

表1　収益事業の範囲

事業種目	事業例示・留意点等
1　物品販売業	動植物，その他通常物品といわないものの販売業を含みます。 会員等に対して有償で物品の頒布を行っている場合，その物品の頒布がもっぱら会員等からその事業規模に応じて会費を徴収する手段として行われているときは該当しません。
2　不動産販売業	固定資産としての土地のうち，収益事業の用に供されていたものを売却した場合は，その収益事業の付随行為として課税対象となります。ただし，譲渡した土地が相当期間（概ね10年以上）保有したものである場合には，収益事業に含めないことができます。
3　金銭貸付業	貸付先が不特定又は多数の者である金銭の貸付けに限られず，利子収入のほか手形の割引も含みます。 構成員の拠出金により会員等に原則として年7.3%（平成23年は年4.3%）以下で貸し付けられる共済貸付けは，含まれません。
4　物品貸付業	動植物，その他通常物品といわないものの貸付業を含みます。
5　不動産貸付業	店舗の一画を他の者に継続的に使用させるいわゆるケース貸し及び広告等のために建物その他の建造物の屋上，壁面を他の者に使用させる行為を含みます。 職員への社宅貸付けのように，その貸付けが福利厚生の一環として行われるものは該当しません。
6　製造業	物品の加工修理業を含みます。
7　通信業	放送業を含みます。
8　運送業	運送取扱業を含みます。
9　倉庫業	寄託を受けた物品を保管する業を含みます。
10　請負業	事務処理の委託を受ける業を含みます。 法令の規定に基づき国又は地方公共団体の事務処理を委託された法人の行うその委託に係るもので，一定の要件を備えるものは除かれます。
11　印刷業	印刷業のほか，他から得るコピー代も含みます。
	特定の資格要件を要する者を会員とする法人が，会報その他これに準ずる出版物を主として会員に配布するためのものは除かれます。

12 出　版　業	公益法人等又は人格のない社団等の出版物が，収益事業に該当する場合において，出版物の対価が会費等の名目で徴収されていると認められるときは，下記のように取り扱います。 ①　会員から出版物の代価を徴収しないで別に会費を徴収している場合には，その会費のうち当該出版物の代価相当額を出版業に係る収益とします。 ②　会員以外の者に配布した出版物について代価を徴収しないで会費等の名目で金銭を収受している場合には，その収受した金額を出版業に係る収益とします。
13 写　真　業	写真撮影などを行う事業をいいます。
14 席　貸　業	不特定又は多数の者の娯楽遊興又は慰安の用に供するための席貸業の他すべての席貸業をいいます。
15 旅　館　業	下宿営業のほか，信者，参詣人を旅館業の許可を受けないで宿泊させ，宿泊料を受ける事業も含まれます。ただし，宿泊施設の利用が，関連した者による利用で，１泊1,000円（２食付1,500円）以下のものは除かれます。
16 料理店業その他の飲食店業	飲食物の提供を行う事業をいいます。
17 周　旋　業	不動産仲介，職業紹介所，結婚相談所等を行う事業をいいます。
18 代　理　業	保険代理店，旅行代理店等を行う事業をいいます。
19 仲　立　業	商品売買，金融等の仲介又は斡旋等を行う事業をいいます。
20 問　屋　業	商品売買などの取次ぎを行う事業をいいます。
21 鉱　　　業	鉱物の採掘を行う事業をいいます。
22 土石採取業	土石の採取を行う事業をいいます。
23 浴　場　業	サウナ風呂，砂湯等の特殊浴場を含みます。
24 理　容　業	理容サービスの提供を行う事業をいいます。
25 美　容　業	美容サービスの提供を行う事業をいいます。
26 興　行　業	慈善興行を除く，映画・演劇・演芸・舞踊・舞踏・音楽・スポーツ見せ物等の興行が該当します。
27 遊技所業	野球場，テニスコートなどを運営する事業をいいます。
28 遊覧所業	遊園地，庭園などの運営を行う事業をいいます。
29 医療保健業	私立大学病院，日本赤十字社など一部除外があります。

30　技芸教授に関する業	洋裁・和裁・編物・手芸・料理・理容・美容・茶道・生花・着物着付け・演劇・演芸・舞踊・舞踏・音楽・絵画・書道・写真・工芸・デザイン・自動車の操縦等の教授，学力試験に備えるためや学校教育の補習のための学力の教授（通信教育を含む）等が該当します。ただし，学校教育法に規定する学校等で行われる教授等や国家資格に関する試験事業・登録事業で一定の要件を満たすものは除かれます。 技芸の教授に係る教科書その他これに類する教材の販売及びバザーの開催を含みます。
31　駐車場業	駐車場の貸付けを行う事業をいいます。
32　信用保証業	信用保証協会等の特例の法令に基づき行われるものと保証料が低額（年２％以下）のものは除かれます。
33　無体財産権提供業	その有する工業所有権その他の技術に関する権利又は著作権の譲渡または提供を行う事業（国又は地方公共団体に対して行われる無体財産権等を除く）
34　労働者派遣業	自己の雇用する者その他の者を，他の者の指揮命令を受けて，他の者のために他の者の行う事業に従事させる事業をいいます。

(3)　継続して行われるもの

「継続して行われるもの」には，各事業年度の全期間を通じて行われるものだけに限らず，事業の性質に応じて継続性を判断することとして，次のものが例示に挙げられています。

①　土地の造成及び分譲，全集又は事典の出版等のように，通常一の事業計画に基づく事業の遂行に相当期間を要するもの

②　海水浴場における席貸し等又は縁日における物品販売のように，通常一定の季節ごとに相当期間にわたって継続して行われるもの又は定期的に，若しくは不定期に反復して行われるもの

また，法人が収益事業とこれに類似する非収益事業とを行っている場合に，継続性をどう判断するかという問題ですが，全体として継続しているかどうかで判断されるとしています。たとえば，「席貸業」の場合，公益法人等の所有する会場が本来の目的で使われるのを通常とし，ときどきコンサート会場などとして貸していたとすると，その場合，会場が全体とし

て継続的に使われていれば，ときどき行われる「席貸業」も継続していると判断されるという趣旨です。

⑷　事業場を設けて行われるもの

事業場というのは事業を行うための物的施設を指しているものと解されています。販売業であれば店舗，製造業であれば工場，サービス業であれば事務所，飲食業であれば食堂のようなものが考えられます。また不動産貸付業であれば建物や土地ということになります。

施設は必ずしも常設のものでなくても，移動式のものでも事業場に該当するとしていますし，また既存の施設を利用して行われるものも含まれるとしています。したがって収益事業のための専用の施設でなくとも，学校法人や宗教法人の講堂を興行等に貸し付けた場合でも「事業場を設けて行われるもの」と認定されます。特に施設を必要としないような請負業や代理業においても，事務手続を行うなどの行為によって事業場と認定され，法人が委託契約，組合契約，信託契約を結んで他のものに営業させている場合には，その営業は法人が収益事業を行っているものとして取り扱われ，他のものの事業場が法人の事業場と認定されることになります。

⑸　収益事業から除外される事業

収益事業として掲げられている事業（以下，「特掲事業」という。）と同一種類の事業であっても，その性質が公共サービスに準ずるものと認められるものや，社会通念上課税になじまないと考えられるもの，国や自治体に対するサービスなどは収益事業から除外されています。

①　収益事業から除外されるものの種類

特掲事業から除外されている事業の大半は，「特定の法人」が「特定の法律」に基づいて行う事業，という形で定められています。たとえば，「国立研究開発法人農業・食品産業技術総合研究機構」が「国立研究開発法人農業・食品産業技術総合研究機構法」に掲げる事業として行う物品販売業，「日本勤労者住宅協会」が「日本勤労者住宅協会法第23条第１号及び第２号」に掲げる業務として行う不動産貸付業，といった規定の仕方です。これは，その事業を行う法人の性格に着目して非課税とする，いわゆる「人的非課税」と，事業の性質に着目して非課税とする，いわゆる「用途非課税」の混合であるといえます。もっとも，日本赤十字社が行う医療保健業，社会福祉法人が行う医療保健業，学校法人が行う医療保健業のように，法人の性格だけで非課税となっている規定もないわけではありません。しかしその場合でも，すべての事業にわたって除外されているわけでなく，医療保健業なら医療保健業と事業が特定されていることから，やはり「人的非課税」と「用途非課税」の混合であると考えるべきでしょう。いずれにしても，これらは公共サービスに準ずる事業という位置付けでしょう。すなわち，国や地方公共団体によって供給されることが困難な財，サービスを寄附金等を資金として供給していると考えられているわけです。たとえば「学校法人が行う医療保健業」ですが，これが医師の養成という国家的事業の一端を担っていると考えれば，確かに準公共サービスといえる面もあります。ともかく，これが除外の第１の類型です。

第２の類型としては，国又は地方公共団体に対するサービスの提供を除外するものです。たとえば，国又は地方公共団体に対して直接貸し付けられる不動産の貸付業が除外されていますが，これは課税が行われることになると賃料が引き上げられることになり，結局ツーペイとなって課税してもメリットがないという理由によるものと思われます。この類型には他にも，国又は地方公共団体の用に供する席貸業，国又は地方公共団体に対して行われる無体財産権提供業などがあります。

第３の類型としては，社会通念上課税になじまないと考えられるものです。典型的な例として，宗教法人又は公益社団法人若しくは公益財団法人が行う墳墓地の貸付業があります。社会福祉事業として行われる席貸業の除外や法人の会員に対する会報の配布を出版業から除外しているのも，この類型に該当するでしょう。

第４の類型としては，対価が低廉，低額なものや実費の範囲を超えないものが挙げられます。たとえば，住宅用土地の貸付けで，地代を固定資産税等の３倍以内に抑えたものがこれに当たりますが，この程度のものは実際にはあまり所得が生じないため，わざわざ課税する意味に乏しいとして除外したものと考えられます。

その他，これらの類型の混合したものがあります。たとえば，席貸業のうち会員が実費で利用する場合を除外しているケースですが，これは第３の類型である社会通念上の除外と第４の類型の低廉なものの除外の混合といえるでしょう。

②　特定法人の行う事業

さて，上記①の第１の類型に含まれるもののなかに，「特定法人」という見慣れない概念が登場しています。まず，「特定法人の行う不動産販売業」が，不動産販売業から除外されています。それから，「特定法人が行う不動産貸付業」も，不動産貸付業から除外されています。さらには，「特定法人が農業者団体等に対して行う物品貸付業」が物品貸付業から除外され，「特定法人が農業者団体等に対して行う請負業」も請負業から除外されています。

そこで，この「特定法人」とは何かということですが，次に掲げる法人で，その業務が地方公共団体の管理の下に運営されているものとなっています（法令５）。

㋑　その社員総会における議決権の総数の２分の１以上の数が当該地方公共団体により保有されている公益社団法人又は法別表第二に掲げる一般社団法人

㋺　その拠出をされた金額の２分の１以上の金額が当該地方公共団体により拠出をされている公益財団法人又は法別表第二に掲げる一般財団法人

㋩　その社員総会における議決権の全部が㋑又は㋺に掲げる法人により保有されている公益社団法人又は法別表第二に掲げる一般社団法人

㋥　その拠出をされた金額の全額が㋑又は㋺に掲げる法人により拠出をされている公益財団法人又は法別表第二に掲げる一般財団法人

これは，地方公共団体のいわゆるダミーとして公営住宅などの経営を行う財団・社団を指しています。それぞれの地方公共団体が設けている，いわゆる街づくりセンターや住宅開発公社などの行う「不動産販売業」「不動産貸付業」等を非課税とする趣旨のものです。当然，第１の類型に該当します。

③　不動産貸付業から除外されるもの

不動産貸付業は，積極的な事業の意思を持たなくても行うことのできる事業です。たとえば所有している土地を，借受人の申出に応じて貸し付けるとそれが不動産貸付業になりますし，昔から貸し付けていれば特に意識しないまま自動的に不動産貸付業になります。公益法人等のなかでも大半を占める宗教法人においては，こうした実態を持つ事業を行っている場合が多く見られます。もともと所有していた広い所有地を法人自らが活用した結果というよりも，周囲に活用された結果というべきでしょう。財団法人の場合は，貸付不動産を財団にして設立されている場合も多いので，少し宗教法人とは事情が異なるかもしれません。

不動産貸付業からの除外には，特定法人が行う不動産貸付業などの第１の類型の他に，国又は地方公共団体に対して直接貸し付けられる場合の第２の類型，そして宗教法人等の行う墳墓地の貸付けの第３の類型と住宅用地の低廉貸付の第４の類型があります。

不動産貸付業からの除外のなかで重要なのは，第４の類型の住宅用地の低廉貸付です。なぜ，重要かというと現実にこうした貸付けが多く行われているからです。法人税法施行令第５条では「主として住宅の用に供される土地の貸付業で，その貸付けの対価の額が低廉であることその他の財務省令で定める要件を満たすもの」を不動産貸付業から除いています。次に，省令の法人税法施行規則第４条では「貸付業の貸付けの対価の額のうち，当該事業年度の貸付期間に係る収入金額の合計額が，当該貸付けに係る土地に課される固定資産税額及び都市計画税額で当該貸付期間に係るものの合計額に３を乗じて計算した金額以下であることとする。」と規定されています。要するに住宅用の貸地で固定資産税と都市計画税の合計額の３倍以下の地代であれば課税しない趣旨ですが，３倍という基準は多くの借地契約の実態を勘案しつつ所得のあまり生じない範囲を考慮して設定されたものでしょう。３倍の地代から１倍の固定資産税等を控除して，そこから人件費や貸地管理費用を控除すると確かにあまり所得は生じそうにありません。

不動産貸付業は昭和25年の特掲事業には挙げられていませんでしたが，昭和32年に収益事業に追加されました。そのときは事務所，店舗等に係る貸付けのみで，住宅に係るものは除外されていました。昭和46年の改正で住宅に係る貸付けも収益事業に含められることになりましたが，運用上の軋轢や混乱が生じたため，昭和49年になって住宅用土地の低廉貸付をきちんと形式基準を設定して除外することになったという経緯があります。

④　出版業から除外されるもの

公益法人等のなかにいわゆる有資格者の団体があります。行政書士会，司法書士会，社会保険労務士会，税理士会，日本公認会計士協会，弁護士会，弁理士会などですが，これらが会員に対して会報や会員名簿などを配布する，あるいは学術等を目的とする財団，社団などが会員に対して，会報や名簿などの印刷物を出版して配布することは通常よく行われることです。

「特定の資格を有する者を会員とする法人がその会報その他これに準ずる出版物を主として会員に配布するために行なうもの及び学術，慈善その他公益を目的とする法人がその目的を達成するため会報をもっぱらその会員に配布するために行なうものを除く。」として，出版業からこれが除外されているのは，会報の配布が本来の活動に不可欠のものであって，社会通念上課税になじまないからであると考えられます。

昭和25年には出版業から除外されているものはありませんでしたが，昭和32年の改正時に特定の資格を有する会員に対する会報の配布が収益事業から除外され，昭和41年に学術等の公益を目的とする法人の会報が収益事業から除外されたという経緯があります。ただし，会報であっても会員以外に有料で多数販売し，かつ，広告料収入を得ている場合は，出版業として非課税対象かどうかは税務署長の事実認定によって課税の是非が問題となったケースがあります。NPO法人が会員を募集するために広報の一環として無償で配布するものは原則として課税されません。

⑤　請負業から除外されるもの

請負業は昭和25年に特掲されたときには除外されているものはありませんでした。昭和38年に「事務処理の委託を受ける業を含む」ことが明文化されましたが，その後の昭和40年には「法令の規定に基づき国又は地方公共団体の事務処理を委託された法人の行なうその委託に係るもので，その委託の対価がその事務処理のために必要な費用をこえないことが法令の規定により明らかなことその他の財務省令で定める要件を備えるもの」が収益事業から除外されました。

この除外について，財務省令で定める要件は次のものです。

イ　その委託の対価がその事務処理のために必要な費用を超えないことが法令の規定により明らかなこと

ロ　その委託の対価が事務処理のために必要な費用を超えるに至った場合には，法令の規定により，その超える金額を委託者またはそれに代わるべき者として主務大臣の指定する者に支出すること

ハ　その委託が法令の規定に従って行われていること

これらは要するに，剰余金が生じない事業を前提として収益事業から除外しているということを示しています。すなわち，所得が生じない範囲の事業であることを前提にしています。これ以外には，土地改良事業団体連合会が会員等に対して行う事業，特定法人が農業者団体等に対して行う事業，私立大学が行う受託研究などが収益事業から除外されています。

⑥　席貸業から除外されるもの

財団，社団等の有する会館のホール，学校法人の講堂や教室，宗教法人

の本堂や会館，と法人が本来の活動や事業のために所有しているものを催し物等に貸し出すことも通常よく行われることです。

昭和25年の制度発足のときには，席貸業は「不特定又は多数の者の娯楽，遊興又は慰安の用に供するための席貸しをなすものに限る」と限定されていました。それが，昭和59年の改正で，一部の除外されるものを除いてすべて収益事業に含まれることとなりました。

除外されたのは次のものです。

イ　国又は地方公共団体の用に供するための席貸業

ロ　社会福祉（事業）法第２条第１項の社会福祉事業として行われる席貸業

ハ　学校法人等や職業訓練法人が主たる目的とする業務に関連して行う席貸業

ニ　法人がその主たる目的とする業務に関連して行う席貸業で，当該法人の会員その他これに準ずる者の用に供するためのもののうちその利用の対価の額が実費の範囲を超えないもの

ここで除外されているもののうち，判断を要するのはニの席貸しですが，このような席貸しは，社会通念上課税になじまないと考えられるだけでなく，実際には所得がほとんど生じないことから除外したものでしょう。

⑦　医療保健業から除外されるもの

医療保健業には，医師又は歯科医師が行う医業の他，療術業，助産師業，看護業，歯科技工業，獣医業等が含まれます（法基通15－１－56）。

医療保健業のうち，次に掲げる以外のものが収益事業の医療保健業に該当します（法令５①二十九）。

イ　日本赤十字社が行う医療保健業

ロ　社会福祉法に規定する社会福祉法人が行う医療保健業

ハ　私立学校法第３条に規定する学校法人が行う医療保健業

ニ～ト　（省略）

チ　医療法に規定する社会医療法人が行う医療保健業

リ～ワ　(省略)

カ　公益社団法人等（公益社団法人若しくは公益財団法人又は法別表第二に掲げる一般社団法人若しくは一般財団法人）で，看護師等の人材確保の促進に関する法律の規定による指定を受けた者が介護保険法による訪問看護・介護予防訪問看護，高齢者の医療の確保に関する法律による指定訪問看護又は健康保険法による訪問看護の研修に付随して行う医療保健業

ヨ　イからカまでに掲げるもののほか，残余財産が国又は地方公共団体に帰属すること，一定の医療施設を有していること，診療報酬の額が低廉であることその他の財務省令で定める要件を備える公益法人等が行う医療保健業

⑧　技芸教授業から除外されるもの

技芸教授業は昭和25年には特掲されていませんでしたが，昭和32年の改正で収益事業に加えられています。そのときは，「洋裁，料理，理容，美容，茶道，生花，演劇，舞踊，舞踏，音楽，自動車操縦その他これらに類する技芸で大蔵省令で定めるものの教授」とされていました。昭和53年の改正では，これに「着物着付けの教授業」と「小型船舶の操縦の教授業」が付け加わりました。さらに，「公開模擬学力試験（学校の入学者を選抜するための学力試験に備えるため，広く一般に参加者を募集し，当該学力試験にその内容及び方法を擬して行われる試験をいう。）を行う事業」が追加されました。

昭和59年の改正では，これに「絵画，書道，写真，工芸，デザイン（レタリングを含む。）の教授業」と大学，高校等の入学試験に備えるための学力の教授業（予備校，進学塾，学習塾等）の内容が追加されました。

技芸教授業の内容は大きく「技芸の教授」と「学力の教授」に分けることができます。学校教育法の「学校」「専修学校」「各種学校」は，授業時間等の一定の要件を満たせば，「技芸の教授」も「学力の教授」も収益事業から除外されます。社会教育法の認定を受けた通信教育による「技芸の

教授」ないし「学力の教授」であれば，これも収益事業から除外されます。理容師法，美容師法等による「技芸の教授」も収益事業から除外されています。

また，平成20年の改正では，国家資格に関する試験事業，登録事業で一定の要件を満たすものが収益事業から除外されました。

ところで，ここにいう「技芸」とはなにか。その意味するところですが，広辞苑によると「技芸」は「歌舞，音曲など芸能に関するわざ。遊芸」とあり，大辞林では「美術・工芸などの芸術に関する技術」となっています。政令の用法にはこれらを合わせた概念が近いようです。

技芸教授業における洋裁，料理等の技芸の教科は限定列挙ですから，特掲されていない文学や人文科学，自然科学，数学，工学などの一般教養に係る教科や，語学に係る教科，経営や経済・法律に係る教科，コンピュータや情報処理に係る教科などの教授は収益事業に該当しないわけです。

どういう趣旨で「技芸の教授」と「学力の教授」だけを収益事業とし，いわゆる「学術の教授」を収益事業から除外しているのか明らかではありませんが，「技芸の教授」や「学力の教授」と比べて，「学術の教授」があまり所得が生じそうにないこと，営利法人によって営まれているケースの少ないこと，社会通念上も課税になじまないことなどが，除外の趣旨として考えられます。

(6)　収益事業の認定

公益法人等が政令の「収益事業の範囲」に掲げる事業を行う場合には，たとえその事業が本来の目的たる事業であるときであっても，その事業から生じる所得については法人税が課されることに留意することとされています。政令の34業種は，一般企業との競争の有無や課税上の公平の維持などに配意して，もっぱら税法固有の事業から収益事業として規定したものですから，公益法人の本来の目的に照らし合わせて事業の性格がどうこういったこととは関係がないということです。たとえば，公益法人等の本来の活動としての出版物の発行が「出版事業」に当たるケースや，宗教法人の施設の葬儀場としての使用が「席貸業」に認定されたケース，学会等での展示物の出展代が「席貸業」に認定されたケースなどがあります。

(7) 付 随 行 為

収益事業に含まれる付随行為は，その収益事業の一環として行われるものか，又は収益事業に関連して行われる行為をいうとして，次のように例示されています。

① 出版業を行う法人がそれに関連した講演会を開催することや出版物の掲載広告を引き受けること

② 技芸教授業を行う法人が教科書や教材の販売をすること，バザーを開催すること

③ 旅館業，料理店業を行う法人が会議等の席貸しをすること

④ 興行業を行う法人がその放送を許諾すること

⑤ 収益事業から得た所得を預金，有価証券等に運用すること

⑥ 収益事業に属する固定資産等を処分すること

ただし，⑤の収益事業の所得の運用益は，完全な余裕資金の運用の場合には，区分経理を経ることによって，収益事業の付随行為に含まれない別個の行為として取り扱われます。また，⑥の固定資産等の処分も土地，建物等のキャピタル・ゲイン（過去の値上がり益）の場合には，一定の要件の下に付随行為とは別の取扱いを受けることになります。

(8) 所得の運用

収益事業の所得から税金を控除した残りは，資産として法人に保有されます。この資産が預金や有価証券等として保有され，運用されると，その結果，利息や配当金などの運用益が生じることになります。この運用益は，収益事業の付随行為として課税の対象になるのが一般的です。しかし，この資産を収益事業以外の事業に属するものとして区分して経理したときは，その運用益は収益事業の付随行為に含めないことができるとされています。

(9) 委託契約等による事業

法人が自ら収益事業を行わなくても，他の者に行わせる場合があります。

その場合でも，法人が実質的に自ら収益事業を行っているものとして取り扱うとして次の例が挙げられています。

① 法人が収益事業に該当する事業に係る業務の全部又は一部を委託契約に基づいて他の者に行わせている場合

② 法人が収益事業に該当する事業を行うことを目的とする組合契約や匿名組合契約等に基づいて費用及び損失を負担し，その収益の分配を受け取ることとしている場合

③ 法人がその財産の信託をしている場合に，受託者が収益事業に該当する事業で運用を行っている場合

たとえば，①の例でいくと，法人が所有する会館などの施設で，食堂や売店などの経営を他に委託して収益の一部を受け取っている場合は，「飲食店業」や「物品販売業」として課税の対象になります。

⑽ 共済事業

いわゆる共済事業として行う事業についても，事業の内容に応じて収益事業かどうかの判定を行うとされています。共済事業は34業種のなかには列挙されていませんが，事業の内容によっては収益事業に該当するものがあるからです。たとえば，会員に対する融資事業は「金銭貸付業」，団体生命保険の取次ぎや事務代行の手数料収入は「請負業」に，会員への斡旋事業は「物品販売業」や「周旋業」に該当する可能性があります。もっとも，保険会社の事業と同じような共済事業は，保険業が34業種に入っていないため収益事業にはなりません。

⑾ 収益事業に含まれないもの

特掲事業に該当する事業を行うときでも，次の場合には収益事業に含まれないものとされます。

① 公益社団法人又は公益財団法人が行う事業のうち，公益認定法に規定する公益目的事業に該当するもの

② 公益法人等が行う事業に従事する次の者が従事者総数の半数以上を占め，かつ，その事業がこれらの者の生活の保護に寄与していること

イ　身体障害者福祉法に規定する身体障害者

ロ　生活保護法の規定により生活扶助を受ける者

ハ　児童相談所，知的障害者更生相談所，精神保健福祉センター又は精神保健指定医により知的障害者として判定された者

ニ　精神保健及び精神障害者福祉に関する法律の規定により精神障害者保健福祉手帳の交付を受けている者

ホ　年齢65歳以上の者

ヘ　母子及び寡婦福祉法に規定する配偶者のない女子であって民法第877条（扶養義務者とその範囲）の規定により現に母子及び寡婦福祉法第６条第２項に規定する児童を扶養している者又は同条第３項に規定する寡婦

③　母子及び寡婦福祉法に基づく特定の金銭貸付業のほか，母子及び寡婦福祉法の規定による公共的施設内で行われる特定の事業

④　保険業法の保険契約者保護機構が同法に掲げる業務として行う事業

⑿　介護サービス事業の取扱い

NPO法人が介護サービス事業を行う場合，それを本来目的事業として行うか収益事業として行うかにかかわらず「法人税法上の収益事業」とされ，所得に対して課税されることになります。この場合の収益事業の区分は次のとおり取り扱われます（平成12年６月８日　課法２－５，２－６）。

①　居宅サービス業のうち②を除く，居宅介護支援事業，施設サービス事業	医療保健業
②　福祉用具貸与事業	物品貸付業
③　特定福祉用販売事業	物品販売業
④　住宅改修事業	請　負　業

(注)　上表①の事業は，「医療保健業」に該当するが，社会福祉法人が行う医療保健業は収益事業から除かれている（法令５①二十九ロ）。

2　収益事業の区分経理

⑴　区分経理の趣旨

会社などの普通法人はすべての事業から生じる所得について一律に法人税の課税が行われますが，NPO法人では収益事業に該当する事業から生じる所得に対してだけ課税が行われます。そこで，NPO法人は，「収益事業から生ずる所得に関する経理」と「収益事業以外の事業から生ずる所得に関する経理」とを区分して行うことが必要になります（法令６）。

⑵　区分経理の範囲

「所得に関する経理」とは，単に収益及び費用に関する経理だけでなく，資産及び負債に関する経理を含むとされています（法基通15－２－１）。しかしなぜ，収益と費用に関する経理だけでは足りず，資産と負債に関する経理も区分しなければならないのでしょうか。

法人税の計算原則に立ち戻って考えてみると，法人税は法人の益金から損金を控除した所得に対して課税されます。この益金や損金は，一般に公正妥当と認められる企業会計の基準に従って計上されている収益や費用に，別段の定めによるものを調整したものです。この計算の仕方はNPO法人や他の公益法人等でも変わりません。すなわち，NPO法人といえども法人税の所得を計算する場合には，「一般に公正妥当と認められる企業会計の基準」に従うことが要求されているわけです。

ここで「一般に公正妥当と認められる企業会計の基準」が指しているものは，当然，複式簿記という記録方法であり，その記録と集計の結果としての貸借対照表と損益計算書ということになります。そして，認識としての「費用の発生主義」と「収益の実現主義」を指しています。こうした原則は「確定決算主義」の名で呼ばれていますが，NPO法人や公益法人等の収益事業に区分経理を要求するものは，このような法人税の所得計算における確定決算主義の原則であるといえます。一般に公正妥当と認められる企業会計の基準に基づいて，公益法人等が収益事業の区分経理を行えば，収益と費用だけでなく，当然のこととして資産と負債までが区分されることになります。これが，収益と費用だけでなく，資産と負債まで区分経理を要するとしていることの背景にあります。

(3) 区分経理の簡便法

区分経理とは原則的には帳簿を別々に作ることで会計単位を分けることですが，現実には同じ帳簿から決算時に収益事業に係るものだけを抽出して区分する，簡便的な区分経理が行われていることが少なくありません。しかし，簡便法といっても収益・費用だけでなく，資産・負債も取り出すことで，区分経理の要件を充分に満たすことになります。

(4) 固定資産の区分経理と資本

非収益事業の用に供していた固定資産を収益事業の用に供する場合，その価額は供するときの帳簿価額で引き継がれることになります（法基通15－2－2）。非収益事業では減価償却をするとは限りません。減価償却をする，しないにかかわらず帳簿価額のままということです。この取扱いでは非収益事業で減価償却がなされていたかどうかによって所得計算が異なることになりますが，それよりも引継価額の客観性を重視したものであろうと思われます。

複式簿記による企業会計のシステムは，営利企業の純資産の増殖過程を記録し表現するためのすぐれたシステムであることは間違いないところです。公益法人等といえども営利企業と競合する収益事業だけに限ってみれば，企業会計のシステムに倣うことは確かに合理的であるかもしれません。

法人税基本通達15－２－３では，収益事業の資本という概念を持ち出して，公益法人等が収益事業を開始するときに，収益事業に係るものとして区分経理された資産の総額から外部負債の総額を控除した金額を元入金として経理したとしても，その金額は資本金等の額及び利益積立金額のいずれにも該当しないので注意することとしています。これは，その後において区分経理した場合も同様であるとしています。収益事業の区分経理を行った場合，出資のない法人の純資産が資本金等の額に該当しないのは当然ですが，課税済み留保利益である利益積立金額にも該当するものではないことを明確にしたものです。

また，収益事業に属するものとして区分経理した金額を，他会計振替額等の勘定科目により収益又は費用として経理した場合には，その金額は益金の額又は損金の額には算入されないとされていますが，これも内部費用又は内部収益の処理として当然のことといえましょう。

(5)　費用・損失の区分経理

①　個別費の賦課と共通費の配賦

収益事業の損益計算書を作成するには，その事業年度の収益に対応する費用・損失を計上しなければなりません。すべての費用・損失のうち，収益事業だけに直接要したものをまず計上します。原価計算の分野ならば，さしずめ部門別計算の「部門個別費」の賦課といったところです。次に，収益事業と非収益事業に共通して要した費用・損失を，何らかの合理的な基準で収益事業と非収益事業に按分して計上します。これも原価計算でいえば，「部門共通費」の配賦です。ここでは，何を収益事業の個別費とし，何を共通費とするかに，まず判断を要します。

物品販売業であれば，収益事業に該当する物品の売上高に対応する売上原価や店舗の減価償却費，固定資産税，店員給与，販売付帯費などを「個別費」として賦課し，それ以外の人件費などの費用を「共通費」として配賦することになります。また，不動産貸付業であれば，たとえば受取地代に対応する「個別費」はせいぜい土地の固定資産税・都市計画税くらいで，それ以外の費用は「共通費」として配賦するほかありません。

その場合の「共通費」の配賦基準ですが，資産の使用割合や従業員の従事割合，資産の帳簿価額の比，収入金額の比などのうち，その費用・損失の性質に応じて合理的と思われるものを適用することになります。この配賦基準の選択適用の判断も重要です。

②　内部費用の取扱い

「収益事業で必要な資金を非収益事業会計から借入れをする。」，よくあることですが，こうした借入れについて利息を支払ったからといって費用に計上することは認められていません。不動産を賃借して賃借料を支払った場合でも同様です。ひとつの法人のなかにあたかも複数の法人があるように区分経理をしますが，計算の便宜のためであって，会計相互間の利子，家賃などの内部取引までを損金として認める趣旨のものではありません。

③　専属借入金の支払利子

公益法人等が収益事業のために外部から借入れをして利息を支払っても，この利息は「個別費」として賦課できず，「共通費」として配賦することが原則とされ，一定の場合に限って例外的に収益事業に賦課することができるとされています（法基通15－２－６）。

一定の場合とは，「法令の規定，主務官庁の指導等により収益事業以外の事業に係る資金の運用方法等が規制されているため，収益事業の遂行上必要な資金の全部又は一部を外部からの借入金等により賄うこととしている場合」に限定されています。

余裕資金があってもそれは預金にして非課税の利息を受け取り，一方で借入れをして支払利息をまるまる損金として計上することの課税上の弊害を防ぐ趣旨によるものでしょう。しかし，収益事業の専属的な借入金であることが明らかな支払利息まで，共通費として配賦の対象とするのは問題がありそうに思えます。

(6)　寄附金の損金算入限度額

①　みなし寄附金の取扱い

公益法人等の寄附金は，学校法人，社会福祉法人，更生保護法人，社会医療法人は所得の50％か200万円のいずれか多い金額までの損金算入が認められ，その他の公益法人等は所得の20％を限度として認められています。また，公益社団法人，公益財団法人については所得の50％か公益法人特別限度額のいずれか多い金額の損金算入が認められます。これは，公益法人等が寄附金を損金として処理する場合に，外部に対して支出する寄附金だけでなく，法人内部で収益事業会計から非収益事業会計へ支出するものについても寄附金とみなして損金算入限度額の計算をすることになっている（法法37⑤）こととの関連によるものです。すなわち本来の事業を支援するための公益法人等の収益事業のあり方を，寄附金税制のなかにうまく組み込んで，控除できる損金を大きくして公益法人等に特典を与える制度になっています。

しかし，この制度は法人税法別表第二に掲げられている公益法人等にのみ適用があり，NPO法人（認定NPO法人を除く）や人格のない社団等にはこのような優遇はなされていません。したがって，所得金額の1.25％（一般寄附金の損金算入限度額）の金額までしか損金算入できないことになります。

②　資産等の低廉譲渡

法人が資産を時価よりも低い価額で他に譲渡したり，経済的利益の供与をした場合に，実質的に贈与と認められる部分の金額は，寄附金とみなして損金算入限度額の計算をすることになっています（法法37⑧）。

しかし，公益法人等の場合は，それが本来の目的である事業の範囲内で行われるものであれば，このような贈与の適用はない取扱いになっています（法基通15－２－９）。NPO法人や人格のない社団等についても同様です。

３　収益事業申告の手続

⑴　法　人　税

NPO法人が収益事業を開始したときは，その開始した日から２カ月以内に収益事業開始届出書を税務署長に提出しなければなりません。この届出書には，①収益事業に係る開始貸借対照表，②定款，③登記事項証明書，④収益事業の概要を記載した書類を添付しなければなりません。また，いったん収益事業を開始したら事業を廃止するまでは，各事業年度終了の日の翌日から２カ月以内に確定申告をしなければなりません。

NPO法人の確定申告書には収益事業に係る貸借対照表，損益計算書を添付することはもちろんですが，それ以外にも基本通達では収益事業以外の事業に係る計算書類の添付まで求めています。

なお，NPO法人は普通法人のように中間申告・納付は義務付けられていません。

⑵ 地 方 税

① 法人住民税

法人は道府県内に事務所又は事業所を有すると，均等割及び法人税割の合算額が課税されるのを原則としています。市町村民税についても同様です。ただし，収益事業を行っていないNPO法人については，申請して認められれば，課税免除の適用を受けられる場合があります。

表2 主な地方税の課税内容

税目	課税内容の概略
道府県民税	法人税割……収益事業を行う場合にのみ課税 法人税の5.0% 均等割……定額課税（2万円）
市町村民税	法人税割……収益事業を行う場合にのみ課税 法人税の12.3% 均等割……定額課税（5万円）
事業税	収益事業を行う場合に，その収益事業から生じる所得についてのみ課税 年間所得400万円以下の部分……3.4% 年間所得400万円超800万円以下の部分……5.1% 年間所得800万円を超える部分……6.7%
地方法人特別税	収益事業を行う場合に，その収益事業から生じる所得についてのみ課税 事業税額の43.2%
固定資産税	原則として課税
都市計画税	固定資産税とほぼ同様
不動産取得税	固定資産税とほぼ同様
事業所税	原則として課税。ただし，非収益事業に係る所得については非課税

なお，公益法人等のうち，社会福祉法人，宗教法人，学校法人，労働組合ほか，博物館の設置や学術の研究を目的とする公益法人などの特定の法人で，収益事業を行っていない場合は均等割も法人税割も課されません。

②　法人事業税

事業税は，法人の行う事業に対して課税される道府県税です。ただし，NPO法人については，収益事業に係るもの以外のものに対しては事業税を課さないとしています。収益事業の範囲については法人税法の定める範囲によるとし，収益事業と非収益事業の区分経理についても法人税法と同じように定めています。

Ⅱ　消　費　税

消費税は取引に係る税ですので，課税取引を行う法人にはすべて課税され，法人の種類や事業の種類による課税非課税の区別はありません。つまり，消費税の世界では，NPO法人はもちろん公益法人や社会福祉法人だからといって優遇されたり免除されたりすることは，一切ありません。ただし，どのような法人であっても一定の小規模事業者については，消費税を預って国に納付する納税義務が免除されています。

1　消費税の計算の基本

(1)　売上税額の計算

税率ごとに区分した課税期間中の課税売上（税込価額）の合計額に，108分の100又は110分の100を掛けて税率ごとの課税標準額を算出し，それぞれの税率（６．２４％又は７．８％）を掛けて売上税額を計算します（新消法45）。

①　軽減税率対象の売上税額

軽減税率対象の課税売上げ（税込み）$\times \frac{100}{108}$＝軽減税率対象の課税標準額

軽減税率対象の課税標準額×軽減税率６．２４％＝軽減税率対象の売上税額

②　標準税率対象の売上税額

標準税率対象の課税売上げ（税込み）$\times \frac{100}{110}$＝標準税率対象の課税標準額

標準税率対象の課税標準額×標準税率７．８％＝標準税率対象の売上税額

③　売上税額の合計額

軽減税率対象の売上税額＋標準税率対象の売上税額＝売上税額の合計額

⑵　仕入税額の計算

税率ごとに区分した課税期間中の課税仕入れに係る支払対価の合計額に，108分の6.24又は110分の7.8を掛けて仕入税額を計算します。

①　軽減税率対象の仕入税額

軽減税率対象の課税仕入れ（税込み）$\times \frac{6.24}{108}$＝軽減税率対象の仕入税額

②　標準税率対象の仕入税額

標準税率対象の課税仕入れ（税込み）$\times \frac{7.8}{110}$＝標準税率対象の仕入税額

③　仕入税額の合計額

軽減税率対象の仕入税額＋標準税率対象の仕入税額＝仕入税額の合計額

⑶　消費税額の計算

売上税額から仕入税額を控除して差引税額を算出し，ここから中間納付税額を控除して，納付すべき消費税額を計算します。

売上税額の合計額−仕入税額の合計額＝差引消費税額

差引消費税額−中間納付税額＝納付すべき消費税額

⑷　地方消費税額の計算

地方消費税の課税標準である消費税額（差引消費税額）に，地方消費税率（$\frac{22}{78}$）をかけて，地方消費税額を算出し，ここから中間納付額を控除して納付すべき地方消費税額を計算します。

差引消費税額$\times \frac{22}{78}$＝地方消費税額

地方消費税額−中間納付税額＝納付すべき地方消費税額

⑸　納付すべき消費税額等の計算

納付すべき消費税額＋納付すべき地方消費税額＝納付すべき消費税額等

2　NPO法人などの特例

消費税法では，国，地方公共団体，別表第三に掲げる法人，別表第三に掲げる法人とみなす法人，人格のない社団等について，一般の事業者と同じように消費税の納税義務を課していますが，特殊な面があることを考慮していくつかの特例を適用しています。NPO法人は別表第三に掲げる法人とみなす法人に該当します。

これらのうち，国，地方公共団体を除くものを，ここでは「非営利法人」と総称することにします。非営利法人はもともと会費や寄附金，補助金などを資金源として事業・活動を行い，事業・活動の対象である不特定多数の者からは対価を受け取らないというのが基本的な姿です。したがって，非営利法人では恒常的に，会費，寄附金，補助金などの対価性のない収入が生じることとなります。

この非営利法人に恒常的に生じる会費，寄附金，補助金などの収入は，消費税においては資産の譲渡等に該当しない不課税収入となります。このような不課税収入が恒常的に生じるのが，なによりも消費税における非営利法人の特徴です。消費税の原則課税方式は事業者が預かった消費税から支払った消費税を引いて差額を納付する仕組みですが，対価性のない収入には預かった消費税がなく，支払った消費税だけになって還付を受けることになります。それでは弊害が多いというので，寄附金や補助金などの収入にもそれを充当して仕入れを行う場合の消費税相当分が含まれているとみて，それに対応する支払消費税は，実際の受取消費税から控除できない仕組みとなっています。

3　消費税の課税対象と課税対象外

消費税において，取引はまず「課税対象」となるか「課税対象外」となるかで区分され，次に課税対象となるもののなかで，「免税取引」となるものや「非課税取引」となるものが区分されます。

消費税の課税対象には，２種類の取引があります。一つは，日本国内で事業者が行う対価性のある取引であり，正確には「国内において事業者が行う資産の譲渡等」とされています。二つ目は，輸入取引です。

国内において事業者が行う資産の譲渡等とは，国内において事業者が事業として対価を得て行う資産の譲渡のほかに，資産の貸付けや，役務の提供が含まれます。ただし，資産の譲渡等であっても，非課税取引や輸出取引等に該当するものは消費税が課税されません。

4　消費税の非課税取引

消費税の非課税取引は，課税対象外取引と異なり，課税対象取引のなかで特に非課税として定められたものです。国内取引に係る非課税として定められているものは，大きく次の２種類に分かれています（消法６①，別表第一）。

⑴　消費税の性格から課税取引とすることになじまないもの

①　土地の譲渡及び貸付け

②　有価証券，支払手段等の譲渡

③　貸付金や預金の利子，保険料等

④　郵便切手類，印紙，証紙の譲渡

⑤　国，地方公共団体等が法令に基づき徴収する手数料等に係る役務の提供

⑥　国際郵便為替，国際郵便振替及び外国為替業務に係る役務の提供

⑵　社会政策的な配慮に基づき非課税とされているもの

①　公的な医療保険制度に基づいて行われる医療の給付等

②　介護保険法の規定に基づく居宅介護サービス費の支給に係る居宅介護サービス及び施設介護サービス費の支給に係る施設介護サービス

③　社会福祉事業及び更生保護事業として行われる資産の譲渡等

④　助産に係る資産の譲渡等

⑤　埋葬・火葬に係る役務の提供

⑥　身体障害者用物品の譲渡，貸付け等

⑦　学校教育法に規定する学校，専修学校，各種学校等の授業料や入学金等

⑧　教科用図書の譲渡

⑨　住宅の貸付け

5　NPO法人の会費

NPO法人が社員から受け取る会費については，この会費と法人の役務提供

との間に対価関係があれば消費税の課税対象となり，対価関係がなければ課税対象となりません。

消費税法基本通達５－５－３では，次のように示しています。

同業者団体，組合等が受け取る会費，組合費等は，その同業者団体，組合等がその構成員に対して行う役務の提供との間に明白な対価関係があるかどうかによって判定しますが，判定が困難な会費，組合費等について，同業者団体，組合等が不課税とし，会費を支払う事業者が課税仕入れに該当しないものとしている場合には，認められます。ただし，同業者団体，組合等はその旨を構成員に通知するものとされています。

同業者団体，組合等が受け取る会費，組合費等のうち通常会費は，資産の譲渡等に該当しません。名目が会費等であっても，実質が購読料，入場料，受講料，利用料等と認められるときは，資産の譲渡等の対価に該当します。

なお，セミナー，研修会等の会費は役務の提供の対価に該当しますので，課税対象となります。セミナー等は，会員向けのものであっても，一般向けのものであっても変わりません。海外情報をデータベース化し，入会金と会費を払った利用会員はデータベース情報を使える仕組みになどにしている場合，入会金と会費は役務の提供の対価に該当しますので，課税対象となります。

NPO法人で総会，ブロック大会，研究大会，記念大会などを開催し，参加者から参加費を徴収している場合，明白な対価関係があるとは認められないため，課税対象とはならないものとして取り扱われます。また，地域のイベントを開催し会員から必要な会費を集めている場合，明白な対価関係があるとは認められないため，課税対象とはならないものとして取り扱われます。

6　小規模事業者の特例

その課税期間の基準期間における課税売上高が1,000万円以下の事業者は，その課税期間に国内で行った課税資産の譲渡等について納税義務が免除されることになっています。

したがって，その課税期間の課税売上高が1,000万円を超えていても，基準期間の課税売上高が1,000万円以下であれば納税義務が免除される一方で，その課税期間の課税売上高がいくら1,000万円以下であっても，基準期間の課税売上高が1,000万円を超えていれば，免除にはならないということです。

納税義務免除の判定の基となる基準期間は，その事業年度の前々事業年度となります。基準期間における課税売上高は，基準期間中に国内において行った課税資産の譲渡等の対価の額（税抜き）の合計額から売上げに係る対価の返還等の額（税抜き）の合計額を控除した残額となります（消法９②一，28①）。売上げに係る対価の返還等の額とは，売り上げた商品の返品を受けたり，売上げの値引きをしたり，割り戻しをしたりして，実質的に売上げを減らした額のことをいいます。結局，基準期間における課税売上高は，税抜きの純売上高のことになります。基準期間において免税事業者であった場合には，その基準期間中の課税売上高には，消費税が含まれていませんから，基準期間における課税売上高を計算するときには税抜きの処理は行いません。

ただし，平成25年１月１日以後に開始する事業年度からは，基準期間における課税売上高が1,000万円以下であっても，特定期間における課税売上等が1,000万円を超えるときは納税義務を免除されません。特定期間とは，その事業年度の前期の上半期（６カ月分）を指し，この特定期間における課税売上高又は給与等（給与・賞与の合計額）が1,000万円を超えるかどうかで判定しますが，課税売上高が1,000万円を超えていても，給与等が1,000万円を超えていなければ，納税義務は免除されることになっています。

７　消費税の仕入税額控除等

消費税の計算は，その課税期間の課税売上高に消費税率を掛けた消費税額から，その課税期間の課税仕入れに係る消費税額を控除して行います。このように控除することを，仕入税額控除といっています。

課税事業者は，国内において課税仕入れを行った場合には，その課税仕入れを行った日の属する課税期間の課税標準額に対する消費税額から，その課税期間中に行った課税仕入れに係る消費税額を控除することとされています（消法

30①)。

なお，国内において行った課税仕入れに対する消費税額は，具体的にはその課税仕入れに係る対価の額に消費税率を乗じて算出した金額となります。

事業者が代金を支払って提供を受ける商品や役務などのすべてが消費税の課税対象となるわけではありません。そのなかで，消費税の課税対象となるものを消費税法では課税仕入れと呼んでいます。つまり，消費税がかかる仕入れということです。

しかし，給与等の人件費を支払って提供を受ける従業員や役員などの労力の提供を受けることは，この課税仕入れから除かれています。また，取引の相手方の方で課税取引とならない不課税取引や非課税取引，免税取引になるものは，課税仕入れとはなりません。

8　簡易課税制度の適用

消費税の計算は，課税売上げに対する消費税額から，課税仕入れに係る消費税額を控除して行います。この控除の対象となる仕入控除税額は，実際の課税仕入れ等の税額によるのが原則ですが，基準期間の課税売上高が5,000万円以下の中小事業者については，選択によって，課税仕入れ等の税額を実額によることなく，みなし仕入率によって計算する簡易課税制度の適用を認めています（消法37①)。その課税期間について簡易課税制度の適用を受ける旨の消費税簡易課税制度選択届出書を提出していれば適用され，みなし仕入率は，第１種事業の90％から第６種事業の40％まで六つの区分が設けられています。

9　消費税の会計処理

消費税の会計処理には，消費税額を課税売上げ及び課税仕入れのそれぞれの科目のなかに含めて処理する税込み方式と，消費税額を課税売上げ及び課税仕入れのそれぞれの本体価格と区分して仮受消費税と仮払消費税として処理する税抜き方式の二つがあります。

処理としては税込方式の方が簡単で負担がかかりませんが，納付すべき消費税額が最後の最後までわからないという欠点があります。それに対して，税抜き方式は仮受消費税と仮払消費税の差額が納付すべき税額の目安になるというメリットがあります。

しかし，非営利法人の場合には，税抜き方式で処理をしたとしても，寄附金や補助金などの収入が多いと仮受消費税と仮払消費税の差額が納付すべき税額の目安となりません。そうなると，税抜き方式は処理が面倒なだけで，あまり役に立たないということになってしまいます。そこで，非営利法人は税込み方式を採用する法人が多くなるわけです。

Ⅲ　損益計算書等の提出

1　収益事業を営んでいないNPO法人

収益事業を営んでいるNPO法人は，赤字黒字を問わず税務申告書等を提出しますが，収益事業を営んでいないNPO法人に対しても，所轄税務署長に活動計算書又は収支計算書を提出することが義務付けられています（措法68の６）。確定申告を行わない法人の状況を把握するための制度で，損益計算書又は収支計算書の提出が求められますが，NPO法人の場合は活動計算書又は収支計算書の提出になります。ただし，収入金額が8,000万円以下の小規模の法人については，事務負担に配慮して提出義務が免除されています。

なお，人格なき社団等にはこの制度の適用がなく，また，それぞれの設立根拠法で公益法人等にみなされている下記のいわゆる「みなし公益法人」も，この制度の適用対象から除かれています。

①　地方自治法により法人格を得た地縁による団体

②　建物の区分所有に関する法律により法人格を得た管理組合法人

③　政党交付金の交付を受ける政党等に対する法人格の付与に関する法律により法人格を取得した政党等

2　収入額の判定基準

ところで，8,000万円以下の年間収入であれば収支計算書の提出が免除されますが，その場合の収入は，どのようにして判定するのでしょうか。

これについて，租税特別措置法施行令第39条の37に，資産の売却による収入で臨時的なものを除くとあり，土地，建物などの資産の売却収入を除外することは明らかにされています。

したがって，この場合の収入額は，１事業年度における基本財産等の運用益，会費収入，寄附金収入，事業収入などの経常的な収入金額の合計額で判定することになります。

3　損益計算書等の記載内容

法人税法は，提出する損益計算書等の記載内容については，活動の内容に応じて概ね租税特別措置法施行規則別表第10に示された科目に従って作成するとしています。8,000万円の収入額を判定する際には除外された資産の売却による収入で臨時的なものも記載する必要があります。また，対価を得て行う事業に係る収益又は収入については，事業の種類ごとに，その事業内容を示す適当な名称を付した科目に従って作成することとしています。

＜租税特別措置法施行規則別表第10＞損益計算書等に記載する科目

㈠　損益計算書に記載する科目

（収益の部）

基本財産運用益，特定資産運用益，受取入会金，受取会費，事業収益，受取補助金等，受取負担金，受取寄附金，雑収益，基本財産評価益・売却益，特定資産評価益・売却益，投資有価証券評価益・売却益，固定資産売却益，固定資産受贈益，当期欠損金等

（費用の部）

役員報酬，給料手当，退職給付費用，複利厚生費，会議費，旅費交通費，通信運搬費，減価償却費，消耗什器備品費，消耗品費，修繕費，印刷製本費，光熱水料費，賃借料，保険料，諸謝金，租税公課，支払負担金，支払寄附金，支払利息，有価証券運用損，雑費，基本財産評価損・売却損，特定資産評価損・売却損，投資有価証券評価損・売却損，固定資産

売却損，固定資産減損損失，災害損失，当期利益金等

㈡　収支計算書に記載する科目

（収入の部）

基本財産運用収入，入会金収入，会費収入，組合費収入，事業収入，補助金等収入，負担金収入，寄附金収入，雑収入，基本財産収入，固定資産売却収入，敷金・保証金戻り収入，借入金収入，前期繰越収支差額等

（支出の部）

役員報酬，給料手当，退職金，複利厚生費，会議費，旅費交通費，通信運搬費，消耗什器備品費，消耗品費，修繕費，印刷製本費，光熱水料費，賃借料，保険料，諸謝金，租税公課，負担金支出，寄附金支出，支払利息，雑費，固定資産取得支出，敷金・保証金支出，借入金返済支出，当期収支差額，次期繰越収支差額等

各公益法人等は，これらの科目に倣って，それぞれの活動の内容に相応しい科目を用いることになります。なお，公益法人等が，それぞれの根拠法に基づいて作成している損益計算書等がある場合には，それを代用して提出することができるとされています（措規22の22）。ただし，事業収益等について事業の種類ごとに区分されているもの，または明細書の添付がされているものに限られるとされています。

また，以上の損益計算書等には，基本的事項として次の事項を記載しなければならないとなっています。

①　公益法人等の名称及び主たる事務所の所在地

②　代表者の氏名

③　事業年度の開始及び終了の日

④　その他参考となるべき事項

4　損益計算書等記載上の留意点

損益計算書等の記載内容について，留意すべき点としてはおよそ次のようなことが考えられます。

(1)　事業収益等

対価を得て行う事業にかかる収益等については，事業の種類ごとにその事業内容を示す適当な名称を付した科目に従って作成するとあります。

それでは，事業収益等としてここに表示される事業の種類としてはどのようなものがあるでしょうか。具体的な例としては次のものが考えられます。

イ　住宅用低廉地代収入……低廉な住宅用土地の貸付けで収益事業に該当しないものの地代収入。低廉の要件は，その土地の固定資産税と都市計画税の合計額の３倍以内である。収益事業として掲げられている「不動産貸付業」には該当しない。

ロ　会報配布収入……特定の資格を有する会員に対して行う会報を配布するために行うもの及び学術，慈善等を目的とする法人が目的達成のため会員に対して行う会報配布による収入。収益事業たる「出版業」には該当しない。

ハ　美術館，博物館事業収入……常設の美術館，博物館等において主としてその所蔵品を観覧させることによる収入。収益事業たる「興行業」「遊技所業」「遊覧所業」には該当しない。

ニ　共済貸付金収入……組合員，会員等の拠出を原資として，組合員，会員等に対して行う低利の貸付金利息収入。収益事業たる「金銭貸付業」には該当しない。

ホ　施設利用収入……法人の主たる目的の業務に関連して行われる会員等の利用に係る実費を超えない範囲の施設利用料。収益事業たる「貸席業」には該当しない。

Ⅳ　事業開始等の届出

NPO法人の設立後の各種届出は，次のとおりです。

<table>
<tr><th>対　　象</th><th>対象税目</th><th>提　出　書　類</th><th>提　　出　　先</th><th>提出期限</th></tr>
<tr><td>事業を開始し又は事業所を設けた法人</td><td>法人住民税
法人事業税
事業所税</td><td>「事業開始等申告書」（市町村は「法人設立（設置）等申告書」）
登記簿謄本
定款の写し</td><td>事務所が23区内
……都税事務所
事務所が都以外
……県税事務所等</td><td>事業開始又は事業所設置日から15日以内</td></tr>
<tr><td>給与を支払うようになった場合</td><td>源泉所得税</td><td>「給与支払事務所等の開設届出書」など</td><td rowspan="2">税務署</td><td>事務所設立から1カ月以内</td></tr>
<tr><td>税法上の収益事業を行う場合</td><td>法　人　税</td><td>「収益事業開始届出書」
①　収益事業に係る開始貸借対照表
②　定款
③　登記事項証明書
④　収益事業の概要を記載した書類</td><td>収益事業を開始してから2カ月以内（その他青色申告承認申請，減価償却方法などの届出も行う）</td></tr>
</table>

（注）　消費税の届出は省略

2　認定NPO法人制度

Ⅰ　認定NPO法人とは

1　認定NPO法人制度の目的

認定NPO法人制度は，NPO法人に対する寄附を促進することを目的とする税制上の措置として平成13年度税制改正で設けられました。NPO法人のうち一定の要件を満たすものについて国税庁長官が認定する制度でしたが，平成23年のNPO法の改正により，平成24年度からは所轄庁（都道府県又は指定都市の長）が認定を行う制度に変わりました。また，認定NPO法人よりも要件を軽くした仮認定NPO法人制度も新たに設けられ，平成28年改正法の施行により，仮認定NPO法人は，特例認定NPO法人と名称が変わりました。

2　認定NPO法人と特例認定NPO法人の違い

認定NPO法人は，NPO法人のうち次のことについて一定の基準に適合したものとして所轄庁の認定を受けた法人とされています。

①　運営組織が適正

②　事業活動が適正

③　公益の増進に資する

これに対して，特例認定NPO法人は，①，②を満たして特定非営利活動の健全な発展の基盤を有し，③が見込まれることについて所轄庁の認定を受けた法人ということになります。

3　認定の基準とは

認定NPO法人又は特例認定NPO法人になるには，次の基準に適合する必要があります。基準の詳しい内容については，Ｖで述べています。

①　パブリック・サポート・テストに適合すること（仮認定NPO法人は，この基準を満たすことは必要ありません）

②　事業活動において，共益的な活動の占める割合が，50％未満であること

③　運営組織及び経理が適切であること

④　事業活動の内容が適正であること

⑤　情報公開を適切に行っていること

⑥　事業報告書等を所轄庁に提出していること

⑦　法令違反，不正の行為，公益に反する事実等がないこと

⑧　設立の日から１年を超える期間が経過していること

４　欠格事由

次の欠格事由のいずれかに該当する法人は，認定又は特例認定を受けることはできません。

①　役員のうちに，次のいずれかに該当する者がいる法人

a．認定又は特例認定を取り消された法人において，その取消しの原因となった事実があった日以前１年以内に当該法人のその業務を行う理事であった者でその取消しの日から５年を経過しない者

b．禁固以上の刑に処せられ，その執行を終わった日又はその執行を受けることがなくなった日から５年を経過しない者

c．特定非営利活動促進法，暴力団員不当行為防止法に違反したことにより，若しくは刑法204条若しくは暴力行為等処罰法の罪を犯したことにより，又は国税若しくは地方税に関する法律に違反したことにより，罰金刑に処せられ，その執行を終わった日又はその執行を受けることがなくなった日から５年を経過しない者

②　認定又は特例認定を取り消され，その取り消しの日から５年を経過しない法人

③　定款又は事業計画書の内容が法令等に違反している法人

④　国税又は地方税の滞納処分の執行等がされている法人

⑤　国税又は地方税に係る重加算税等を課された日から３年を経過しない法人

⑥　暴力団又は暴力団若しくは暴力団の構成員等の統制下にある法人

５　認定又は特例認定の実績判定期間と有効期間

(1)　実績判定期間とは

実績判定期間は，認定等の基準に適合しているかどうかを判定する期間として定められているものです。認定を受けようとする法人の直前に終了

した事業年度の末日以前５年（過去に認定を受けたことのない法人又は仮認定を受ける法人の場合は２年）内に終了した各事業年度のうち最も早い事業年度の初日から当該末日までの期間をいうとされています（法44③，51⑤，58②）。

わかりやすくいうと，申請直前の５年間が原則ですが，初めて申請する法人や仮認定を申請する法人は，申請直前の２年間ということになります。

⑵　認定等の有効期間は

①　認定の有効期間

認定NPO法人の認定の有効期間は，所轄庁による認定の日から起算して５年となっています（法51①）。認定の有効期間終了後，引き続いて認定NPO法人を継続したい法人は，その有効期間の更新を受ける制度があります（法51②）。また，認定NPO法人は更新を受けない場合でも，申請して認定を受けることは可能です。

②　特例認定の有効期間

特例認定の有効期間は，所轄庁による仮認定の日から起算して３年となっています（法60）。特例認定の場合は，有効期間の更新はありません。また，特例認定NPO法人は再度申請することはできないので，一回きりの制度となります。

Ⅱ　認定NPO法人になるには

１　認定の申請手続

⑴　認定の申請書

認定NPO法人の認定を受けようとするNPO法人は，次の事項を記載した申請書を提出して認定を受けます（法44②）。認定の申請書の提出は，申請書を出した日を含む事業年度開始の日において，設立の日以後１年を超える期間が経過していることが必要です（法45①八）。

① 認定を受けようとするNPO法人の名称

② 代表者の氏名

③ 主たる事務所の所在地とその他の事務所の所在地

④ 設立の年月日

⑤ 認定を受けようとするNPO法人が現に行っている事業の概要

⑥ その他参考となる事項

(2) 認定の添付書類

申請書には次の書類を添付することが必要です。

① 寄附者名簿（実績判定期間内の日を含む各事業年度分）…１部提出

…寄附金の支払者ごとの氏名（法人の名称）と住所並びに寄附金の額，受け入れた年月日を記載したもの

② 各認定基準に適合する旨及び欠格事由に該当しない旨を説明する書類…２部提出

③ 寄附金を充当する予定の具体的な事業の内容を記載した書類…２部提出

2 特例認定の申請手続

(1) 特例認定の申請ができる法人

特例認定の申請ができるNPO法人は，次の基準に適合する必要があります。

① 特例認定の申請書を提出した日を含む事業年度開始の日において，設立の日以後１年を超える期間が経過していること

② 特例認定の申請書を提出した日の前日において，その設立の日から５年を経過しない法人であること（平成24年４月１日から起算して３年を経過するまでの間に特例認定の申請を行おうとするNPO法人については，法人の設立から５年を経過した法人であっても，特例認定の申請を行うことができます（法附則７））

③ 認定又は特例認定を受けたことがないこと

⑵　特例認定の申請書

特例認定NPO法人の認定を受けようとするNPO法人は，次の事項を記載した申請書を提出して認定を受けます（法58②，法44②）。認定の申請書の提出は，申請書を出した日を含む事業年度開始の日において，設立の日以後１年を超える期間が経過していることが必要です（法59，法45①八）。

①　特例認定を受けようとするNPO法人の名称
②　代表者の氏名
③　主たる事務所の所在地とその他の事務所の所在地
④　設立の年月日
⑤　特例認定を受けようとするNPO法人が現に行っている事業の概要
⑥　その他参考となる事項

⑶　特例認定の添付書類

申請書には次の書類を添付することが必要です。

①　各認定基準に適合する旨及び欠格事由に該当しない旨を説明する書類…２部提出
②　寄附金を充当する予定の具体的な事業の内容を記載した書類…２部提出

３　認定の有効期間の更新手続き

⑴　更新の申請書

認定の有効期間の更新を受けようとする認定NPO法人は，有効期間の満了の日の６カ月前から３カ月前までの間に，次の事項を記載した有効期間の更新の申請書を提出して，有効期間の更新を受けます（法51②③⑤）。

①　有効期間の更新を受けようとする認定NPO法人の名称
②　代表者の氏名
③　主たる事務所の所在地とその他の事務所の所在地
④　認定の有効期間
⑤　有効期間の更新を受けようとする認定NPO法人が現に行っている事

業の概要

⑥　その他参考となる事項

⑵　更新の添付書類

申請書には次の書類を添付することが必要です。

①　各認定基準に適合する旨及び欠格事由に該当しない旨を説明する書類…２部提出

②　寄附金を充当する予定の具体的な事業の内容を記載した書類…２部提出

Ⅲ　認定NPO法人になると

1　税制上の優遇措置

認定NPO法人になると，次の税制上の優遇措置が受けられます。特例認定NPO法人に対しては，次の⑴③の相続財産の寄附の場合の措置や⑵のみなし寄附金制度の適用はありません。

⑴　寄附者に対する優遇措置

①　個人の寄附の場合

個人が認定NPO法人又は特例認定NPO法人に対し，その認定法人又は特例認定法人の行う特定非営利活動に係る事業に対する寄附をした場合には，所得税法上の特定寄附金に該当し，寄附金控除（所得控除）又は税額控除のいずれかの控除を選択できます（措法41の18の２①②）。

また，都道府県又は市町村が条例で指定した認定法人又は特例認定法人に個人が寄附した場合，個人住民税（地方税）の計算において，寄附金税額控除が適用されます（地37の２①三，四，314の７①三，四）。

ａ．寄附金控除（所得控除）

その年中に支出した特定寄附金の額の合計額から２千円を控除した金額をその年分の総所得金額等から控除できます。

≪算定式≫

特定寄附金の額の合計額－２千円＝寄附金控除額

※　特定寄附金の額の合計額は所得金額の40％相当額が限度です。

【適用を受けるための手続】

個人が，寄附金控除（所得控除）の適用を受けるためには，寄附をした日を含む年分の確定申告書の提出の際に，確定申告書に記載した特定寄附金の明細書と，寄附金の領収証を添付又は提示する必要があります。認定法人又は特例認定法人が発行する寄附金の領収証には次のことが記載されていることが必要です。

イ．特定寄附金を受領した旨（その寄附金が認定法人又は特例認定法人の行う特定非営利活動に係る事業に関連する寄附金である旨を含みます）

ロ．その金額，受領年月日

b．認定法人等寄附金特別控除（税額控除）

その年中に支出した認定法人又は特例認定法人に対する寄附金の額の合計額から２千円を控除した金額の40％相当額（所得税額の25％相当額を限度）を，その年分の所得税額から控除できます。

≪算定式≫

（認定法人又は特例認定法人に対する寄附金の額の合計額－２千円）×40％＝税額控除額

※　認定法人又は特例認定法人に対する寄附金の額の合計額は所得金額の40％が限度です。ただし，認定法人又は特例認定法人に対する寄附金の額以外の特定寄附金の額又は公益社団法人等に対する寄附金の額がある場合には，これらの寄附金の額の合計額と認定法人又は特例認定法人に対する寄附金の合計額は，所得金額の40％相当額を限度とします。なお，税額控除額は，所得税額の25％相当額が限度となります。

【適用を受けるための手続】

個人が，認定法人等寄附金特別控除（税額控除）の適用を受けるためには，寄附をした日を含む年分の確定申告書の提出の際に，確定申告書に記載した寄附金の税額控除額の計算明細書と，寄附金の領収証を添付又は提示する必要があります。認定法人又は特例認定法人が発行する寄附金の領収証には次のことが記載されていることが必要です。

イ．特定寄附金を受領した旨（その寄附金が認定法人又は特例認定法人の行う特定非営利活動に係る事業に関連する寄附金である旨を含みます）

ロ．その金額，受領年月日

ハ．寄附者の氏名，住所

c．個人住民税

認定法人又は特例認定法人に対する特定寄附金又は個人がNPO法人の行う特定非営利活動に係る事業に関連する寄附金のうち，住民の福祉の増進に寄与する寄附金として都道府県・市区町村が条例で個別に指定した寄附金は，個人住民税の控除を受けることができます。その年中に支出した寄附金の額の合計額から２千円を控除した金額の10％相当額が，個人住民税額から控除できます。

≪算定式≫

〔寄附金－２千円〕×10％＝税額控除額

※　寄附金の合計は，総所得金額等の30％相当額が限度です。

※　条例で指定する寄附金の場合は，［都道府県が指定した寄附金は４％］，［市区町村が指定した寄附金は６％］，［都道府県と市区町村が指定した寄附金は10％］により算定します。

【適用を受けるための手続】

所得税の確定申告を行うことにより，個人住民税控除の適用も受けることができます。このとき，寄附先の法人から受け取った領収証などを申告書に添付することが必要です。条例で個別に指定されたNPO法人への寄附金について，個人住民税の寄附金控除を受けようとする場合は，市区町村への申告が必要になります。

②　法人の寄附の場合

法人が認定NPO法人又は特例認定NPO法人に対して，その認定法人又は特例認定法人の行う特定非営利活動に係る事業に対する寄附をした場合には，一般寄附金の損金算入限度額とは別に，特定公益増進法人に対する寄附金の額と合わせて，特別損金算入限度額の範囲内で損金算入が認められます（措法66の11の2②)。

なお，寄附金の額の合計額が特別損金算入限度額を超える場合には，その超える部分の金額は一般寄附金の額と合わせて，一般寄附金の損金算入限度額の範囲内で損金算入が認められます。

≪算定式≫

ａ．普通法人の場合の一般寄附金の損金算入限度額

$$=〔資本金等の額×0.25\%+所得金額×2.5\%〕×\frac{1}{4}$$

ｂ．普通法人の場合の特別損金算入限度額

$$=〔資本金等の額×0.375\%+所得金額×6.25\%〕×\frac{1}{2}$$

【適用を受けるための手続】

寄附金を支出した日を含む事業年度の確定申告書にその金額を記載するとともに明細書を添付し，認定法人又は特例認定法人が発行した領収証を保存しておくことが必要です。

③　相続財産の寄附の場合

相続又は遺贈により財産を取得した者が，その取得した財産を相続税の申告期限までに認定NPO法人に対して，その認定NPO法人が行う特定非営利活動に係る事業に関連する寄附をした場合，その寄附をした者又はその親族等の相続税又は贈与税の負担が不当に減少する結果となる場合を除き，その寄附をした財産には相続税がかかりません（措法70⑩)。

ただし，その寄附を受けた認定法人が，寄附のあった日から２年を経過した日までに認定法人に該当しないこととなった場合又はその寄附により取得した財産を同日においてなお特定非営利活動に係る事業の用に供していない場合には，適用されません（措法70①②⑩)。

【適用を受けるための手続】

相続税の申告書にこの措置を受ける旨などを記載するとともに，その財産の寄附を受けた認定法人が次の事項を記載した書類を添付する必要があります。

イ．その寄附が特定非営利活動に係る事業に関連する寄附である旨

ロ．その寄附を受けた年月日及びその財産の明細

ハ．その財産の使用目的

(2) 認定法人に対するみなし寄附金制度

認定NPO法人が，その収益事業に属する資産のうちからその収益事業以外の事業で特定非営利活動に係る事業に支出した金額は，その収益事業に係る寄附金の額とみなされて，次の範囲内で損金算入が認められます（措法66の11の２②）。

≪算定式≫

みなし寄附金の損金算入限度額＝所得金額の50％又は200万円のいずれか多い額

(3) 譲渡所得等の非課税の特例

① 承認特例

個人が，土地，建物，株式などの現物財産を，認定NPO法人又は特例認定NPO法人に寄附した場合に，寄附をした人がその法人の役員等に該当しないことなどの承認要件を満たすものとして国税庁長官の承認を受けたときは，この寄附に対する譲渡所得税が非課税となります（措法40①後段，措令25の17⑦ニホ⑧）。

国税庁長官に非課税措置を受けるための申請書を提出した日から１か月（株式等の場合は３か月）以内にその申請についての承認がなかったとき，又は承認しないことの決定がなかったときは，その申請についての承認があったものとみなされます。

その贈与等に係る財産が一定の手続の下でこれらの法人の行う特定非営利活動に充てるための基金に組み入れられるものでなければなりません。

この特例は，2020年４月１日以後にされる財産の寄附である贈与又は遺贈について適用されます。

② 特定買換資産の特例

財産の寄附について国税庁長官の承認を受けた後，その財産を買い換える場合には，原則として，その承認は取り消されることになりますが，

その財産を特定管理方法により管理している場合に，その財産の譲渡収入金額の全部に相当する金額をもって取得した資産を特定管理方法により管理する等の一定の要件を満たすときは，その承認を継続することができることとされています（措法40⑤二）。

寄附財産が認定NPO法人や特例認定NPO法人の行う特定非営利活動に充てるための基金（一定の要件を満たすことにつき所轄庁の証明を受けたものに限ります）に組み入れる方法により管理されることが求められます（措令25の17③六，⑳）。

この特例は，2020年４月１日以後にされる財産の譲渡につき適用されます。

２　毎事業年度終了後の報告

認定NPO法人や特例認定NPO法人は，毎事業年度１回の役員報酬規程等の提出や，助成金支給実績及び海外送金（200万円超）の提出などの報告義務があります。また，法人の運営や活動について書類の備置きや閲覧などの情報公開をする必要があります。これらを怠った場合等には過料などの行政処分を受けることがあります。

⑴　役員報酬規程等の報告

認定法人又は特例認定法人は，毎事業年度初めの３カ月以内に，次の書類を所轄庁に提出しなければなりません。このほかにNPO法人として事業報告書等の提出義務があることはもちろんです。なお，２以上の都道府県の区域内に事務所を設置する法人は，所轄庁以外の関係知事にも書類を提出する必要があります。

①　認定（特例認定）NPO法人の役員報酬規程等提出書

②　前事業年度の役員報酬又は職員給与の支給に関する規程

③　収益の源泉別明細，借入金の明細，その他の資金に関する事項の記載書類

④　資産の譲渡等に係る事業の料金，条件，その他その内容に関する事項

の記載書類

⑤　次に掲げる取引に係る取引先，取引金額，その他その内容に関する事項の記載書類

i　収益取引・費用取引の取引金額の多いものから第５順位までの取引

ii　役員等との取引

⑥　寄附者の氏名，金額，受領年月日の記載書類

⑦　給与を得た職員の総数，給与の総額の記載書類

⑧　支出した寄附金の額，相手先，支出年月日

⑨　海外への送金・金銭の持ち出しを行った場合の金額，使途，実施日の記載書類

⑩　運営組織・経理・事業活動・情報公開・法令順守などの基準への適合，欠格事由の非該当などの説明書類

⑵　助成金・海外送金等の報告

認定法人又は特例認定法人は，助成金の支給を行ったとき又は200万円を超える海外への送金若しくは金銭の持出しを行うときには，次の書類を所轄庁に提出しなければなりません。なお，２以上の都道府県の区域内に事務所を設置する法人は，所轄庁以外の関係知事にも書類を提出する必要があります。

①　助成金の支給

「助成の実績を記載した書類」を支給後遅滞なく提出します。

②　海外送金，金銭持出し

「金額及び使途並びに予定日を記載した書類」を送金又は持出し前に提出します。

⑶　その他の報告

認定法人又は特例認定法人は，役員の変更をした場合や定款の変更をした場合など，所轄庁への届け出が必要です。

Ⅳ　認定等が取消しになると

1　認定等が取り消される場合

(1)　強制的取消し事由

次の場合には，所轄庁は認定又は特例認定を取り消します（法67①③）。

①　欠格事由のいずれかに該当するとき

②　偽りその他不正の手段により認定，特例認定，認定の有効期間の更新並びに合併による地位の継承の認定を受けたとき

③　正当な理由がなく所轄庁の命令に従わなかったとき

④　認定法人等から認定等の取消しの申請があったとき

(2)　任意的取消し事由

次の場合には，所轄庁は認定又は特例認定を取り消すことができます（法67②③）。

①　認定等の基準のうち「運営組織及び経理に関する基準」，「事業活動に関する基準のうち一定のもの」，「不正行為等に関する基準」に適合しなくなったとき

②　事業報告等を所轄庁に提出しないとき，情報公開に違反して書類を閲覧させないとき

③　その他に，法令又は法令に基づいてする行政庁の処分に違反したとき

2　認定の取消しを受けた場合の取戻し課税

認定法人の認定が取り消された場合には，その取消しの基因となった事実が生じた日を含む事業年度以後の各事業年度のみなし寄附金の額のうち，所得の金額の計算上損金の額に算入された金額に相当する金額の合計額は，その法人の取消しの日を含む事業年度の収益事業から生じた収益とみなされ，その事業年度の所得の金額の計算上，益金の額に算入することとなります（措法66の11の２③）。

V　認定を受けるための基準

認定NPO法人になるには，次の1～8までの基準を満たす必要があります。特例認定NPO法人になるには，次の2～8までの基準を満たす必要があります。

1　パブリックサポートテスト（PST）に関する基準

パブリックサポートテスト基準の判定にあたっては，次の①相対値基準，②絶対値基準，③条例個別指定基準のいずれかの基準を選択できます。

(1)　相対値基準【実績判定期間において適合する必要】

実績判定期間における経常収入金額のうちに寄附金等収入金額の占める割合が5分の1以上であること。ただし，これには，小規模法人の特例の適用を受けるかどうか，国の補助金等を算入するかどうかに応じて，次の①～④の選択可能な計算方法があります。

※　小規模法人の特例

小規模法人の特例を選択適用できる法人は，実績判定期間における総収入金額に12を乗じて，これを実績判定期間の月数で除した金額が800万円未満で，かつ，実績判定期間において受け入れた寄附金等の額の総額が3,000円以上である寄附者（役員又は社員を除きます）の数が50人以上であるNPO法人に限られます（法45②，令3）。

≪小規模法人判定の算定式≫

$$\frac{\text{実績判定期間の総収入金額}}{\text{実績判定期間の月数}}\times 12 < 800\text{万円}$$

かつ

$$\text{実績判定期間において受け入れた寄附金の額の総額が3,000円以上である寄附者（役員，社員を除きます）} \geqq 50\text{人}$$

①　原則的計算方法

相対値基準の原則的な計算方法は，次のとおりです。

≪算定式≫

$$\frac{\text{寄附金等収入金額}}{\text{経常収入金額}} \geqq \frac{1}{5}$$

※　経常収入金額＝総収入金額－ Aの金額

※　寄附金等収入金額＝受入寄附金総額－ Bの金額 ＋ Cの金額

実績判定期間における経常収入金額（総収入金額（※１）から Aの金額 を控除した金額）のうちに寄附金等収入金額（受入寄附金総額から Bの金額 を控除した金額（一定の要件を満たす法人にあっては，それに Cの金額 を加算した金額））の占める割合が５分の１以上であること（法45①一イ，令１）。

※１　総収入金額とは，活動計算書の経常収益計と経常外収益計の合計額です。ただし，活動計算書にボランティア受入評価益，施設等受入評価益等の法人自身が金額換算し計上した科目に係る金額については，経常収益計から控除することとなります。

※２　受取寄附金は，活動計算書においては，実際に入金したときに収益として計上します。

Aの金額 は，次に掲げる金額の合計額です（法45①一イ⑴，規則５）。

ⅰ．国等（国，地方公共団体，法人税法別表第一に掲げる独立行政法人，地方独立行政法人，国立大学法人，大学共同利用機関法人及び我が国が加盟している国際機関をいいます。以下同じです）からの補助金その他国等が反対給付を受けないで交付するもの（以下「国の補助金等」といいます）

ⅱ．委託の対価としての収入で国等から支払われるもの

ⅲ．法律又は政令の規定に基づき行われる事業でその対価の全部又は一部につき，その対価を支払うべき者に代わり国又は地方公共団体が負担することとされている場合のその負担部分

ⅳ．資産の売却による収入で臨時的なもの

ⅴ．遺贈（贈与者の死亡により効力を生ずる贈与を含みます）により受け入れた寄附金，贈与者の被相続人に係る相続の開始のあったことを知った日の翌日から10カ月以内に当該相続により当該贈与者が取得した財産の全部又は一部を当該贈与者からの贈与（贈与者の死亡により効力を生ずる贈与を除きます）により受け入れた寄附金のうち，一者当たり基準限度超過額に相当する部分

ⅵ．実績判定期間における同一の者から受け入れた寄附金の額の合計額が1,000円に満たないもの

ⅶ．寄附者の氏名（法人・団体にあっては，その名称）及びその住所が明らかでない寄附金

ⅷ．休眠預金等交付金関係助成金

※３　役員が寄附者の場合，他の寄附者のうちに当該役員の配偶者及び３親等

以内の親族並びに当該役員と特殊の関係のある者がいるときは，これらの者は役員と同一の者とみなします（いわゆる親族合算）（規則８）。

上記の「特殊の関係」とは次に掲げる関係をいいます（規則４二，16）。

a　婚姻の届出をしていないが事実上婚姻関係と同様の事情にある関係

b　使用人である関係及び使用人以外の者で当該役員から受ける金銭その他の財産によって生計を維持している関係

c　ａ又はｂに掲げる関係のある者の配偶者及び３親等以内の親族でこれらの者と生計を一にしている関係

（補足）「生計を維持しているもの」とは，当該役員からの経済的援助によって日常生活の資の主要部分を補っている者をいい，「これらの者と生計を一にしているもの」とは，これらの者と日常生活の資を共通にしている者をいい，同居していなくても仕送り等により日常生活の資を共通にしている場合にはこれに該当します。

Ｂの金額は，次に掲げる金額の合計額です（法45①一イ⑵，規則６，７）。

ⅰ．受け入れた寄附金の額のうち一者当たり基準限度超過額に相当する金額

ⅱ．実績判定期間における同一の者から受け入れた寄附金の額の合計額が1,000円に満たないものの合計額

ⅲ．寄附者の氏名（法人にあっては，その名称）及びその住所が明らかでない寄附金

ⅳ．休眠預金等交付金関係助成金

※４　役員が寄附者の場合は，他の寄附者のうちに当該役員の配偶者及び３親等以内の親族並びに当該役員と特殊の関係のある者がいるときは，これらの者は役員と同一の者とみなします（いわゆる親族合算）（規則８）。

上記「特殊の関係」については，Ａの金額（※３）参照。

※５　「一者当たり基準限度超過額」とは，同一の者からの寄附金の額の合計額のうち受入寄附金総額から休眠預金等交付金関係助成金を控除した金額の100分の10を超える部分の金額をいいます。ただし，特定公益増進法人，認定NPO法人からの寄附金については，同一の法人からの寄附金の額の合計額のうち受入寄附金総額から休眠預金等交付金関係助成金を控除した金額の100分の50を超える部分の金額となります（規則６）。

※６　「一者当たり基準限度超過額」及び「1,000円未満（同一の者からの合計額）の寄附金」の判定については，実績判定期間に受け入れた寄附金の合計額で計算します（法45①一イ，規則７）。

Ｃの金額は，次の金額です（法45①一イ⑶，規則４）。

社員から受け入れた会費の合計額から，この合計額のうち共益的な活動

等に係る部分の金額（「⑵活動の対象に関する基準」に定める割合を乗じて計算した金額をいいます）を控除した金額（ただし，受入寄附金総額－ Bの金額 が限度です）

※７　Cの金額 をPSTの分子に加算するには，次の要件を満たす必要があります（規則４）。

⑷　社員の会費の額が合理的と認められる基準により定められていること。

⑺　社員（役員並びに役員の配偶者及び３親等以内の親族関係並びに役員と特殊の関係のある者を除きます。「特殊の関係」については，Aの金額（※３）と同様です）の数が20人以上であること。

（補足）「合理的と認められる基準」に該当するか否かについては，その基準が，特定の社員に対し特別の利益が享受されうるような場合における会費までは，分子に算入することは適切ではないとの趣旨から講じられているものです。したがって，会員の資力に応じて会費の額に差を設けていた（たとえば，個人会員と法人会員，一般会員と学生会員）としても，基本的には「合理的と認められる基準」に当たると考えられます。

※８　社員から受け入れた会費の合計額について，活動計算書の会費収入に期末の未収会費額を計上している場合には，未収計上した会費の額は含まれません。

※９　上記の「共益的な活動等に係る部分の金額」とは，社員から受け入れた会費の合計額に法人の行った事業活動に係る事業費の額等の合理的な指標に基づき算出した事業活動に占める共益的な活動等の割合（「⑵活動の対象に関する基準」の事業活動のうちに会員等に対する共益的な活動等の占める割合をいいます）を乗じた金額をいいます。

② 小規模法人の特例

≪小規模法人の特例の算定式≫

$$\frac{\text{受入寄附金総額}-\boxed{\text{Eの金額}}+\boxed{\text{Fの金額}}}{\text{総収入金額}-\boxed{\text{Dの金額}}}\geqq\frac{1}{5}$$

実績判定期間における，総収入金額から Dの金額 を控除した金額のうちに，受入寄附金総額から Eの金額 を控除した金額（一定の要件を満たす法人にあっては，それに Fの金額 を加算した金額）の占める割合が５分の１以上であること（令５②）。

Dの金額 は，次に掲げる金額の合計額です（法45①一イ⑴，令５②一，規則５，25②）。

ⅰ．国の補助金等

ⅱ．委託の対価としての収入で国等から支払われるもの

ⅲ．法律又は政令の規定に基づき行われる事業でその対価の全部又は一部につき，その対価を支払うべき者に代わり国又は地方公共団体が負担することとされている場合のその負担部分

ⅳ．資産の売却による収入で臨時的なもの

ⅴ．遺贈（贈与者の死亡により効力を生ずる贈与を含みます）により受け入れた寄附金，贈与者の被相続人に係る相続の開始のあったことを知った日の翌日から10カ月以内に当該相続により当該贈与者が取得した財産の全部又は一部を当該贈与者からの贈与（贈与者の死亡により効力を生ずる贈与を除きます）により受け入れた寄附金のうち，一者当たり基準限度超過額に相当する部分

※10　ここに掲げるものは， Aの金額 のⅰ～ⅴと同一です。

Eの金額 は，次の金額です（法45①一イ⑵，令５②一，規則６）。

受け入れた寄附金のうち一者当たり基準限度超過額の合計額

※11　これは Bの金額 のⅰと同一です。なお，原則的計算方法の場合と異なり，小規模法人の特例を選択適用する場合には，役員が寄附者の場合であっても，いわゆる親族合算を行う必要はありません。

※12 「一者当たり基準限度超過額」については，※５参照。

Fの金額 は，次の金額です（令５②，規則４，25①）。

社員から受け入れた会費の合計額から，この合計額のうち共益的な活動等に係る部分の金額（「⑵活動の対象に関する基準」に定める割合を乗じて計算した金額）を控除した金額（ただし，受入寄附金総額－ Eの金額 が限度です）

※13　これは Cの金額 と同一です。

※14　 Fの金額 をPSTの分子に加算するには，次の要件を満たす必要があります（規則４，25①）。

㈠　社員の会費の額が合理的と認められる基準により定められていること。

(ロ)　社員（役員及び役員と親族関係を有する者並びに役員と特殊の関係のある者を除きます）の数が20人以上であること。

※15　共益的な活動等に係る部分の金額は，社員から受け入れた会費の合計額に法人の行った事業活動に係る事業費の額等の合理的な指標に基づき算出した事業活動に占める共益的な活動等の割合（「(2)活動の対象に関する基準」の事業活動のうちに会員等に対する共益的な活動等の占める割合をいいます）を乗じた金額となります。

③　国の補助金等を算入する計算方法

≪国の補助金等を算入する算定式≫

$$\frac{\text{受入寄附金総額} - \boxed{\text{Bの金額}} + \boxed{\text{Cの金額}} + \boxed{\text{Hの金額}}}{\text{総収入金額} - \boxed{\text{Aの金額}} + \boxed{\text{Gの金額}}} \geqq \frac{1}{5}$$

国の補助金等を受け入れている場合，選択により，当該国の補助金等を相対値基準計算上の分母・分子に算入することが可能です（令5①）。ただし，分子に算入する国の補助金等の額（Hの金額）は，受入寄附金総額からBの金額を控除した金額が限度となります（分母には，国の補助金等の額の全額（Gの金額）を算入します）。

Gの金額は，国の補助金等の全額です（令5①）。

Hの金額は，次のいずれか少ない金額（令5①）です。

i．国の補助金等の額

ii．受入寄附金総額からBの金額を控除した金額

④　小規模法人の特例を適用し，国の補助金等を算入する計算方法

≪国の補助金等を算入する小規模法人の算定式≫

$$\frac{\text{受入寄附金総額} - \boxed{\text{Eの金額}} + \boxed{\text{Fの金額}} + \boxed{\text{Iの金額}}}{\text{総収入金額} - \boxed{\text{Dの金額}} + \boxed{\text{Gの金額}}} \geqq \frac{1}{5}$$

小規模法人の特例を選択適用する小規模法人で国の補助金等を受けている場合，選択により，当該国の補助金等を相対値基準計算上の分母・分子に算入することが可能です（令5③）。ただし，分子に算入する国の

補助金等の額（Ｉの金額）は，受入寄附金総額からホの金額を控除した金額が限度となります（分母には，国の補助金等の全額（Ｇの金額）を算入します)。

上記算式のうち，Ｄの金額，Ｅの金額及びＦの金額については，該当箇所を参照。

Ｇの金額は，国の補助金等の全額です（令５③)。

Ｉの金額は，次のいずれか少ない金額です（令５③)。

ⅰ．国の補助金等の額

ⅱ．受入寄附金総額からホの金額を控除した金額

⑵　絶対値基準【実績判定期間において適合する必要】

実績判定期間の各事業年度中の寄附金の額の総額が3,000円以上である寄附者の数の合計数が年平均100人以上であること（法45①一ロ，令２，規則９)。

なお，実績判定期間の各事業年度単位で，年3,000円以上の寄附者数が100人以上となっている場合には，この算式に当てはめるまでもなく基準に適合することになります。

※　寄附者の氏名（法人。団体はその名称）及び住所が明らかな寄附者のみを数えます。

※　寄附者数の算出にあたっては，寄附者本人と生計を一にする者を含めて１人として数えます。

≪月数による算定式≫

$$\frac{\text{実績判定期間内の各事業年度中の寄附金の額の総額が3,000円以上の寄附者の合計数} \times 12}{\text{実績判定期間の月数}} \geqq 100\text{人}$$

※　申請法人の役員及びその役員と生計を一にする者が寄附者である場合は，これらの者は寄附者数に含めません。

なお，寄附者が休眠預金等交付金関係助成金を提供している場合，当該寄附者についての要件である金額は【3,000円＋休眠預金等交付金関係助成金の額】となります。

⑶　条例個別指定基準

認定法人として認定を受けるための申請書を提出した日の前日において，都道府県又は市区町村の条例により，個人住民税の寄附金控除の対象となる法人として個別に指定を受けていること

※　その都道府県又は市区町村の区域内に事務所を有するNPO法人に限られます。

※　認定申請書を提出する前日において条例の効力が生じている必要があります。

※　個人住民税の寄附金控除の対象となる寄附金を受け入れるNPO法人として，条例により定められている場合には，PST基準を満たすものとして認められるということです。

※　寄附金税額控除の対象となる寄附金を受け入れるNPO法人の名称及び主たる事務所の所在地が条例で明らかにされていることが必要です。

２　活動の対象に関する基準【実績判定期間において適合する必要】

実績判定期間における事業活動のうちに，次に掲げるような特定のものに偏った活動の占める割合が50％未満であること。

①　会員等に対する資産の譲渡等及び会員等が対象である活動

②　特定の範囲の者に便益が及ぶ活動

③　特定の著作物又は特定の者に関する活動

④　特定の者の意に反した活動

３　運営組織及び経理に関する基準

【認定時又は特例認定時まで適合する必要】

運営組織及び経理について，次の四つの基準のすべてを満たしていること。

①　運営組織が，次の割合のいずれについても３分の１以下であること

ａ．役員の総数のうちに役員並びにその配偶者及び３親等以内の親族並びに役員と特殊の関係のある者の占める割合

≪算定式≫

$$\frac{\text{役員のうち親族関係を有するもの等で構成する最も大きなグループの人数}}{\text{役員の総数}} \leqq \frac{1}{3}$$

b．役員の総数のうちに特定の法人（その法人との間に一定の関係のある法人を含みます）の役員又は使用人である者並びにこれらの者と親族関係を有する者並びにこれらの者と特殊の関係のある者の数の占める割合

≪算定式≫

$$\frac{\text{役員のうち特定の法人の役員又は使用人等で構成する最も大きなグループの人数}}{\text{役員の総数}} \leqq \frac{1}{3}$$

② 各社員の表決権が平等であること

③ 会計について公認会計士の監査を受けていること，又は青色申告法人と同等の取引記録，帳簿の保存を行っていること

④ 不適正な経理を行っていないこと

4　事業活動に関する基準

事業活動が，次の四つの基準のすべてを満たしていること。

① 宗教活動，政治活動及び特定の公職者等又は政党を推薦，支持又は反対する活動を行っていないこと【認定時又は特例認定時まで適合する必要】

② 役員，社員，職員又は寄附者等に特別の利益を与えないこと及び営利を目的とした事業を行う者等に寄附を行っていないこと【認定時又は特例認定時まで適合する必要】

③ 実績判定期間における総事業費に占める特定非営利活動の占める割合が80％以上あること【実績判定期間において適合する必要】

≪算定式≫

$$\frac{\text{特定非営利活動に係る事業費}}{\text{総事業費}} \geqq 80\%$$

④ 実績判定期間における受入寄附金総額に占める特定非営利活動に係る事業費に充てた額の割合が70％以上あること【実績判定期間において適合する必要】

≪算定式≫

$$\frac{\text{受入寄附金総額のうち特定非営利活動に係る事業費に充てた額}}{\text{受入寄附金総額}} \geqq 70\%$$

5　情報公開に関する基準【認定時又は特例認定時まで適合する必要】

次の書類を閲覧させること。

⑴　事業報告等，役員名簿及び定款等

⑵　認定基準等に関する書類

①　各認定基準に適合する旨及び欠格事由に該当しない旨を説明する書類（法44②二）

②　寄附金を充当する予定の具体的な事業の内容を記載した書類（法44②三）

③ i　前事業年度の役員報酬又は職員給与の支給に関する規程（法54②二）

ii　前事業年度の収益の明細その他の資金に関する事項，資産の譲渡等に関する事項，寄附金に関する事項その他次の事項を記載した書類（法54②三，規則32①）

a．収益の源泉別の明細，借入金の明細その他の資金に関する事項

b．資産の譲渡等に係る事業の料金，条件その他その内容に関する事項

c．次に掲げる取引に係る取引先，取引金額その他その内容に関する事項

(イ)　収益の生ずる取引及び費用の生ずる取引のそれぞれについて，取引金額の最も多いものから第５順位までの取引

(ロ)　役員等との取引

d．寄附者（当該認定特定非営利活動法人の役員，役員の配偶者若しくは３親等以内の親族又は役員と特殊の関係のある者で，前事業年度における当該認定特定非営利活動法人に対する寄附金の額の合計額が20万円以上であるものに限る）の氏名並びにその寄附金の額及び受領年月日

e．給与を得た職員の総数及び当該職員に対する給与の総額に関する

事項

f．支出した寄附金の額並びにその相手先及び支出年月日

g．海外への送金又は金銭の持出しを行った場合（その金額が200万円以下の場合に限る）におけるその金額及び使途並びにその実施日を記載した書類

④　①から③に掲げるもののほか，運営組織及び経理基準，事業活動，閲覧，法令違反等の基準に適合している旨並びに欠格事由のいずれにも該当していない旨を説明する書類（法54②四）

⑤　助成の実績並びに海外送金等の金額及び使途並びにその予定日を記載した書類（法54③④）

6　事業報告書等の提出に関する基準

【認定時又は特例認定時まで適合する必要】

各事業年度において，事業報告書等を決められたとおり所轄庁に提出していること。

7　不正行為等に関する基準

【認定時又は特例認定時まで適合する必要】

法令違反，不正の行為，公益に反する事実等がないこと。

8　設立後の経過期間に関する基準

認定又は特例認定の申請書を提出した日を含む事業年度の初日において，設立の日以後１年を超えること。

≪基準を満たす必要がある期間≫

認定法人又は特例認定法人の上記基準のうち，⑴の①と②，⑵，⑷の③と④の基準は，実績判定期間において適合する必要がありますが，⑶，⑷の①と②，⑸，⑹，⑺の基準は，実績判定期間内の各事業年度だけでなく認定時又は特例認定時まで適合している必要があります（ただし，実績判定期間中に認定又は仮認

定を受けていない期間が含まれる場合には，その期間については(5)の②の基準を除きます）（法45①九）。

なお，認定又は特例認定を受けた後に(3)，(4)の①と②，(7)の基準に適合しなくなった場合には，所轄庁である東京都は認定又は特例認定を取り消すことができることになっています（法67②）。

第8章

NPO法人の解散と合併

1　NPO法人の解散

1　NPO法人の解散事由

NPO法人の解散事由は下記のとおりです（法31条1項）。

(1)　社員総会の決議

(2)　定款で定めた解散事由の発生

(3)　目的とする特定非営利活動に係る事業の成功の不能

(4)　社員の欠亡

(5)　合　　　併

(6)　破産手続開始の決定

(7)　設立認証の取消し

2　各解散事由についての法律上の規定と解説

(1)　社員総会の決議

社員総会で解散の決議をするには，総社員の4分の3以上の賛成が必要です（法31条の2）<定款で別の定め可>。

(2)　定款で定めた解散事由の発生

定款で定める解散事由の例として多いものは，存続期間の定めです。「この法人の存立期間は令和○年○月○日までとする。」又は「成立の日から満○カ年とする。」等と定めます。

(3)　目的とする特定非営利活動に係る事業の成功の不能

①　この事由による解散には，所轄庁の認定が必要です（法31条2項）。

この認定の申請には，事業の成功の不能を証する書面を，添付しなければなりません（法31条3項）。

② 解散認定申請書

令和○年○月○日

○○県知事殿

特定非営利活動法人○○○会

代表者氏名　○　山　△　夫　㊞

解 散 認 定 申 請 書

特定非営利活動促進法第31条第１項第３号に掲げる事由により，下記のとおり特定非営利活動法人を解散することについて，同条第２項の認定を受けたいので，申請します。

記

１　事業の成功の不能となるに至った理由及び経緯

当法人の行う特定非営利活動に係る事業の受益対象者である○○○の減少により，令和○年度より事業的規模を維持することが困難となった。広報に努力したが，昨年度の達成事業は別紙のとおりであった。

２　残余財産の処分方法

定款の定めるところにより，公益財団法人△△△に譲渡する。

⑷　社員の欠亡

「社員の欠亡」とは，社員が１人もいなくなることを指します。社員が１人もいなくなった時には，自動的に解散となります。

NPO法人は，10人以上の社員を有していなければなりません（法12条１項４号)。

しかし，社員が10人未満になった時に，自動的に解散になるわけではありません。ただ，社員10人未満の状態が長期間続き，回復が図られないような時には，改善命令や認証取消しの対象となる場合があります。

⑸　合　　併

151頁を参照のこと。

⑹　破産手続開始の決定

法人が債務を完済することが不可能になったときは，理事若しくは債権者の請求，又は，職権によって裁判所が破産手続開始の決定をします（法31条の３）。

法人は原則として，破産手続開始の決定とともに解散します。

⑺　設立認証の取消し

3　解散後の手続

解散後は，清算人（一般には理事）によって清算結了までの手続が行われることになります（法31条の４以下他）。

破産の場合は，破産法の適用を受けることになり，手続が全く異なります。

4　所轄庁への届出

⑴　前掲の解散事由のうち，①総会決議，②定款で定めた解散事由の発生，④社員の欠亡，⑥破産手続開始の決定の場合には，所轄庁に解散の届出をしなければなりません（法31条４項）。

上記届出書には，解散及び清算人の登記をしたことを証する登記簿謄本を添付します。

⑵　清算中に新たな清算人が就職したときは，登記するとともに，所轄庁に届け出なければなりません（法31条の８）。

⑶　清算が結了したときは，その旨を届け出なければなりません（法32条の３）。

⑵，⑶の場合とも，登記簿謄本を添付することとされています。

⑷　解散届出書ほか様式

令和○年○月○日

○○県知事殿

特定非営利活動法人○○○会

清算人　住所又は居所

○○県○○市○○町５番地

氏名　○　山　△　夫　㊞

解　散　届　出　書

特定非営利活動促進法第31条第１項第1[(1)]号に掲げる事由により，下記のとおり特定非営利活動法人を解散したので，同条第４項の規定により，届け出ます。

記

１　解散の理由

令和○年○月○日社員総会決議による。

２　残余財産の処分方法

定款の定めにより，学校法人○○学園に譲渡する。

(1)　解散事由の区分に応じて，第１号（社員総会決議），第２号（定款で定めた解散事由の発生），第４号（社員の欠亡），第６号（破産）のいずれかの数字を記入します。

令和○年○月○日

○○県知事殿

特定非営利活動法人○○○会

清算人　住所又は居所

○○県○○市○○町５番地

氏　名

○　山　△　夫　　㊞

清算人就職届出書

下記のとおり，特定非営利活動法人○○○会の解散に係る清算中に清算人が就職したので，特定非営利活動促進法第31条の８の規定により，届け出ます。

記

1　清算人の氏名及び住所又は居所

氏名　△ 川 △ 郎　　住所　△△県△△市△△区△△1234番地

2　清算人が就職した年月日

令和△年△月△日

令和○年○月○日

○○県知事殿

特定非営利活動法人○○○会

清算人　住所又は居所

○○県○○市○○町５番地

氏　名

○ 山 △ 夫　㊞

清 算 結 了 届 出 書

特定非営利活動法人○○○会の解散に係る清算が結了したので，特定非営利活動促進法第32条の３の規定により，届け出ます。

⑸　残余財産の帰属

①　合併，破産の場合を除き，解散した法人の残余財産は，上記の「清算結了届出書」を提出したときに，定款に定めた帰属先に帰属することになります（法32条１項）。

②　定款に，帰属先についての規定がないとき（定款で定めた帰属先が解散等によって消滅している場合を含む）は，清算人は，所轄庁の認証を得て，国又は地方公共団体に譲渡することができます（法32条２項）。

③　②の手続がとられない時は，残余財産は国庫に帰属することになります（法32条３項）。

⑹　定款に残余財産の帰属先の定めを置くときについては，第３章①を参照してください。

⑺　残余財産譲渡認証申請書様式

令和〇年〇月〇日

〇〇県知事殿

特定非営利活動法人〇〇〇会

清算人　住所又は居所

〇〇県〇〇市〇〇町５番地

氏　名

〇　山　△　夫　　　㊞

残余財産譲渡認証申請書

下記のとおり，残余財産を譲渡することについて，特定非営利活動促進法第32条第２項の認証を受けたいので，申請します。

記

１　譲渡すべき残余財産

２　残余財産の譲渡を受ける者

2　NPO法人の合併

NPO法人は他のNPO法人と合併することができます（法33条）。

この項で扱う「合併」とは，このNPO法人同士の合併を指します。他の種類の法人と合併する場合は，それぞれの法人が一度解散して，新たに，新法人設立の手続を行います。

1　吸収合併と新設合併

⑴　吸収合併

一方の法人が，他の法人を吸収して存続し，他方は消滅する合併の仕方です。

⑵　新設合併

両方の法人が消滅して，新たな法人となる合併の仕方です。以下の規定は吸収合併，新設合併いずれにも共通です。

2　社員総会の議決

⑴　合併をする両方の法人で，それぞれ，社員総会の議決を経なければなりません（法34条1項）。

⑵　社員総会の議決には，社員総数の4分の3以上の多数の賛成が必要です（法34条2項）＜別段の定め可＞。

3　所轄庁の認証

⑴　合併には，所轄庁の認証が必要です（法34条3項）。

⑵　所轄庁は，合併後の所轄庁です。

設立の場合と同様，すべての事務所の所在地が1都道府県内ならば，その都道府県です。合併によって，複数県に事務所を有することになるときは，主たる事務所の所在する都道府県になります。

⑶　認証申請書類

①　合併認証申請書

②　添付書類

⒜　社員総会議事録の謄本（法34条４項）

⒝　定　　款

⒞　役員名簿及び役員のうち報酬を受ける者の名簿

⒟　役員の就任承諾書及び宣誓書

⒠　役員の住所（居所）証明書類

⒡　社員10人以上の名簿

⒢　宗教活動，政治活動の制限，暴力団排除の規定についての確認書

⒣　合併趣旨書

⒤　合併当初の事業年度及び翌事業年度の事業計画書

⒥　合併当初の事業年度及び翌事業年度の収支予算書

合併については，設立の場合の規定が準用されており，以上の書類は設立の場合の添付書類と同様のものです（法34条５項）。

提出部数も設立の場合と同じです。

③　申請書様式

令和○年○月○日

○○県知事殿

特定非営利活動法人○○○会

代表者氏名　　○　山　△　夫　　㊞

電話番号　　000－000－0000

特定非営利活動法人△△協会

代表者氏名　　▲　川　●　郎　　㊞

電話番号　△△△－△△△－△△△△

合 併 認 証 申 請 書

下記のとおり合併することについて，特定非営利活動促進法第34条第３項の認証を受けたいので，同条第５項において準用する同法第10条第１項の規定により申請します。

記

1	合併後の⑴特定非営利活動法人の名称	
		特定非営利活動法人○○○会
2	代表者の氏名	▲　川　●　郎
3	主たる事務所の所在地	○○県○○市○○町１番地
4	従たる事務所の所在地	○○県△△市△△町１丁目２番３号
5	定款に記載された目的	（略）

⑴　合併の態様に応じて「合併後存続する法人名」，「合併によって設立する法人名」を記載する。

４　認証までの手続

合併認証までの手続には，設立の場合の規定が準用されています。公告，書類の縦覧，認証の基準，認証までの期間，不認証の場合の通知など，設立の場合と同様です（法34条５項）。

５　債権者保護手続

所轄庁による認証後，合併前のそれぞれの法人で，下記の債権者保護手続をとらなければなりません。

⑴　合併前の財産目録，貸借対照表の作成（認証後２週間以内）

⑵　同上書類の，主たる事務所への備置き（異義申立て期間満了まで）

⑶　債権者に対する公告及び催告（認証後２週間以内）

債権者に対し，合併に異議があれば一定期間内に述べるよう公告し，判明している債権者には個別に催告しなければなりません。申立てできる期間は，２カ月以上でなければなりません（法35条)。

⑷　異義を述べた債権者には，合併をしてもその債権者を害するおそれがない時を除いて，弁済をする等の措置をとらなければなりません（法36条２項)。

６　合併の効果

合併後存続する法人，又は，合併によって設立した法人は，合併によって消滅した法人の一切の権利義務を承継します。

７　登　　記

合併は，新たな「主たる事務所」の所在地で「合併の登記」をすることによって，効力を生じます（法39条１項)。

登記をすることができるのは，上記債権者保護手続終了後とされています。そのため，合併の登記は，認証後最短で２カ月経過後になります。

８　登記完了の届出ほか

⑴　合併の登記が完了したら，その旨を，所轄庁に届け出なければなりません。提出書類は下記のとおりです。

①　登記完了届出書

②　登記簿謄本（法39条２項)

⑵　合併登記完了の届出書の様式は，設立登記完了の届出書と同一の様式になります。

⑶　閲覧用書類として，定款，合併当初の財産目録，合併登記の登記簿謄本を提出するのも，設立の場合と同様です。

3　認定NPO法人の合併

1　認定NPO法人や特例認定NPO法人の合併

NPO法人の合併において，認定NPO法人が合併するケースがあります。その場合，取扱いは大きく二つのケースに分かれます。

一つは認定法人と認定法人が合併するケースです。この場合，特に認定の手続を要さず，合併後の法人にも当然，認定法人としての地位が承継されることになります。これは特例認定法人にあっても同様です。また，特例認定法人が特例認定法人又は認定法人と合併する場合，特に認定の手続を要さず，特例認定法人の地位が承継されることになります。

2　認定法人と認定法人でないNPO法人の合併

次に，認定法人と認定法人でないNPO法人の合併です。この場合，認定法人の地位を承継するためには所轄庁による認定の手続が必要になります。

つまり，認定法人が認定法人でないNPO法人と合併した場合，合併後存続又は合併によって設立したNPO法人は，その合併について所轄庁の認定がされたときに限り，認定法人としての地位を承継します（法63①）。

また，特例認定法人が特例認定法人でないNPO法人（認定法人を除きます。）と合併した場合，合併後存続又は合併によって設立したNPO法人は，その合併について所轄庁の認定がなされたときに限り，認定法人としての地位を承継することになります（法63②）。

資料

特定非営利活動促進法

平成10年３月25日法律第７号
最終改正：令和２年３月31日法律第８号

第１章　総則

（目的）

第１条　この法律は，特定非営利活動を行う団体に法人格を付与すること並びに運営組織及び事業活動が適正であって公益の増進に資する特定非営利活動法人の認定に係る制度を設けること等により，ボランティア活動をはじめとする市民が行う自由な社会貢献活動としての特定非営利活動の健全な発展を促進し，もって公益の増進に寄与することを目的とする。

（定義）

第２条　この法律において「特定非営利活動」とは，別表に掲げる活動に該当する活動であって，不特定かつ多数のものの利益の増進に寄与することを目的とするものをいう。

2　この法律において「特定非営利活動法人」とは，特定非営利活動を行うことを主たる目的とし，次の各号のいずれにも該当する団体であって，この法律の定めるところにより設立された法人をいう。

一　次のいずれにも該当する団体であって，営利を目的としないものであること。

イ　社員の資格の得喪に関して，不当な条件を付さないこと。

ロ　役員のうち報酬を受ける者の数が，役員総数の３分の１以下であること。

二　その行う活動が次のいずれにも該当する団体であること。

イ　宗教の教義を広め，儀式行事を行い，及び信者を教化育成することを主たる目的とするものでないこと。

ロ　政治上の主義を推進し，支持し，又はこれに反対することを主たる目的とするものでないこと。

ハ　特定の公職（公職選挙法（昭和25年法律第100号）第３条に規定する公職をいう。以下同じ。）の候補者（当該候補者になろうとする者を含む。以下同じ。）若しくは公職にある者又は政党を推薦し，支持し，又はこれらに反対することを目的とするものでないこと。

3　この法律において「認定特定非営利活動法人」とは，第44条第１項の認定を受けた特定非営利活動法人をいう。

4　この法律において「特例認定特定非営利活動法人」とは，第58条第１項の特例認定を受けた特定非営利活動法人をいう。

第２章　特定非営利活動法人

第１節　通則

（原則）

第３条　特定非営利活動法人は，特定の個人又は法人その他の団体の利益を目的として，その事業を行ってはならない。

2　特定非営利活動法人は，これを特定の政党のために利用してはならない。

（名称の使用制限）

第４条　特定非営利活動法人以外の者は，その名称中に，「特定非営利活動法人」又はこれに紛らわしい文字を用いてはならない。

（その他の事業）

第５条　特定非営利活動法人は，その行う特定非営利活動に係る事業に支障がない限り，当該特定非営利活動に係る事業以外の事業（以下「その他の事業」という。）を行うことができる。この場合において，利益を生じたときは，これを当該特定非営利活動に係る事業のために使用しなければならない。

2　その他の事業に関する会計は，当該特定非営利活動法人の行う特定非営利活動に係る事業に関する会計から区分し，特別の会計として経理しなければならない。

（住所）

第６条　特定非営利活動法人の住所は，その主たる事務所の所在地にあるものとする。

（登記）

第７条　特定非営利活動法人は，政令で定めるところにより，登記しなければならない。

2　前項の規定により登記しなければならない事項は，登記の後でなければ，これをもって第三者に対抗することができない。

（一般社団法人及び一般財団法人に関する法律の準用）

第８条　一般社団法人及び一般財団法人に関する法律（平成18年法律第48号）第78条の規定は，特定非営利活動法人について準用する。

（所轄庁）

第９条　特定非営利活動法人の所轄庁は，その主たる事務所が所在する都道府県の知事（その事務所が１の指定都市（地方自治法（昭和22年法律第67号）第252条の19第１項の指定都市をいう。以下同じ。）の区域内のみに所在する特定非営利活動法人にあっては，当該指定都市の長）とする。

第２節　設立

（設立の認証）

第10条　特定非営利活動法人を設立しようとする者は，都道府県又は指定都市の条例で定めるところにより，次に掲げる書類を添付した申請書を所轄庁に提出して，設立の認証を受けなければならない。

一　定款

二　役員に係る次に掲げる書類

イ　役員名簿（役員の氏名及び住所又は居所並びに各役員についての報酬の有無を記載した名簿をいう。以下同じ。）

ロ　各役員が第20条各号に該当しないこと及び第21条の規定に違反しないことを誓約し，並びに就任を承諾する書面の謄本

ハ　各役員の住所又は居所を証する書面として都道府県又は指定都市の条例で定めるもの

三　社員のうち10人以上の者の氏名（法人にあっては，その名称及び代表者の氏名）及び住所又は居所を記載した書面

四　第２条第２項第２号及び第12条第１項第３号に該当することを確認したことを示す書面

五　設立趣旨書

六　設立についての意思の決定を証する議事録の謄本

七　設立当初の事業年度及び翌事業年度の事業計画書

八　設立当初の事業年度及び翌事業年度の活動予算書（その行う活動に係る事業の収益及び費用の見込みを記載した書類をいう。以下同じ。）

２　所轄庁は，前項の認証の申請があった場合には，遅滞なく，その旨及び次に掲げる事項を公告し，又はインターネットの利用により公表するとともに，同項第１号，第２号イ，第５号，第７号及び第８号に掲げる書類を，申請書を受理した日から１月間，その指定した場所において公衆の縦覧に供しなければならない。

一　申請のあった年月日

二　申請に係る特定非営利活動法人の名称，代表者の氏名及び主たる事務所の所在地並びにその定款に記載された目的

3　第１項の規定により提出された申請書又は当該申請書に添付された同項各号に掲げる書類に不備があるときは，当該申請をした者は，当該不備が都道府県又は指定都市の条例で定める軽微なものである場合に限り，これを補正することができる。ただし，所轄庁が当該申請書を受理した日から２週間を経過したときは，この限りでない。

（定款）

第11条　特定非営利活動法人の定款には，次に掲げる事項を記載しなければならない。

一　目的

二　名称

三　その行う特定非営利活動の種類及び当該特定非営利活動に係る事業の種類

四　主たる事務所及びその他の事務所の所在地

五　社員の資格の得喪に関する事項

六　役員に関する事項

七　会議に関する事項

八　資産に関する事項

九　会計に関する事項

十　事業年度

十一　その他の事業を行う場合には，その種類その他当該その他の事業に関する事項

十二　解散に関する事項

十三　定款の変更に関する事項

十四　公告の方法

2　設立当初の役員は，定款で定めなければならない。

3　第１項第12号に掲げる事項中に残余財産の帰属すべき者に関する規定を設ける場合には，その者は，特定非営利活動法人その他次に掲げる者のうちから選定されるようにしなければならない。

一　国又は地方公共団体

二　公益社団法人又は公益財団法人

三　私立学校法（昭和24年法律第270号）第３条に規定する学校法人

四　社会福祉法（昭和26年法律第45号）第22条に規定する社会福祉法人

五　更生保護事業法（平成７年法律第86号）第２条第６項に規定する更生保護法人

（認証の基準等）

第12条　所轄庁は，第10条第１項の認証の申請が次の各号に適合すると認めるときは，その設立を認証しなければならない。

一　設立の手続並びに申請書及び定款の内容が法令の規定に適合していること。

二　当該申請に係る特定非営利活動法人が第２条第２項に規定する団体に該当するものであること。

三　当該申請に係る特定非営利活動法人が次に掲げる団体に該当しないものであること。

イ　暴力団（暴力団員による不当な行為の防止等に関する法律（平成３年法律第77号）第２条第２号に規定する暴力団をいう。以下この号及び第47条第６号において同じ。）

ロ　暴力団又はその構成員（暴力団の構成団体の構成員を含む。以下この号において同じ。）若しくは暴力団の構成員でなくなった日から５年を経過しない者（以下「暴力団の構成員等」という。）の統制の下にある団体

四　当該申請に係る特定非営利活動法人が10人以上の社員を有するものであること。

2　前項の規定による認証又は不認証の決定は，正当な理由がない限り，第10条第２項の期間を経過した日から２月（都道府県又は指定都市の条例でこれより短い期間を定めたときは，当該期間）以内に行わなければならない。

3　所轄庁は，第１項の規定により認証の決定をしたときはその旨を，同項の規定により不認証の決定をしたときはその旨及びその理由を，当該申請をした者に対し，速やかに，書面により通知しなければならない。

（意見聴取等）

第12条の2　第43条の２及び第43条の３の規定は，第10条第１項の認証の申請があった場合について準用する。

（成立の時期等）

第13条　特定非営利活動法人は，その主たる事務所の所在地において設立の登記をすることによって成立する。

2　特定非営利活動法人は，前項の登記をしたときは，遅滞なく，当該登記をしたことを証する登記事項証明書及び次条の財産目録を添えて，その旨を所轄庁に届け出なければならない。

3　設立の認証を受けた者が設立の認証があった日から６月を経過しても第１項の登記をしないときは，所轄庁は，設立の認証を取り消すことができる。

（財産目録の作成及び備置き）

第14条　特定非営利活動法人は，成立の時に財産目録を作成し，常にこれをその事務所に備え置かなければならない。

第３節　管理

（通常社員総会）

第14条の２　理事は，少なくとも毎年１回，通常社員総会を開かなければならない。

（臨時社員総会）

第14条の３　理事は，必要があると認めるときは，いつでも臨時社員総会を招集することができる。

2　総社員の５分の１以上から社員総会の目的である事項を示して請求があったときは，理事は，臨時社員総会を招集しなければならない。ただし，総社員の５分の１の割合については，定款でこれと異なる割合を定めることができる。

（社員総会の招集）

第14条の４　社員総会の招集の通知は，その社員総会の日より少なくとも５日前に，その社員総会の目的である事項を示し，定款で定めた方法に従ってしなければならない。

（社員総会の権限）

第14条の５　特定非営利活動法人の業務は，定款で理事その他の役員に委任したものを除き，すべて社員総会の決議によって行う。

（社員総会の決議事項）

第14条の６　社員総会においては，第14条の４の規定によりあらかじめ通知をした事項についてのみ，決議をすることができる。ただし，定款に別段の定めがあるときは，この限りでない。

（社員の表決権）

第14条の７　各社員の表決権は，平等とする。

2　社員総会に出席しない社員は，書面で，又は代理人によって表決をすることができる。

3　社員は，定款で定めるところにより，前項の規定に基づく書面による表決に代えて，電磁的方法（電子情報処理組織を使用する方法その他の情報通信の技術を利用する方法であって内閣府令で定めるものをいう。第28条の２第１項第３号において同じ。）により表決をすることができる。

４　前３項の規定は，定款に別段の定めがある場合には，適用しない。

（表決権のない場合）

第14条の８　特定非営利活動法人と特定の社員との関係について議決をする場合には，その社員は，表決権を有しない。

（社員総会の決議の省略）

第14条の９　理事又は社員が社員総会の目的である事項について提案をした場合において，当該提案につき社員の全員が書面又は電磁的記録（電子的方式，磁気的方式その他人の知覚によっては認識することができない方式で作られる記録であって，電子計算機による情報処理の用に供されるものとして内閣府令で定めるものをいう。）により同意の意思表示をしたときは，当該提案を可決する旨の社員総会の決議があったものとみなす。

２　前項の規定により社員総会の目的である事項の全てについての提案を可決する旨の社員総会の決議があったものとみなされた場合には，その時に当該社員総会が終結したものとみなす。

（役員の定数）

第15条　特定非営利活動法人には，役員として，理事３人以上及び監事１人以上を置かなければならない。

（理事の代表権）

第16条　理事は，すべて特定非営利活動法人の業務について，特定非営利活動法人を代表する。ただし，定款をもって，その代表権を制限することができる。

（業務の執行）

第17条　特定非営利活動法人の業務は，定款に特別の定めのないときは，理事の過半数をもって決する。

（理事の代理行為の委任）

第17条の２　理事は，定款又は社員総会の決議によって禁止されていないときに限り，特定の行為の代理を他人に委任することができる。

（仮理事）

第17条の３　理事が欠けた場合において，業務が遅滞することにより損害を生ずるおそれがあるときは，所轄庁は，利害関係人の請求により又は職権で，仮理事を選任しなければならない。

（利益相反行為）

第17条の４　特定非営利活動法人と理事との利益が相反する事項については，理事は，代表権を有しない。この場合においては，所轄庁は，利害関係人の請求により又は職権で，特別代理人を選任しなければならない。

（監事の職務）

第18条　監事は，次に掲げる職務を行う。

一　理事の業務執行の状況を監査すること。

二　特定非営利活動法人の財産の状況を監査すること。

三　前２号の規定による監査の結果，特定非営利活動法人の業務又は財産に関し不正の行為又は法令若しくは定款に違反する重大な事実があることを発見した場合には，これを社員総会又は所轄庁に報告すること。

四　前号の報告をするために必要がある場合には，社員総会を招集すること。

五　理事の業務執行の状況又は特定非営利活動法人の財産の状況について，理事に意見を述べること。

（監事の兼職禁止）

第19条　監事は，理事又は特定非営利活動法人の職員を兼ねてはならない。

（役員の欠格事由）

第20条　次の各号のいずれかに該当する者は，特定非営利活動法人の役員になることができない。

一　破産手続開始の決定を受けて復権を得ないもの

二　禁錮以上の刑に処せられ，その執行を終わった日又はその執行を受けることがなくなった日から２年を経過しない者

三　この法律若しくは暴力団員による不当な行為の防止等に関する法律の規定（同法第32条の３第７項及び第32条の11第１項の規定を除く。第47条第１号ハにおいて同じ。）に違反したことにより，又は刑法（明治40年法律第45号）第204条，第206条，第208条，第208条の２，第222条若しくは第247条の罪若しくは暴力行為等処罰に関する法律（大正15年法律第60号）の罪を犯したことにより，罰金の刑に処せられ，その執行を終わった日又はその執行を受けることがなくなった日から２年を経過しない者

四　暴力団の構成員等

五　第43条の規定により設立の認証を取り消された特定非営利活動法人の解散当時の役員で，設立の認証を取り消された日から２年を経過しない者

六　心身の故障のため職務を適正に執行することができない者として内閣府令で定めるもの

（役員の親族等の排除）

第21条　役員のうちには，それぞれの役員について，その配偶者若しくは３親等以内の親族が１人を超えて含まれ，又は当該役員並びにその配偶者及び３親等以内の親族が役員の総数の３分の１を超えて含まれることになってはならない。

（役員の欠員補充）

第22条　理事又は監事のうち，その定数の３分の１を超える者が欠けたときは，遅滞なくこれを補充しなければならない。

（役員の変更等の届出）

第23条　特定非営利活動法人は，その役員の氏名又は住所若しくは居所に変更があったときは，遅滞なく，変更後の役員名簿を添えて，その旨を所轄庁に届け出なければならない。

2　特定非営利活動法人は，役員が新たに就任した場合（任期満了と同時に再任された場合を除く。）において前項の届出をするときは，当該役員に係る第10条第１項第２号ロ及びハに掲げる書類を所轄庁に提出しなければならない。

（役員の任期）

第24条　役員の任期は，２年以内において定款で定める期間とする。ただし，再任を妨げない。

2　前項の規定にかかわらず，定款で役員を社員総会で選任することとしている特定非営利活動法人にあっては，定款により，後任の役員が選任されていない場合に限り，同項の規定により定款で定められた任期の末日後最初の社員総会が終結するまでその任期を伸長することができる。

（定款の変更）

第25条　定款の変更は，定款で定めるところにより，社員総会の議決を経なければならない。

2　前項の議決は，社員総数の２分の１以上が出席し，その出席者の４分の３以上の多数をもってしなければならない。ただし，定款に特別の定めがあるときは，この限りでない。

3　定款の変更（第11条第１項第１号から第３号まで，第４号（所轄庁の変更を伴うものに限る。），第５号，第６号（役員の定数に係るものを除く。），第７号，第11号，第12号（残余財産の帰属すべき者に係るものに限る。）又は第13号に掲げる事項に係る変更を含むものに限る。）は，所轄庁の認証を受けなければ，その効力を生じない。

4　特定非営利活動法人は，前項の認証を受けようとするときは，都道府県又は指定都市の条例で定めるところにより，当該定款の変更を議決した社員総会の議事録の謄本及び変更後の定款を添付した申請書を，所轄庁に提出しなければならない。この場合において，当該定款の変更が第11条第１項第３号又は第11号に掲げる事項に係る変更を含むものであるときは，当該定款の変更の日の属する事業年度及び翌事業年度の事業計画書及び活動予算書を併せて添付しなければならない。

5　第10条第２項及び第３項並びに第12条の規定は，第３項の認証について準用する。

6　特定非営利活動法人は，定款の変更（第３項の規定により所轄庁の認証を受けなければならない事項に係るものを除く。）をしたときは，都道府県又は指定都市の条例で定めるところにより，遅滞なく，当該定款の変更を議決した社員総会の議事録の謄本及び変更後の定款を添えて，その旨を所轄庁に届け出なければならない。

7　特定非営利活動法人は，定款の変更に係る登記をしたときは，遅滞なく，当該登記をしたことを証する登記事項証明書を所轄庁に提出しなければならない。

第26条　所轄庁の変更を伴う定款の変更に係る前条第４項の申請書は，変更前の所轄庁を経由して変更後の所轄庁に提出するものとする。

2　前項の場合においては，前条第４項の添付書類のほか，第10条第１項第２号イ及び第４号に掲げる書類並びに直近の第28条第１項に規定する事業報告書等（設立後当該書類が作成されるまでの間は第10条第１項第７号の事業計画書，同項第８号の活動予算書及び第14条の財産目録，合併後当該書類が作成されるまでの間は第34条第５項において準用する第10条第１項第７号の事業計画書，第34条第５項において準用する第10条第１項第８号の活動予算書及び第35条第１項の財産目録）を申請書に添付しなければならない。

3　第１項の場合において，当該定款の変更を認証したときは，所轄庁は，内閣府令で定めるところにより，遅滞なく，変更前の所轄庁から事務の引継ぎを受けなければならない。

（会計の原則）

第27条　特定非営利活動法人の会計は，この法律に定めるもののほか，次に掲げる原則に従って，行わなければならない。

一　削除

二　会計簿は，正規の簿記の原則に従って正しく記帳すること。

三　計算書類（活動計算書及び貸借対照表をいう。次条第１項において同じ。）

及び財産目録は，会計簿に基づいて活動に係る事業の実績及び財政状態に関する真実な内容を明瞭に表示したものとすること。

四　採用する会計処理の基準及び手続については，毎事業年度継続して適用し，みだりにこれを変更しないこと。

（事業報告書等の備置き等及び閲覧）

第28条　特定非営利活動法人は，毎事業年度初めの３月以内に，都道府県又は指定都市の条例で定めるところにより，前事業年度の事業報告書，計算書類及び財産目録並びに年間役員名簿（前事業年度において役員であったことがある者全員の氏名及び住所又は居所並びにこれらの者についての前事業年度における報酬の有無を記載した名簿をいう。）並びに前事業年度の末日における社員のうち10人以上の者の氏名（法人にあっては，その名称及び代表者の氏名）及び住所又は居所を記載した書面（以下「事業報告書等」という。）を作成し，これらを，その作成の日から起算して５年が経過した日を含む事業年度の末日までの間，その事務所に備え置かなければならない。

２　特定非営利活動法人は，都道府県又は指定都市の条例で定めるところにより，役員名簿及び定款等（定款並びにその認証及び登記に関する書類の写しをいう。以下同じ。）を，その事務所に備え置かなければならない。

３　特定非営利活動法人は，その社員その他の利害関係人から次に掲げる書類の閲覧の請求があった場合には，正当な理由がある場合を除いて，これを閲覧させなければならない。

一　事業報告書等（設立後当該書類が作成されるまでの間は第10条第１項第７号の事業計画書，同項第８号の活動予算書及び第14条の財産目録，合併後当該書類が作成されるまでの間は第34条第５項において準用する第10条第１項第７号の事業計画書，第34条第５項において準用する第10条第１項第８号の活動予算書及び第35条第１項の財産目録。第30条及び第45条第１項第５号イにおいて同じ。）

二　役員名簿

三　定款等

（貸借対照表の公告）

第28条の２　特定非営利活動法人は，内閣府令で定めるところにより，前条第１項の規定による前事業年度の貸借対照表の作成後遅滞なく，次に掲げる方法のうち定款で定める方法によりこれを公告しなければならない。

一　官報に掲載する方法

二　時事に関する事項を掲載する日刊新聞紙に掲載する方法
三　電子公告（電磁的方法により不特定多数の者が公告すべき内容である情報の提供を受けることができる状態に置く措置であって内閣府令で定めるものをとる公告の方法をいう。以下この条において同じ。）
四　前３号に掲げるもののほか，不特定多数の者が公告すべき内容である情報を認識することができる状態に置く措置として内閣府令で定める方法
2　前項の規定にかかわらず，同項に規定する貸借対照表の公告の方法として同項第１号又は第２号に掲げる方法を定款で定める特定非営利活動法人は，当該貸借対照表の要旨を公告することで足りる。
3　特定非営利活動法人が第１項第３号に掲げる方法を同項に規定する貸借対照表の公告の方法とする旨を定款で定める場合には，事故その他やむを得ない事由によって電子公告による公告をすることができない場合の当該公告の方法として，同項第１号又は第２号に掲げる方法のいずれかを定めることができる。
4　特定非営利活動法人が第１項の規定により電子公告による公告をする場合には，前条第１項の規定による前事業年度の貸借対照表の作成の日から起算して５年が経過した日を含む事業年度の末日までの間，継続して当該公告をしなければならない。
5　前項の規定にかかわらず，同項の規定により電子公告による公告をしなければならない期間（第２号において「公告期間」という。）中公告の中断（不特定多数の者が提供を受けることができる状態に置かれた情報がその状態に置かれないこととなったこと又はその情報がその状態に置かれた後改変されたことをいう。以下この項において同じ。）が生じた場合において，次のいずれにも該当するときは，その公告の中断は，当該電子公告による公告の効力に影響を及ぼさない。
一　公告の中断が生ずることにつき特定非営利活動法人が善意でかつ重大な過失がないこと又は特定非営利活動法人に正当な事由があること。
二　公告の中断が生じた時間の合計が公告期間の10分の１を超えないこと。
三　特定非営利活動法人が公告の中断が生じたことを知った後速やかにその旨，公告の中断が生じた時間及び公告の中断の内容を当該電子公告による公告に付して公告したこと。

（事業報告書等の提出）

第29条　特定非営利活動法人は，都道府県又は指定都市の条例で定めるところにより，毎事業年度１回，事業報告書等を所轄庁に提出しなければならない。

（事業報告書等の公開）

第30条　所轄庁は，特定非営利活動法人から提出を受けた事業報告書等（過去５年間に提出を受けたものに限る。），役員名簿又は定款等について閲覧又は謄写の請求があったときは，都道府県又は指定都市の条例で定めるところにより，これを閲覧させ，又は謄写させなければならない。

第４節　解散及び合併

（解散事由）

第31条　特定非営利活動法人は，次に掲げる事由によって解散する。

一　社員総会の決議

二　定款で定めた解散事由の発生

三　目的とする特定非営利活動に係る事業の成功の不能

四　社員の欠亡

五　合併

六　破産手続開始の決定

七　第43条の規定による設立の認証の取消し

２　前項第３号に掲げる事由による解散は，所轄庁の認定がなければ，その効力を生じない。

３　特定非営利活動法人は，前項の認定を受けようとするときは，第１項第３号に掲げる事由を証する書面を，所轄庁に提出しなければならない。

４　清算人は，第１項第１号，第２号，第４号又は第６号に掲げる事由によって解散した場合には，遅滞なくその旨を所轄庁に届け出なければならない。

（解散の決議）

第31条の２　特定非営利活動法人は，総社員の４分の３以上の賛成がなければ，解散の決議をすることができない。ただし，定款に別段の定めがあるときは，この限りでない。

（特定非営利活動法人についての破産手続の開始）

第31条の３　特定非営利活動法人がその債務につきその財産をもって完済することができなくなった場合には，裁判所は，理事若しくは債権者の申立てにより又は職権で，破産手続開始の決定をする。

２　前項に規定する場合には，理事は，直ちに破産手続開始の申立てをしなければならない。

（清算中の特定非営利活動法人の能力）

第31条の４　解散した特定非営利活動法人は，清算の目的の範囲内において，その清算の結了に至るまではなお存続するものとみなす。

（清算人）

第31条の５　特定非営利活動法人が解散したときは，破産手続開始の決定による解散の場合を除き，理事がその清算人となる。ただし，定款に別段の定めがあるとき，又は社員総会において理事以外の者を選任したときは，この限りでない。

（裁判所による清算人の選任）

第31条の６　前条の規定により清算人となる者がないとき，又は清算人が欠けたため損害を生ずるおそれがあるときは，裁判所は，利害関係人若しくは検察官の請求により又は職権で，清算人を選任することができる。

（清算人の解任）

第31条の７　重要な事由があるときは，裁判所は，利害関係人若しくは検察官の請求により又は職権で，清算人を解任することができる。

（清算人の届出）

第31条の８　清算中に就任した清算人は，その氏名及び住所を所轄庁に届け出なければならない。

（清算人の職務及び権限）

第31条の９　清算人の職務は，次のとおりとする。

一　現務の結了

二　債権の取立て及び債務の弁済

三　残余財産の引渡し

２　清算人は，前項各号に掲げる職務を行うために必要な一切の行為をすることができる。

（債権の申出の催告等）

第31条の10　清算人は，特定非営利活動法人が第31条第１項各号に掲げる事由によって解散した後，遅滞なく，公告をもって，債権者に対し，一定の期間内にその債権の申出をすべき旨の催告をしなければならない。この場合において，その期間は，２月を下ることができない。

２　前項の公告には，債権者がその期間内に申出をしないときは清算から除斥されるべき旨を付記しなければならない。ただし，清算人は，判明している債権者を除斥することができない。

３　清算人は，判明している債権者には，各別にその申出の催告をしなければならない。

4　第1項の公告は，官報に掲載してする。

（期間経過後の債権の申出）

第31条の11　前条第1項の期間の経過後に申出をした債権者は，特定非営利活動法人の債務が完済された後まだ権利の帰属すべき者に引き渡されていない財産に対してのみ，請求をすることができる。

（清算中の特定非営利活動法人についての破産手続の開始）

第31条の12　清算中に特定非営利活動法人の財産がその債務を完済するのに足りないことが明らかになったときは，清算人は，直ちに破産手続開始の申立てをし，その旨を公告しなければならない。

2　清算人は，清算中の特定非営利活動法人が破産手続開始の決定を受けた場合において，破産管財人にその事務を引き継いだときは，その任務を終了したものとする。

3　前項に規定する場合において，清算中の特定非営利活動法人が既に債権者に支払い，又は権利の帰属すべき者に引き渡したものがあるときは，破産管財人は，これを取り戻すことができる。

4　第1項の規定による公告は，官報に掲載してする。

（残余財産の帰属）

第32条　解散した特定非営利活動法人の残余財産は，合併及び破産手続開始の決定による解散の場合を除き，所轄庁に対する清算結了の届出の時において，定款で定めるところにより，その帰属すべき者に帰属する。

2　定款に残余財産の帰属すべき者に関する規定がないときは，清算人は，所轄庁の認証を得て，その財産を国又は地方公共団体に譲渡することができる。

3　前2項の規定により処分されない財産は，国庫に帰属する。

（裁判所による監督）

第32条の2　特定非営利活動法人の解散及び清算は，裁判所の監督に属する。

2　裁判所は，職権で，いつでも前項の監督に必要な検査をすることができる。

3　特定非営利活動法人の解散及び清算を監督する裁判所は，所轄庁に対し，意見を求め，又は調査を嘱託することができる。

4　所轄庁は，前項に規定する裁判所に対し，意見を述べることができる。

（清算結了の届出）

第32条の3　清算が結了したときは，清算人は，その旨を所轄庁に届け出なければならない。

（解散及び清算の監督等に関する事件の管轄）

第32条の４　特定非営利活動法人の解散及び清算の監督並びに清算人に関する事件は，その主たる事務所の所在地を管轄する地方裁判所の管轄に属する。

（不服申立ての制限）

第32条の５　清算人の選任の裁判に対しては，不服を申し立てることができない。

（裁判所の選任する清算人の報酬）

第32条の６　裁判所は，第31条の６の規定により清算人を選任した場合には，特定非営利活動法人が当該清算人に対して支払う報酬の額を定めることができる。この場合においては，裁判所は，当該清算人及び監事の陳述を聴かなければならない。

第32条の７　削除

（検査役の選任）

第32条の８　裁判所は，特定非営利活動法人の解散及び清算の監督に必要な調査をさせるため，検査役を選任することができる。

２　第32条の５及び第32条の６の規定は，前項の規定により裁判所が検査役を選任した場合について準用する。この場合において，同条中「清算人及び監事」とあるのは，「特定非営利活動法人及び検査役」と読み替えるものとする。

（合併）

第33条　特定非営利活動法人は，他の特定非営利活動法人と合併することができる。

（合併手続）

第34条　特定非営利活動法人が合併するには，社員総会の議決を経なければならない。

２　前項の議決は，社員総数の４分の３以上の多数をもってしなければならない。ただし，定款に特別の定めがあるときは，この限りでない。

３　合併は，所轄庁の認証を受けなければ，その効力を生じない。

４　特定非営利活動法人は，前項の認証を受けようとするときは，第１項の議決をした社員総会の議事録の謄本を添付した申請書を，所轄庁に提出しなければならない。

５　第10条及び第12条の規定は，第３項の認証について準用する。

第35条　特定非営利活動法人は，前条第３項の認証があったときは，その認証の通知のあった日から２週間以内に，貸借対照表及び財産目録を作成し，次項の規定により債権者が異議を述べることができる期間が満了するまでの間，これをその事務所に備え置かなければならない。

2　特定非営利活動法人は，前条第３項の認証があったときは，その認証の通知のあった日から２週間以内に，その債権者に対し，合併に異議があれば一定の期間内に述べるべきことを公告し，かつ，判明している債権者に対しては，各別にこれを催告しなければならない。この場合において，その期間は，２月を下回ってはならない。

第36条　債権者が前条第２項の期間内に異議を述べなかったときは，合併を承認したものとみなす。

2　債権者が異議を述べたときは，特定非営利活動法人は，これに弁済し，若しくは相当の担保を供し，又はその債権者に弁済を受けさせることを目的として信託会社若しくは信託業務を営む金融機関に相当の財産を信託しなければならない。ただし，合併をしてもその債権者を害するおそれがないときは，この限りでない。

第37条　合併により特定非営利活動法人を設立する場合においては，定款の作成その他特定非営利活動法人の設立に関する事務は，それぞれの特定非営利活動法人において選任した者が共同して行わなければならない。

（合併の効果）

第38条　合併後存続する特定非営利活動法人又は合併によって設立した特定非営利活動法人は，合併によって消滅した特定非営利活動法人の一切の権利義務（当該特定非営利活動法人がその行う事業に関し行政庁の認可その他の処分に基づいて有する権利義務を含む。）を承継する。

（合併の時期等）

第39条　特定非営利活動法人の合併は，合併後存続する特定非営利活動法人又は合併によって設立する特定非営利活動法人の主たる事務所の所在地において登記をすることによって，その効力を生ずる。

2　第13条第２項及び第14条の規定は前項の登記をした場合について，第13条第３項の規定は前項の登記をしない場合について，それぞれ準用する。

第40条　削除

第５節　監督

（報告及び検査）

第41条　所轄庁は，特定非営利活動法人（認定特定非営利活動法人及び特例認定特定非営利活動法人を除く。以下この項及び次項において同じ。）が法令，法令に基づいてする行政庁の処分又は定款に違反する疑いがあると認められる相当な理由があるときは，当該特定非営利活動法人に対し，その業務若しくは財産の状況に関し報告をさせ，又はその職員に，当該特定非営利活動法人の事務所その他の施設に立ち入り，その業務若しくは財産の状況若しくは帳簿，書類その他の物件を検査させることができる。

2　所轄庁は，前項の規定による検査をさせる場合においては，当該検査をする職員に，同項の相当の理由を記載した書面を，あらかじめ，当該特定非営利活動法人の役員その他の当該検査の対象となっている事務所その他の施設の管理について権限を有する者（以下この項において「特定非営利活動法人の役員等」という。）に提示させなければならない。この場合において，当該特定非営利活動法人の役員等が当該書面の交付を要求したときは，これを交付させなければならない。

3　第１項の規定による検査をする職員は，その身分を示す証明書を携帯し，関係人にこれを提示しなければならない。

4　第１項の規定による検査の権限は，犯罪捜査のために認められたものと解してはならない。

（改善命令）

第42条　所轄庁は，特定非営利活動法人が第12条第１項第２号，第３号又は第４号に規定する要件を欠くに至ったと認めるときその他法令，法令に基づいてする行政庁の処分若しくは定款に違反し，又はその運営が著しく適正を欠くと認めるときは，当該特定非営利活動法人に対し，期限を定めて，その改善のために必要な措置を採るべきことを命ずることができる。

（設立の認証の取消し）

第43条　所轄庁は，特定非営利活動法人が，前条の規定による命令に違反した場合であって他の方法により監督の目的を達することができないとき又は３年以上にわたって第29条の規定による事業報告書等の提出を行わないときは，当該特定非営利活動法人の設立の認証を取り消すことができる。

2　所轄庁は，特定非営利活動法人が法令に違反した場合において，前条の規定による命令によってはその改善を期待することができないことが明らかであり，かつ，他の方法により監督の目的を達することができないときは，同条の規定による命令を経ないでも，当該特定非営利活動法人の設立の認証を取り消すことができる。

3　前２項の規定による設立の認証の取消しに係る聴聞の期日における審理は，当該特定非営利活動法人から請求があったときは，公開により行うよう努めなければならない。

4　所轄庁は，前項の規定による請求があった場合において，聴聞の期日における審理を公開により行わないときは，当該特定非営利活動法人に対し，当該公開により行わない理由を記載した書面を交付しなければならない。

（意見聴取）

第43条の２　所轄庁は，特定非営利活動法人について第12条第１項第３号に規定する要件を欠いている疑い又はその役員について第20条第４号に該当する疑いがあると認めるときは，その理由を付して，警視総監又は道府県警察本部長の意見を聴くことができる。

（所轄庁への意見）

第43条の３　警視総監又は道府県警察本部長は，特定非営利活動法人について第12条第１項第３号に規定する要件を欠いていると疑うに足りる相当な理由又はその役員について第20条第４号に該当すると疑うに足りる相当な理由があるため，所轄庁が当該特定非営利活動法人に対して適当な措置を採ることが必要であると認めるときは，所轄庁に対し，その旨の意見を述べることができる。

第３章　認定特定非営利活動法人及び特例認定特定非営利活動法人

第１節　認定特定非営利活動法人

（認定）

第44条　特定非営利活動法人のうち，その運営組織及び事業活動が適正であって公益の増進に資するものは，所轄庁の認定を受けることができる。

２　前項の認定を受けようとする特定非営利活動法人は，都道府県又は指定都市の条例で定めるところにより，次に掲げる書類を添付した申請書を所轄庁に提出しなければならない。ただし，次条第１項第１号ハに掲げる基準に適合する特定非営利活動法人が申請をする場合には，第１号に掲げる書類を添付することを要しない。

一　実績判定期間内の日を含む各事業年度（その期間が１年を超える場合は，当該期間をその初日以後１年ごとに区分した期間（最後に１年未満の期間を生じたときは，その１年未満の期間）。以下同じ。）の寄附者名簿（各事業年度に当該申請に係る特定非営利活動法人が受け入れた寄附金の支払者ごとに当該支払者の氏名（法人にあっては，その名称）及び住所並びにその寄附金の額及び受け入れた年月日を記載した書類をいう。以下同じ。）

二　次条第１項各号に掲げる基準に適合する旨を説明する書類（前号に掲げる書類を除く。）及び第47条各号のいずれにも該当しない旨を説明する書類

三　寄附金を充当する予定の具体的な事業の内容を記載した書類

3　前項第１号の「実績判定期間」とは，第１項の認定を受けようとする特定非営利活動法人の直前に終了した事業年度の末日以前５年（同項の認定を受けたことのない特定非営利活動法人が同項の認定を受けようとする場合にあっては，２年）内に終了した各事業年度のうち最も早い事業年度の初日から当該末日までの期間をいう。

（認定の基準）

第45条　所轄庁は，前条第１項の認定の申請をした特定非営利活動法人が次の各号に掲げる基準に適合すると認めるときは，同項の認定をするものとする。

一　広く市民からの支援を受けているかどうかを判断するための基準として次に掲げる基準のいずれかに適合すること。

イ　実績判定期間（前条第３項に規定する実績判定期間をいう。以下同じ。）における経常収入金額（(1)に掲げる金額をいう。）のうちに寄附金等収入金額（(2)に掲げる金額（内閣府令で定める要件を満たす特定非営利活動法人にあっては，(2)及び(3)に掲げる金額の合計額）をいう。）の占める割合が政令で定める割合以上であること。

(1)　総収入金額から国等（国，地方公共団体，法人税法（昭和40年法律第34号）別表第一に掲げる独立行政法人，地方独立行政法人，国立大学法人，大学共同利用機関法人及び我が国が加盟している国際機関をいう。以下この(1)において同じ。）からの補助金その他国等が反対給付を受けないで交付するもの（次項において「国の補助金等」という。），臨時的な収入その他の内閣府令で定めるものの額を控除した金額

(2)　受け入れた寄附金の額の総額（第４号ニにおいて「受入寄附金総額」という。）から１者当たり基準限度超過額（同一の者からの寄附金の額のうち内閣府令で定める金額を超える部分の金額をいう。）その他の内閣府令で定める寄附金の額の合計額を控除した金額

(3)　社員から受け入れた会費の額の合計額から当該合計額に次号に規定する内閣府令で定める割合を乗じて計算した金額を控除した金額のうち（２）に掲げる金額に達するまでの金額

ロ　実績判定期間内の日を含む各事業年度における判定基準寄附者（当該事業年度における同一の者からの寄附金（寄附者の氏名（法人にあっては，その名称）その他の内閣府令で定める事項が明らかな寄附金に限る。以下このロにおいて同じ。）の額の総額（当該同一の者が個人である場合には，当該事業年度におけるその者と生計を一にする者からの寄附金の額を加算した金

額）が政令で定める額以上である場合の当該同一の者をいい，当該申請に係る特定非営利活動法人の役員である者及び当該役員と生計を一にする者を除く。以下同じ。）の数（当該事業年度において個人である判定基準寄附者と生計を一にする他の判定基準寄附者がいる場合には，当該判定基準寄附者と当該他の判定基準寄附者を１人とみなした数）の合計数に12を乗じてこれを当該実績判定期間の月数で除して得た数が政令で定める数以上であること。

ハ　前条第２項の申請書を提出した日の前日において，地方税法（昭和25年法律第226号）第37条の２第１項第４号（同法第１条第２項の規定により都について準用する場合を含む。）に掲げる寄附金又は同法第314条の７第１項第４号（同法第１条第２項の規定により特別区について準用する場合を含む。）に掲げる寄附金を受け入れる特定非営利活動法人としてこれらの寄附金を定める条例で定められているもの（その条例を制定した道府県（都を含む。）又は市町村（特別区を含む。）の区域内に事務所を有するものに限る。）であること。

二　実績判定期間における事業活動のうちに次に掲げる活動の占める割合として内閣府令で定める割合が100分の50未満であること。

イ　会員又はこれに類するものとして内閣府令で定める者（当該申請に係る特定非営利活動法人の運営又は業務の執行に関係しない者で内閣府令で定めるものを除く。以下この号において「会員等」という。）に対する資産の譲渡若しくは貸付け又は役務の提供（以下「資産の譲渡等」という。），会員等相互の交流，連絡又は意見交換その他その対象が会員等である活動（資産の譲渡等のうち対価を得ないで行われるものその他内閣府令で定めるものを除く。）

ロ　その便益の及ぶ者が次に掲げる者その他特定の範囲の者（前号ハに掲げる基準に適合する場合にあっては，⑷に掲げる者を除く。）である活動（会員等を対象とする活動で内閣府令で定めるもの及び会員等に対する資産の譲渡等を除く。）

⑴　会員等

⑵　特定の団体の構成員

⑶　特定の職域に属する者

⑷　特定の地域として内閣府令で定める地域に居住し又は事務所その他これに準ずるものを有する者

ハ　特定の著作物又は特定の者に関する普及啓発，広告宣伝，調査研究，情報

提供その他の活動

ニ　特定の者に対し，その者の意に反した作為又は不作為を求める活動

三　その運営組織及び経理に関し，次に掲げる基準に適合していること。

イ　各役員について，次に掲げる者の数の役員の総数のうちに占める割合が，それぞれ３分の１以下であること。

(1)　当該役員並びに当該役員の配偶者及び３親等以内の親族並びに当該役員と内閣府令で定める特殊の関係のある者

(2)　特定の法人（当該法人との間に発行済株式又は出資（その有する自己の株式又は出資を除く。）の総数又は総額の100分の50以上の株式又は出資の数又は金額を直接又は間接に保有する関係その他の内閣府令で定める関係のある法人を含む。）の役員又は使用人である者並びにこれらの者の配偶者及び３親等以内の親族並びにこれらの者と内閣府令で定める特殊の関係のある者

ロ　各社員の表決権が平等であること。

ハ　その会計について公認会計士若しくは監査法人の監査を受けていること又は内閣府令で定めるところにより帳簿及び書類を備え付けてこれらにその取引を記録し，かつ，当該帳簿及び書類を保存していること。

ニ　その支出した金銭でその費途が明らかでないものがあることその他の不適正な経理として内閣府令で定める経理が行われていないこと。

四　その事業活動に関し，次に掲げる基準に適合していること。

イ　次に掲げる活動を行っていないこと。

(1)　宗教の教義を広め，儀式行事を行い，及び信者を教化育成すること。

(2)　政治上の主義を推進し，支持し，又はこれに反対すること。

(3)　特定の公職の候補者若しくは公職にある者又は政党を推薦し，支持し，又はこれらに反対すること。

ロ　その役員，社員，職員若しくは寄附者若しくはこれらの者の配偶者若しくは３親等以内の親族又はこれらの者と内閣府令で定める特殊の関係のある者に対し特別の利益を与えないことその他の特定の者と特別の関係がないものとして内閣府令で定める基準に適合していること。

ハ　実績判定期間における事業費の総額のうちに特定非営利活動に係る事業費の額の占める割合又はこれに準ずるものとして内閣府令で定める割合が100分の80以上であること。

ニ　実績判定期間における受入寄附金総額の100分の70以上を特定非営利活動

に係る事業費に充てていること。

五　次に掲げる書類について閲覧の請求があった場合には，正当な理由がある場合を除いて，これをその事務所において閲覧させること。

イ　事業報告書等，役員名簿及び定款等

ロ　前条第２項第２号及び第３号に掲げる書類並びに第54条第２項第２号から第４号までに掲げる書類及び同条第３項の書類

六　各事業年度において，事業報告書等を第29条の規定により所轄庁に提出していること。

七　法令又は法令に基づいてする行政庁の処分に違反する事実，偽りその他不正の行為により利益を得，又は得ようとした事実その他公益に反する事実がないこと。

八　前条第２項の申請書を提出した日を含む事業年度の初日において，その設立の日以後１年を超える期間が経過していること。

九　実績判定期間において，第３号，第４号イ及びロ並びに第５号から第７号までに掲げる基準（当該実績判定期間中に，前条第１項の認定又は第58条第１項の特例認定を受けていない期間が含まれる場合には，当該期間については第５号ロに掲げる基準を除く。）に適合していること。

2　前項の規定にかかわらず，前条第１項の認定の申請をした特定非営利活動法人の実績判定期間に国の補助金等がある場合及び政令で定める小規模な特定非営利活動法人が同項の認定の申請をした場合における前項第１号イに規定する割合の計算については，政令で定める方法によることができる。

（合併特定非営利活動法人に関する適用）

第46条　前２条に定めるもののほか，第44条第１項の認定を受けようとする特定非営利活動法人が合併後存続した特定非営利活動法人又は合併によって設立した特定非営利活動法人で同条第２項の申請書を提出しようとする事業年度の初日においてその合併又は設立の日以後１年を超える期間が経過していないものである場合における前２条の規定の適用に関し必要な事項は，政令で定める。

（欠格事由）

第47条　第45条の規定にかかわらず，次のいずれかに該当する特定非営利活動法人は，第44条第１項の認定を受けることができない。

一　その役員のうちに，次のいずれかに該当する者があるもの

イ　認定特定非営利活動法人が第67条第１項若しくは第２項の規定により第44条第１項の認定を取り消された場合又は特例認定特定非営利活動法人が

第67条第3項において準用する同条第1項若しくは第2項の規定により第58条第1項の特例認定を取り消された場合において，その取消しの原因となった事実があった日以前1年内に当該認定特定非営利活動法人又は当該特例認定特定非営利活動法人のその業務を行う理事であった者でその取消しの日から5年を経過しないもの

ロ　禁錮以上の刑に処せられ，その執行を終わった日又はその執行を受けることがなくなった日から5年を経過しない者

ハ　この法律若しくは暴力団員による不当な行為の防止等に関する法律の規定に違反したことにより，若しくは刑法第204条，第206条，第208条，第208条の2，第222条若しくは第247条の罪若しくは暴力行為等処罰に関する法律の罪を犯したことにより，又は国税若しくは地方税に関する法律中偽りその他不正の行為により国税若しくは地方税を免れ，納付せず，若しくはこれらの税の還付を受け，若しくはこれらの違反行為をしようとすることに関する罪を定めた規定に違反したことにより，罰金の刑に処せられ，その執行を終わった日又はその執行を受けることがなくなった日から5年を経過しない者

ニ　暴力団の構成員等

二　第67条第1項若しくは第2項の規定により第44条第1項の認定を取り消され，又は第67条第3項において準用する同条第1項若しくは第2項の規定により第58条第1項の特例認定を取り消され，その取消しの日から5年を経過しないもの

三　その定款又は事業計画書の内容が法令又は法令に基づいてする行政庁の処分に違反しているもの

四　国税又は地方税の滞納処分の執行がされているもの又は当該滞納処分の終了の日から3年を経過しないもの

五　国税に係る重加算税又は地方税に係る重加算金を課された日から3年を経過しないもの

六　次のいずれかに該当するもの

イ　暴力団

ロ　暴力団又は暴力団の構成員等の統制の下にあるもの

（認定に関する意見聴取）

第48条　所轄庁は，第44条第1項の認定をしようとするときは，次の各号に掲げる事由の区分に応じ，当該事由の有無について，当該各号に定める者の意見を聴

くことができる。

一　前条第１号ニ及び第６号に規定する事由　警視総監又は道府県警察本部長

二　前条第４号及び第５号に規定する事由　国税庁長官，関係都道府県知事又は関係市町村長（以下「国税庁長官等」という。）

（認定の通知等）

第49条　所轄庁は，第44条第１項の認定をしたときはその旨を，同項の認定をしないことを決定したときはその旨及びその理由を，当該申請をした特定非営利活動法人に対し，速やかに，書面により通知しなければならない。

2　所轄庁は，第44条第１項の認定をしたときは，インターネットの利用その他の適切な方法により，当該認定に係る認定特定非営利活動法人に係る次に掲げる事項を公示しなければならない。

一　名称

二　代表者の氏名

三　主たる事務所及びその他の事務所の所在地

四　当該認定の有効期間

五　前各号に掲げるもののほか，都道府県又は指定都市の条例で定める事項

3　所轄庁は，特定非営利活動法人で２以上の都道府県の区域内に事務所を設置するものについて第44条第１項の認定をしたときは，当該認定に係る認定特定非営利活動法人の名称その他の内閣府令で定める事項を，その主たる事務所が所在する都道府県以外の都道府県でその事務所が所在する都道府県の知事（以下「所轄庁以外の関係知事」という。）に対し通知しなければならない。

4　認定特定非営利活動法人で２以上の都道府県の区域内に事務所を設置するものは，第１項の規定による認定の通知を受けたときは，内閣府令で定めるところにより，遅滞なく，次に掲げる書類を所轄庁以外の関係知事に提出しなければならない。

一　直近の事業報告書等（合併後当該書類が作成されるまでの間は，第34条第５項において準用する第10条第１項第７号の事業計画書，第34条第５項において準用する第10条第1項第8号の活動予算書及び第35条第１項の財産目録。第52条第４項において同じ。），役員名簿及び定款等

二　第44条第２項の規定により所轄庁に提出した同項各号に掲げる添付書類の写し

三　認定に関する書類の写し

（名称等の使用制限）

第50条　認定特定非営利活動法人でない者は，その名称又は商号中に，認定特定非営利活動法人であると誤認されるおそれのある文字を用いてはならない。

2　何人も，不正の目的をもって，他の認定特定非営利活動法人であると誤認されるおそれのある名称又は商号を使用してはならない。

（認定の有効期間及びその更新）

第51条　第44条第１項の認定の有効期間（次項の有効期間の更新がされた場合にあっては，当該更新された有効期間。以下この条及び第57条第１項第１号において同じ。）は，当該認定の日（次項の有効期間の更新がされた場合にあっては，従前の認定の有効期間の満了の日の翌日。第54条第１項において同じ。）から起算して５年とする。

2　前項の有効期間の満了後引き続き認定特定非営利活動法人として特定非営利活動を行おうとする認定特定非営利活動法人は，その有効期間の更新を受けなければならない。

3　前項の有効期間の更新を受けようとする認定特定非営利活動法人は，第１項の有効期間の満了の日の６月前から３月前までの間（以下この項において「更新申請期間」という。）に，所轄庁に有効期間の更新の申請をしなければならない。ただし，災害その他やむを得ない事由により更新申請期間にその申請をすることができないときは，この限りでない。

4　前項の申請があった場合において，第１項の有効期間の満了の日までにその申請に対する処分がされないときは，従前の認定は，同項の有効期間の満了後もその処分がされるまでの間は，なお効力を有する。

5　第44条第２項（第１号に係る部分を除く。）及び第３項，第45条第１項（第３号ロ，第６号，第８号及び第９号に係る部分を除く。）及び第２項，第46条から第48条まで並びに第49条第１項，第２項及び第４項（第１号に係る部分を除く。）の規定は，第２項の有効期間の更新について準用する。ただし，第44条第２項第２号及び第３号に掲げる書類については，既に所轄庁に提出されている当該書類の内容に変更がないときは，その添付を省略することができる。

（役員の変更等の届出，定款の変更の届出等及び事業報告書等の提出に係る特例並びにこれらの書類の閲覧）

第52条　認定特定非営利活動法人についての第23条，第25条第６項及び第７項並びに第29条の規定の適用については，これらの規定中「所轄庁に」とあるのは，「所轄庁（２以上の都道府県の区域内に事務所を設置する認定特定非営利活動法人にあっては，所轄庁及び所轄庁以外の関係知事）に」とする。

2　２以上の都道府県の区域内に事務所を設置する認定特定非営利活動法人は，第25条第３項の定款の変更の認証を受けたときは，都道府県又は指定都市の条例で定めるところにより，遅滞なく，当該定款の変更を議決した社員総会の議事録の謄本及び変更後の定款を所轄庁以外の関係知事に提出しなければならない。

3　第26条第１項の場合においては，認定特定非営利活動法人は，同条第２項に掲げる添付書類のほか，内閣府令で定めるところにより，寄附者名簿その他の内閣府令で定める書類を申請書に添付しなければならない。

4　認定特定非営利活動法人は，事業報告書等，役員名簿又は定款等の閲覧の請求があった場合には，正当な理由がある場合を除いて，これをその事務所において閲覧させなければならない。

（代表者の氏名の変更の届出等並びに事務所の新設及び廃止に関する通知等）

第53条　認定特定非営利活動法人は，代表者の氏名に変更があったときは，遅滞なく，その旨を所轄庁に届け出なければならない。

2　所轄庁は，認定特定非営利活動法人について，第49条第２項各号（第２号及び第４号を除く。）に掲げる事項に係る定款の変更についての第25条第３項の認証をしたとき若しくは同条第６項の届出を受けたとき，前項の届出を受けたとき又は第49条第２項第５号に掲げる事項に変更があったときは，インターネットの利用その他の適切な方法により，その旨を公示しなければならない。

3　所轄庁は，認定特定非営利活動法人の事務所が所在する都道府県以外の都道府県の区域内に新たに事務所を設置する旨又はその主たる事務所が所在する都道府県以外の都道府県の区域内の全ての事務所を廃止する旨の定款の変更についての第25条第３項の認証をしたとき又は同条第６項の届出を受けたときは，その旨を当該都道府県の知事に通知しなければならない。

4　認定特定非営利活動法人は，その事務所が所在する都道府県以外の都道府県の区域内に新たに事務所を設置したときは，内閣府令で定めるところにより，遅滞なく，第49条第４項各号に掲げる書類を，当該都道府県の知事に提出しなければならない。

（認定申請の添付書類及び役員報酬規程等の備置き等及び閲覧）

第54条　認定特定非営利活動法人は，第44条第１項の認定を受けたときは，同条第２項第２号及び第３号に掲げる書類を，都道府県又は指定都市の条例で定めるところにより，同条第１項の認定の日から起算して５年間，その事務所に備え置かなければならない。

2　認定特定非営利活動法人は，毎事業年度初めの３月以内に，都道府県又は指定都市の条例で定めるところにより，次に掲げる書類を作成し，第１号に掲げる書類についてはその作成の日から起算して５年間，第２号から第４号までに掲げる書類についてはその作成の日から起算して５年が経過した日を含む事業年度の末日までの間，その事務所に備え置かなければならない。

一　前事業年度の寄附者名簿

二　前事業年度の役員報酬又は職員給与の支給に関する規程

三　前事業年度の収益の明細その他の資金に関する事項，資産の譲渡等に関する事項，寄附金に関する事項その他の内閣府令で定める事項を記載した書類

四　前３号に掲げるもののほか，内閣府令で定める書類

3　認定特定非営利活動法人は，助成金の支給を行ったときは，都道府県又は指定都市の条例で定めるところにより，遅滞なく，その助成の実績を記載した書類を作成し，その作成の日から起算して５年が経過した日を含む事業年度の末日までの間，これをその事務所に備え置かなければならない。

4　認定特定非営利活動法人は，第44条第２項第２号若しくは第３号に掲げる書類又は第２項第２号から第４号までに掲げる書類若しくは前項の書類の閲覧の請求があった場合には，正当な理由がある場合を除いて，これをその事務所において閲覧させなければならない。

（役員報酬規程等の提出）

第55条　認定特定非営利活動法人は，都道府県又は指定都市の条例で定めるところにより，毎事業年度１回，前条第２項第２号から第４号までに掲げる書類を所轄庁（２以上の都道府県の区域内に事務所を設置する認定特定非営利活動法人にあっては，所轄庁及び所轄庁以外の関係知事。次項において同じ。）に提出しなければならない。

2　認定特定非営利活動法人は，助成金の支給を行ったときは，都道府県又は指定都市の条例で定めるところにより，前条第３項の書類を所轄庁に提出しなければならない。

（役員報酬規程等の公開）

第56条　所轄庁は，認定特定非営利活動法人から提出を受けた第44条第２項第２号若しくは第３号に掲げる書類又は第54条第２項第２号から第４号までに掲げる書類若しくは同条第３項の書類（過去５年間に提出を受けたものに限る。）について閲覧又は謄写の請求があったときは，都道府県又は指定都市の条例で定めるところにより，これを閲覧させ，又は謄写させなければならない。

（認定の失効）

第57条　認定特定非営利活動法人について，次のいずれかに掲げる事由が生じたときは，第44条第１項の認定は，その効力を失う。

一　第44条第１項の認定の有効期間が経過したとき（第51条第４項に規定する場合にあっては，更新拒否処分がされたとき。）。

二　認定特定非営利活動法人が認定特定非営利活動法人でない特定非営利活動法人と合併をした場合において，その合併が第63条第１項の認定を経ずにその効力を生じたとき（同条第４項に規定する場合にあっては，その合併の不認定処分がされたとき。）。

三　認定特定非営利活動法人が解散したとき。

２　所轄庁は，前項の規定により第44条第１項の認定がその効力を失ったときは，インターネットの利用その他の適切な方法により，その旨を公示しなければならない。

３　所轄庁は，認定特定非営利活動法人で２以上の都道府県の区域内に事務所を設置するものについて第１項の規定により第44条第１項の認定がその効力を失ったときは，その旨を所轄庁以外の関係知事に対し通知しなければならない。

第２節　特例認定特定非営利活動法人

（特例認定）

第58条　特定非営利活動法人であって新たに設立されたもののうち，その運営組織及び事業活動が適正であって特定非営利活動の健全な発展の基盤を有し公益の増進に資すると見込まれるものは，所轄庁の特例認定を受けることができる。

２　第44条第２項（第１号に係る部分を除く。）及び第３項の規定は，前項の特例認定を受けようとする特定非営利活動法人について準用する。この場合において，同条第３項中「５年（同項の認定を受けたことのない特定非営利活動法人が同項の認定を受けようとする場合にあっては，２年）」とあるのは，「２年」と読み替えるものとする。

（特例認定の基準）

第59条　所轄庁は，前条第１項の仮認定の申請をした特定非営利活動法人が次の各号に掲げる基準に適合すると認めるときは，同項の特例認定をするものとする。

一　第45条第１項第２号から第９号までに掲げる基準に適合すること。

二　前条第２項において準用する第44条第２項の申請書を提出した日の前日において，その設立の日（当該特定非営利活動法人が合併後存続した特定非営利活動法人である場合にあっては当該特定非営利活動法人又はその合併によって消滅した各特定非営利活動法人の設立の日のうち最も早い日，当該特定非営利活動法人が合併によって設立した特定非営利活動法人である場合にあってはその合併によって消滅した各特定非営利活動法人の設立の日のうち最も早い日）から５年を経過しない特定非営利活動法人であること。

三　第44条第１項の認定又は前条第１項の特例認定を受けたことがないこと。

（特例認定の有効期間）

第60条　第58条第１項の仮認定の有効期間は，当該特例認定の日から起算して３年とする。

（特例認定の失効）

第61条　特例認定特定非営利活動法人について，次のいずれかに掲げる事由が生じたときは，第58条第１項の特例認定は，その効力を失う。

一　第58条第１項の特例認定の有効期間が経過したとき。

二　特例認定特定非営利活動法人が特例認定特定非営利活動法人でない特定非営利活動法人と合併をした場合において，その合併が第63条第１項又は第２項の認定を経ずにその効力を生じたとき（同条第４項に規定する場合にあっては，その合併の不認定処分がされたとき。）。

三　特例認定特定非営利活動法人が解散したとき。

四　特例認定特定非営利活動法人が第44条第１項の認定を受けたとき。

（認定特定非営利活動法人に関する規定の準用）

第62条　第46条から第50条まで，第52条から第56条まで並びに第57条第２項及び第３項の規定は，特例認定特定非営利活動法人について準用する。この場合において，第54条第１項中「５年間」とあるのは「３年間」と，同条第２項中「５年間」とあるのは「３年間」と，「その作成の日から起算して５年が経過した日を含む事業年度」とあるのは「翌々事業年度」と，同条第３項中「５年が経過した日を含む事業年度の末日」とあるのは「第60条の有効期間の満了の日」と，第56条中「５年間」とあるのは「３年間」と読み替えるものとする。

第３節　認定特定非営利活動法人等の合併

第63条　認定特定非営利活動法人が認定特定非営利活動法人でない特定非営利活動法人と合併をした場合は，合併後存続する特定非営利活動法人又は合併によって設立した特定非営利活動法人は，その合併について所轄庁の認定がされたときに限り，合併によって消滅した特定非営利活動法人のこの法律の規定による認定特定非営利活動法人としての地位を承継する。

2　特例認定特定非営利活動法人が特例認定特定非営利活動法人でない特定非営利活動法人（認定特定非営利活動法人であるものを除く。）と合併をした場合は，合併後存続する特定非営利活動法人又は合併によって設立した特定非営利活動法人は，その合併について所轄庁の認定がされたときに限り，合併によって消滅した特定非営利活動法人のこの法律の規定による特例認定特定非営利活動法人としての地位を承継する。

3　第１項の認定を受けようとする認定特定非営利活動法人又は前項の認定を受けようとする特例認定特定非営利活動法人は，第34条第３項の認証の申請に併せて，所轄庁に第１項の認定又は前項の認定の申請をしなければならない。

4　前項の申請があった場合において，その合併がその効力を生ずる日までにその申請に対する処分がされないときは，合併後存続する特定非営利活動法人又は合併によって設立した特定非営利活動法人は，その処分がされるまでの間は，合併によって消滅した特定非営利活動法人のこの法律の規定による認定特定非営利活動法人又は特例認定特定非営利活動法人としての地位を承継しているものとみなす。

5　第44条第２項及び第３項，第45条，第47条から第49条まで並びに第54条第１項の規定は第１項の認定について，第58条第２項において準用する第44条第２項及び第３項，第59条並びに前条において準用する第47条から第49条まで及び第54条第１項の規定は第２項の認定について，それぞれ準用する。この場合において，必要な技術的読替えその他これらの規定の適用に関し必要な事項は，政令で定める。

第４節　認定特定非営利活動法人等の監督

（報告及び検査）

第64条　所轄庁は，認定特定非営利活動法人又は特例認定特定非営利活動法人（以下「認定特定非営利活動法人等」という。）が法令，法令に基づいてする行政庁の処分若しくは定款に違反し，又はその運営が著しく適正を欠いている疑いがあると認めるときは，当該認定特定非営利活動法人等に対し，その業務若しくは財産の状況に関し報告をさせ，又はその職員に，当該認定特定非営利活動法人等の事務所その他の施設に立ち入り，その業務若しくは財産の状況若しくは帳簿，書類その他の物件を検査させることができる。

2　所轄庁以外の関係知事は，認定特定非営利活動法人等が法令，法令に基づいてする行政庁の処分若しくは定款に違反し，又はその運営が著しく適正を欠いている疑いがあると認めるときは，当該認定特定非営利活動法人等に対し，当該都道府県の区域内における業務若しくは財産の状況に関し報告をさせ，又はその職員に，当該都道府県の区域内に所在する当該認定特定非営利活動法人等の事務所その他の施設に立ち入り，その業務若しくは財産の状況若しくは帳簿，書類その他の物件を検査させることができる。

3　所轄庁又は所轄庁以外の関係知事は，前２項の規定による検査をさせる場合においては，当該検査をする職員に，これらの項の疑いがあると認める理由を記載した書面を，あらかじめ，当該認定特定非営利活動法人等の役員その他の当該検査の対象となっている事務所その他の施設の管理について権限を有する者（第５項において「認定特定非営利活動法人等の役員等」という。）に提示させなければならない。

4　前項の規定にかかわらず，所轄庁又は所轄庁以外の関係知事が第１項又は第２項の規定による検査の適正な遂行に支障を及ぼすおそれがあると認める場合には，前項の規定による書面の提示を要しない。

5　前項の場合において，所轄庁又は所轄庁以外の関係知事は，第１項又は第２項の規定による検査を終了するまでの間に，当該検査をする職員に，これらの項の疑いがあると認める理由を記載した書面を，認定特定非営利活動法人等の役員等に提示させるものとする。

6　第３項又は前項の規定は，第１項又は第２項の規定による検査をする職員が，当該検査により第３項又は前項の規定により理由として提示した事項以外の事項について第１項又は第２項の疑いがあると認められることとなった場合において，当該事項に関し検査を行うことを妨げるものではない。この場合において，第３項又は前項の規定は，当該事項に関する検査については適用しない。

7　第41条第３項及び第４項の規定は，第１項又は第２項の規定による検査について準用する。

（勧告，命令等）

第65条　所轄庁は，認定特定非営利活動法人等について，第67条第２項各号（同条第３項において準用する場合を含む。次項において同じ。）のいずれかに該当すると疑うに足りる相当な理由がある場合には，当該認定特定非営利活動法人等に対し，期限を定めて，その改善のために必要な措置を採るべき旨の勧告をすることができる。

2　所轄庁以外の関係知事は，認定特定非営利活動法人等について，第67条第２

項各号（第１号にあっては，第45条第１項第３号に係る部分を除く。）のいずれかに該当すると疑うに足りる相当な理由がある場合には，当該認定特定非営利活動法人等に対し，期限を定めて，当該都道府県の区域内における事業活動について，その改善のために必要な措置を採るべき旨の勧告をすることができる。

3　所轄庁又は所轄庁以外の関係知事は，前２項の規定による勧告をしたときは，インターネットの利用その他の適切な方法により，その勧告の内容を公表しなければならない。

4　所轄庁又は所轄庁以外の関係知事は，第１項又は第２項の規定による勧告を受けた認定特定非営利活動法人等が，正当な理由がなく，その勧告に係る措置を採らなかったときは，当該認定特定非営利活動法人等に対し，その勧告に係る措置を採るべきことを命ずることができる。

5　第１項及び第２項の規定による勧告並びに前項の規定による命令は，書面により行うよう努めなければならない。

6　所轄庁又は所轄庁以外の関係知事は，第４項の規定による命令をしたときは，インターネットの利用その他の適切な方法により，その旨を公示しなければならない。

7　所轄庁又は所轄庁以外の関係知事は，第１項若しくは第２項の規定による勧告又は第４項の規定による命令をしようとするときは，次の各号に掲げる事由の区分に応じ，当該事由の有無について，当該各号に定める者の意見を聴くことができる。

一　第47条第１号ニ又は第６号に規定する事由　警視総監又は道府県警察本部長

二　第47条第４号又は第５号に規定する事由　国税庁長官等

（その他の事業の停止）

第66条　所轄庁は，その他の事業を行う認定特定非営利活動法人につき，第５条第１項の規定に違反してその他の事業から生じた利益が当該認定特定非営利活動法人が行う特定非営利活動に係る事業以外の目的に使用されたと認めるときは，当該認定特定非営利活動法人に対し，その他の事業の停止を命ずることができる。

2　前条第５項及び第６項の規定は，前項の規定による命令について準用する。

（認定又は特例認定の取消し）

第67条　所轄庁は，認定特定非営利活動法人が次のいずれかに該当するときは，第44条第１項の認定を取り消さなければならない。

一　第47条各号（第２号を除く。）のいずれかに該当するとき。

二　偽りその他不正の手段により第44条第１項の認定，第51条第２項の有効期間の更新又は第63条第１項の認定を受けたとき。

三　正当な理由がなく，第65条第４項又は前条第１項の規定による命令に従わないとき。

四　認定特定非営利活動法人から第44条第１項の認定の取消しの申請があったとき。

２　所轄庁は，認定特定非営利活動法人が次のいずれかに該当するときは，第44条第１項の認定を取り消すことができる。

一　第45条第１項第３号，第４号イ若しくはロ又は第７号に掲げる基準に適合しなくなったとき。

二　第29条，第52条第４項又は第54条第４項の規定を遵守していないとき。

三　前２号に掲げるもののほか，法令又は法令に基づいてする行政庁の処分に違反したとき。

３　前２項の規定は，第58条第１項の特例認定について準用する。この場合において，第１項第２号中「，第51条第２項の有効期間の更新又は第63条第１項の認定」とあるのは，「又は第63条第２項の認定」と読み替えるものとする。

４　第43条第３項及び第４項，第49条第１項から第３項まで並びに第65条第７項の規定は，第１項又は第２項の規定による認定の取消し（第69条において「認定の取消し」という。）及び前項において準用する第１項又は第２項の規定による特例認定の取消し（同条において「特例認定の取消し」という。）について準用する。

（所轄庁への意見等）

第68条　所轄庁以外の関係知事は，認定特定非営利活動法人等が第65条第４項の規定による命令に従わなかった場合その他の場合であって，所轄庁が当該認定特定非営利活動法人等に対して適当な措置を採ることが必要であると認めるときは，所轄庁に対し，その旨の意見を述べることができる。

２　次の各号に掲げる者は，認定特定非営利活動法人等についてそれぞれ当該各号に定める事由があると疑うに足りる相当な理由があるため，所轄庁が当該認定特定非営利活動法人等に対して適当な措置を採ることが必要であると認める場合には，所轄庁に対し，その旨の意見を述べることができる。

一　警視総監又は道府県警察本部長　第47条第１号ニ又は第６号に該当する事由

二　国税庁長官等　第47条第４号又は第５号に該当する事由

3　所轄庁は，この章に規定する認定特定非営利活動法人等に関する事務の実施に関して特に必要があると認めるときは，所轄庁以外の関係知事に対し，当該所轄庁以外の関係知事が採るべき措置について，必要な要請をすることができる。

（所轄庁への指示）

第69条　内閣総理大臣は，この章に規定する認定特定非営利活動法人等に関する事務の実施に関して地域間の均衡を図るため特に必要があると認めるときは，所轄庁に対し，第65条第１項の規定による勧告，同条第４項の規定による命令，第66条第１項の規定による命令又は認定の取消し若しくは特例認定の取消しその他の措置を採るべきことを指示することができる。

第４章　税法上の特例

第70条　特定非営利活動法人は，法人税法その他法人税に関する法令の規定の適用については，同法第２条第６号に規定する公益法人等とみなす。この場合において，同法第37条の規定を適用する場合には同条第４項中「公益法人等（」とあるのは「公益法人等（特定非営利活動促進法（平成10年法律第７号）第２条第２項に規定する法人（以下「特定非営利活動法人」という。）並びに」と，同法第66条の規定を適用する場合には同条第１項中「普通法人」とあるのは「普通法人（特定非営利活動法人を含む。）」と，同条第２項中「除く」とあるのは「除くものとし，特定非営利活動法人を含む」と，同条第３項中「公益法人等（」とあるのは「公益法人等（特定非営利活動法人及び」と，租税特別措置法（昭和32年法律第26号）第68条の６の規定を適用する場合には同条中「みなされているもの」とあるのは「みなされているもの（特定非営利活動促進法第２条第２項に規定する法人については，小規模な法人として政令で定めるものに限る。）」とする。

2　特定非営利活動法人は，消費税法（昭和63年法律第108号）その他消費税に関する法令の規定の適用については，同法別表第３に掲げる法人とみなす。

3　特定非営利活動法人は，地価税法（平成３年法律第69号）その他地価税に関する法令の規定（同法第33条の規定を除く。）の適用については，同法第２条第６号に規定する公益法人等とみなす。ただし，同法第６条の規定による地価税の非課税に関する法令の規定の適用については，同法第２条第７号に規定する人格のない社団等とみなす。

第71条　個人又は法人が，認定特定非営利活動法人等に対し，その行う特定非営利活動に係る事業に関連する寄附又は贈与をしたときは，租税特別措置法で定めるところにより，当該個人又は法人に対する所得税，法人税又は相続税の課税について寄附金控除等の特例の適用があるものとする。

第５章　雑則

（情報の提供等）

第72条　内閣総理大臣及び所轄庁は，特定非営利活動法人に対する寄附その他の特定非営利活動への市民の参画を促進するため，認定特定非営利活動法人等その他の特定非営利活動法人の事業報告書その他の活動の状況に関するデータベースの整備を図り，国民にインターネットその他の高度情報通信ネットワークの利用を通じて迅速に情報を提供できるよう必要な措置を講ずるものとする。

２　所轄庁及び特定非営利活動法人は，特定非営利活動法人の事業報告書その他の活動の状況に関する情報を前項の規定により内閣総理大臣が整備するデータベースに記録することにより，当該情報の積極的な公表に努めるものとする。

（協力依頼）

第73条　所轄庁は，この法律の施行のため必要があると認めるときは，官庁，公共団体その他の者に照会し，又は協力を求めることができる。

（情報通信技術を活用した行政の推進等に関する法律の適用）

第74条　第10条第１項（第34条第５項において準用する場合を含む。）の規定による提出及び第10条第２項（第25条第５項及び第34条第５項において準用する場合を含む。）の規定による縦覧，第12条第３項（第25条第５項及び第34条第５項において準用する場合を含む。）の規定による通知，第13条第２項（第39条第２項において準用する場合を含む。）の規定による届出，第23条第１項の規定による届出，第25条第４項の規定による提出，同条第６項の規定による届出及び同条第７項の規定による提出，第29条の規定による提出，第30条の規定による閲覧，第31条第３項の規定による提出，第34条第４項の規定による提出，第43条第４項（第67条第４項において準用する場合を含む。）の規定による交付，第44条第２項（第51条第５項，第58条第２項（第63条第５項において準用する場合を含む。）及び第63条第５項において準用する場合を含む。）の規定による提出，第49条第１項（第51条第５項，第62条（第63条第５項において準用する場合を含む。），第63条第５項及び第67条第４項において準用する場合を含む。）の規定による通知及び第49条第四項（第51条第５項，第62条（第63条第５項において準用する場合を含む。）及び第63条第５項において準用する場合を含む。）の規定による提出，第52条第２項（第62条において準用する場合を含む。）の規定による提出，第53条第４項（第62条において準用する場合を含む。）の規定による提出，第55条第１項及び第２項（これらの規定を第62条において準用する場合を含む。）の規定による提出並びに第56条（第62条において準用する場合を含む。）の規定による閲覧について情報通信技術を活用した行政の推進等に関する法律（平成14年法律第151号）の規定を適用する場合においては，同法第６条第１項及び第４項から第６項まで，第７条第１項，第４項及び第５項，第８条第１項並びに第９条第１項及び第３項中「主務省令」とあるのは，「都道府県又は指定都市の条例」とする。

（民間事業者等が行う書面の保存等における情報通信の技術の利用に関する法律の適用）

第75条　第14条（第39条第２項において準用する場合を含む。）の規定による作成及び備置き，第28条第１項の規定による作成及び備置き，同条第２項の規定による備置き並びに同条第３項の規定による閲覧，第35条第１項の規定による作成及び備置き，第45条第１項第５号（第51条第５項及び第63条第５項において準用する場合を含む。）の規定による閲覧，第52条第４項（第62条において準用する場合を含む。）の規定による閲覧，第54条第１項（第62条（第63条第５項において準用する場合を含む。）及び第63条第５項において準用する場合を含む。）の規定による備置き，第54条第２項及び第３項（これらの規定を第62条において準用する場合を含む。）の規定による作成及び備置き並びに第54条第４項（第62条において準用する場合を含む。）の規定による閲覧について民間事業者等が行う書面の保存等における情報通信の技術の利用に関する法律（平成16年法律第149号）の規定を適用する場合においては，同法中「主務省令」とあるのは，「都道府県又は指定都市の条例」とし，同法第９条の規定は，適用しない。

（実施規定）

第76条　この法律に定めるもののほか，この法律の規定の実施のための手続その他その執行に関し必要な細則は，内閣府令又は都道府県若しくは指定都市の条例で定める。

第６章　罰則

第77条　偽りその他不正の手段により第44条第１項の認定，第51条第２項の有効期間の更新，第58条第１項の特例認定又は第63条第１項若しくは第２項の認定を受けた者は，６月以下の懲役又は50万円以下の罰金に処する。

第78条　次の各号のいずれかに該当する者は，50万円以下の罰金に処する。

一　正当な理由がないのに，第42条の規定による命令に違反して当該命令に係る措置を採らなかった者
二　第50条第１項の規定に違反して，認定特定非営利活動法人であると誤認されるおそれのある文字をその名称又は商号中に用いた者
三　第50条第２項の規定に違反して，他の認定特定非営利活動法人であると誤認されるおそれのある名称又は商号を使用した者
四　第62条において準用する第50条第１項の規定に違反して，特例認定特定非営利活動法人であると誤認されるおそれのある文字をその名称又は商号中に用いた者
五　第62条において準用する第50条第２項の規定に違反して，他の特例認定特定非営利活動法人であると誤認されるおそれのある名称又は商号を使用した者
六　正当な理由がないのに，第65条第４項の規定による命令に違反して当該命令に係る措置を採らなかった者
七　正当な理由がないのに，第66条第１項の規定による停止命令に違反して引き続きその他の事業を行った者

第79条　法人（法人でない団体で代表者又は管理人の定めのあるものを含む。以下この項において同じ。）の代表者若しくは管理人又は法人若しくは人の代理人，使用人その他の従業者が，その法人又は人の業務に関して前２条の違反行為をしたときは，行為者を罰するほか，その法人又は人に対しても，各本条の罰金刑を科する。

２　法人でない団体について前項の規定の適用がある場合には，その代表者又は管理人が，その訴訟行為につき法人でない団体を代表するほか，法人を被告人又は被疑者とする場合の刑事訴訟に関する法律の規定を準用する。

第80条　次の各号のいずれかに該当する場合においては，特定非営利活動法人の理事，監事又は清算人は，20万円以下の過料に処する。
一　第７条第１項の規定による政令に違反して，登記することを怠ったとき。
二　第14条（第39条第２項において準用する場合を含む。）の規定に違反して，財産目録を備え置かず，又はこれに記載すべき事項を記載せず，若しくは不実の記載をしたとき。
三　第23条第１項若しくは第25条第６項（これらの規定を第52条第１項（第62条において準用する場合を含む。）の規定により読み替えて適用する場合を含む。）又は第53条第１項（第62条において準用する場合を含む。）の規定に違反して，届出をせず，又は虚偽の届出をしたとき。

四　第28条第１項若しくは第２項，第54条第１項（第62条（第63条第５項において準用する場合を含む。）及び第63条第５項において準用する場合を含む。）又は第54条第２項及び第３項（これらの規定を第62条において準用する場合を含む。）の規定に違反して，書類を備え置かず，又はこれに記載すべき事項を記載せず，若しくは不実の記載をしたとき。

五　第25条第７項若しくは第29条（これらの規定を第52条第１項（第62条において準用する場合を含む。）の規定により読み替えて適用する場合を含む。），第49条第４項（第51条第５項，第62条（第63条第５項において準用する場合を含む。）及び第63条第５項において準用する場合を含む。）又は第52条第２項，第53条第４項若しくは第55条第１項若しくは第２項（これらの規定を第62条において準用する場合を含む。）の規定に違反して，書類の提出を怠ったとき。

六　第31条の３第２項又は第31条の12第１項の規定に違反して，破産手続開始の申立てをしなかったとき。

七　第28条の２第１項，第31条の10第１項又は第31条の12第１項の規定に違反して，公告をせず，又は不正の公告をしたとき。

八　第35条第１項の規定に違反して，書類の作成をせず，又はこれに記載すべき事項を記載せず，若しくは不実の記載をしたとき。

九　第35条第２項又は第36条第２項の規定に違反したとき。

十　第41条第１項又は第64条第１項若しくは第２項の規定による報告をせず，若しくは虚偽の報告をし，又はこれらの項の規定による検査を拒み，妨げ，若しくは忌避したとき。

第81条　第４条の規定に違反した者は，10万円以下の過料に処する。

別表（第２条関係）

一　保健，医療又は福祉の増進を図る活動

二　社会教育の推進を図る活動

三　まちづくりの推進を図る活動

四　観光の振興を図る活動

五　農山漁村又は中山間地域の振興を図る活動

六　学術，文化，芸術又はスポーツの振興を図る活動

七　環境の保全を図る活動

八　災害救援活動

九　地域安全活動
十　人権の擁護又は平和の推進を図る活動
十一　国際協力の活動
十二　男女共同参画社会の形成の促進を図る活動
十三　子どもの健全育成を図る活動
十四　情報化社会の発展を図る活動
十五　科学技術の振興を図る活動
十六　経済活動の活性化を図る活動
十七　職業能力の開発又は雇用機会の拡充を支援する活動
十八　消費者の保護を図る活動
十九　前各号に掲げる活動を行う団体の運営又は活動に関する連絡，助言又は援助の活動
二十　前各号に掲げる活動に準ずる活動として都道府県又は指定都市の条例で定める活動

執筆者紹介

齋藤　力夫（さいとう　りきお）**第1章担当**

公認会計士，税理士。

東京理科大学講師，嘉悦女子経済短期大学（現・嘉悦大学）講師，東京経営短期大学学長，聖徳大学教授，文部省学校法人財務基準調査研究協力者会議委員，総理府公益法人会計基準検討会委員，日本公認会計士協会公益法人委員会委員長，学校法人委員会委員長，日本公認会計士協会常務理事，文部科学省学校法人運営調査委員，厚生労働省社会福祉法人会計基準研究班委員，総務省公益法人会計基準検討会委員，文部科学省独立行政法人評価委員，日本私立大学協会顧問，全国専門学校協会監事，日本高等教育評価機構監事，短期大学基準協会監事，永和監査法人代表社員を経て，現在，斎藤総合税理士法人会長他。

〔主な著書〕

「学校法人の会計」「学校法人の税務」（学陽書房，共著）

「病医院の会計と経営」「病医院の税務」（医歯薬出版，単著）

「税務会計の理論と実務」「学校法人会計のすべて」（編著）

「社会福祉法人会計要覧」「社会福祉法人の会計と税務の要点」（税務経理協会，監修）

「公益法人会計」「労働組合会計」（中央経済社，共著）

「非営利法人の消費税」「宗教法人会計の理論と実務」「学校会計入門」（中央経済社，編著）

「私学運営実務のすべて」（学校経理研究会，編著）

その他多数

田中　義幸（たなか　よしゆき）**第2～第7章，資料担当**

公認会計士，税理士。

多くのNPO団体・NPO法人の設立・運営に関与。

〔主な著書〕

「NPO法人の税務」（税務経理協会）

「改正NPO法の要点解説」（税務経理協会）

「公益法人監査ガイドブック」「宗教法人会計のすべて」「社葬－進め方と税務」（税務経理協会，共著）

「医師・歯科医師の税務相談」（医歯薬出版）

「非営利法人における消費税処理の手引」（新日本法規）

「連結納税制度の基本と実務」（霞出版社，共著）

その他多数

編著者との契約により検印省略

平成11年３月20日	初　版　発　行	
平成11年３月20日	増　補　版　発　行	
平成13年３月20日	増　補　２　版　発　行	
平成14年３月20日	増　補　３　版　発　行	
平成15年３月20日	増　補　４　版　発　行	
平成16年３月20日	増補４版第２刷発行	
平成17年３月20日	増　補　５　版　発　行	
平成18年３月20日	増補５版第２刷発行	
平成19年３月20日	増　補　６　版　発　行	
平成20年３月20日	増　補　７　版　発　行	
平成21年３月20日	増補７版第２刷発行	
平成23年３月20日	増　補　８　版　発　行	
平成25年３月20日	増　補　９　版　発　行	
平成28年12月20日	増　補　10　版　発　行	
平成30年７月20日	増補10版第２刷発行	
令和２年11月20日	増　補　11　版　発　行	

NPO法人のすべて
－特定非営利活動法人の設立・運営・会計・税務－
〔増補11版〕

編著者　齋　藤　力　夫
　　　　田　中　義　幸
発行者　大　坪　克　行
印刷所　光栄印刷株式会社
製本所　牧製本印刷株式会社

発行所　〒161-0033 東京都新宿区下落合２丁目５番13号　株式会社 税務経理協会

振　替　00190-2-187408　電話（03）3953-3301（編集部）
ＦＡＸ（03）3565-3391　　　（03）3953-3325（営業部）
URL　http://www.zeikei.co.jp/
乱丁・落丁の場合は，お取替えいたします。

ＩＳＢＮ978－４－419－06766－３　Ｃ3032